ZHONGGUANCUN MAKER LEGION

# 中关村“创客军团”

北京中海投资管理有限公司
中关村创新研修学院 主编

北 京

**图书在版编目（CIP）数据**

中关村“创客军团”/北京中海投资管理有限公司，中关村创新研修学院主编．北京：中国经济出版社，2016.12

ISBN 978-7-5136-4399-3

Ⅰ.①中… Ⅱ.①北… ②中… Ⅲ.①创业—研究—北京 Ⅳ.①F279.271

**中国版本图书馆 CIP 数据核字（2016）第 225094 号**

责任编辑　牛慧珍
责任审读　贺　静
责任印制　马小宾
封面设计　久品轩工作室

**出版发行**　中国经济出版社
**印 刷 者**　北京艾普海德印刷有限公司
**经 销 者**　各地新华书店
**开　　本**　710mm×1000mm　1/16
**印　　张**　20
**字　　数**　251 千字
**版　　次**　2016 年 12 月第 1 版
**印　　次**　2017 年 4 月第 2 次
**定　　价**　68.00 元
**广告经营许可证**　京西工商广字第 8179 号

**中国经济出版社** **网址** www.economyph.com **社址** 北京市西城区百万庄北街 3 号 **邮编** 100037

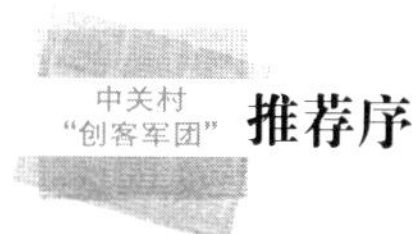


# 将创业进行到底

我热爱创业。

从大学校园的四人小公司，到后来联合创办金山，再到如今创立小米，我无比热爱并享受创业的过程，这是一种坚持并逐步去实现梦想的幸福感。

绝大多数时间，我都是在中关村这片神奇的土壤上，坚持我的创业梦想，我想，我肯定算得上是一名老牌的中关村“创客”。

中关村汇聚了无数的人才，小米初期也是站在巨人的肩膀上往前走，我们在办小米的时候，很容易就汇聚了像谷歌、微软和摩托罗拉等很多大公司的精英。而中关村在过去这些年的努力下，还拥有了良好的投资环境。正是成长于中关村，才让小米走到了今天。

在中关村创业，绝对是一件特别幸福的事情。世界级的人才资源、多元立体的投融资途径、领先宽松的政策环境，都让中关村成为具有魔力的创业热土。

正因如此，中关村诞生了无数的创业者和优秀的公司。就像《中关村“创客军团”》这本书里写的，中关村这片创业热土已经形成了创业创新的“雨林生态”。许多胸怀梦想的创业者，就在这片热土上，谱写他们自己的创业故事。

他们的故事，让我看到创业者们的梦想和坚持，也展示了这个时代所赋予我们的机遇和动力。

对于创业者而言，这无疑是一个伟大的时代，因为每个人都拥有梦想成真的机会，都可以通过自己的奋斗和努力来改变自己或是世界。我觉得梦想是创业成功的第一点，有了不同凡响的思路和想法，才能迈出坚实的第一步；当然，创业者还要有很强的执行力，如果他不能很好地去执行，很容易变成空想。所以，我觉得创业者一定要志存高远并脚踏实地。

创业从来不是一件容易的事情，创业一定要有敬畏之心。创业成功是一件小概率的事件，90% 甚至 99% 的人都会失败。有时候想想，都会觉得很残酷，创业者就是选择了一条那么艰难的路径。但多数创业者，他们并没有意识到创业的艰难，没有做好足够的心理准备。大家觉得创业很好，创业以后会有光环、会有钱、什么都会有，事实上绝大部分的创业者都会失败。

我们要包容失败，要让创业者能够从头再来。唯有如此，创业才不会让人却步，创新才不会枯竭。我热爱创业，我也喜欢看创业者们的故事。不管你是否想创业，都应该好好读读这本书。

雷军

2016 年 9 月

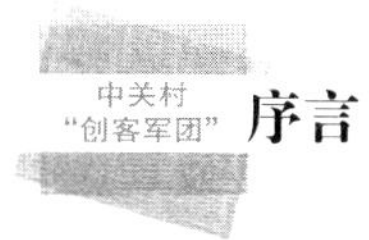


# 多样性绽放是创新创业的本源

在"大众创业，万众创新"如火如荼的今天，究竟是什么创造、培育并激活了创新创业过程，从而让创新创业具有了生命力，并源源不断地迸发？换言之，创新创业的本源是什么？我认为，创新创业的本源是多样性绽放。所谓的多样性，是相对统一性而言的，统一性关注事物之间的共性，而多样性则关注事物之间的个性。

从物种进化角度看，丰富多样的生态系统可以自我创新。譬如在热带雨林中，当一定区域内物种的丰富达到一定的程度时，就形成动态平衡的雨林生态系统。雨林生态的发展更新、演进繁荣无须外部指令，就能自动按照相互默认的规则，各尽其职而又协调地形成有序的结构，并自行完成从简单到复杂、从粗糙到细致的发展，即雨林形成了一种自组织。一个系统的多样性越丰富，其保持和创新的功能也就越强。

创新创业生态的多样性体现在多个方面：一是文化多样性，体现为儒家、道家、佛家等不同思想文化融合碰撞；二是领域多样性，体现为文理工等不同学科领域交叉渗透；三是手段多样性，体现为资本、技术、劳动力等不同手段自由组合；四是主体多样性，体现在创新创业者不分年龄、民族、文化程度、贫富贵贱等；五是平台多样性，体现在线上、线下及线上＋线下等不同类型创新创业孵化器；六是设施多样性，体现在办公、健身、休闲等多功能设备；七是组织者多样性，体现在政府、事业单位、民间团体、社会资本等多种组织参与。正是由于创新创业生态的多样性，而非统一性，使得创新创业蓬勃发展。

主流观点往往认为创新创业是“高大上”的，提到创新，大多数人将其等同于走专业化道路的科学创新，甚至将科学作为衡量一切的标准，认为“不科学”就是“没前景”。事实上，科学创新固然重要，但只不过是众多创新中的一种，科学更不应当凌驾于其他学科之上，成为禁锢思想的工具。随着互联网技术的不断发展，信息获取变得愈加便捷，走多样性道路的草根创新日益扮演着更加重要的角色，这是万众创新的现实基础，也是需要更多鼓励和支持的一种创新形式。

另一种观点是“技术崇拜”，该观点认为创新创业就是要实现技术突破与创新。诚然，任何一次经济社会实现飞跃都是由技术革命所推进，技术变革极大地改变了人类生产和生活的方式，是人类社会发展的重要推动力量。但如果“技术压倒一切”，将技术含量作为衡量创新创业的唯一标准也未免偏颇。事实上，在万众创新的今天，技术含量较低的创新创业带来巨大价值的商业案例比比皆是。

作为创新发展的前沿阵地，中关村始终坚持多样化的创新发展方向，积极建设可持续发展的创新创业环境，进一步发挥创新创业的驱动引领作用。中关村需要抓住多样性绽放的创新创业本源，从两个方面着手构建创新创业生态。

一方面要营造包容的创新创业环境，探索试错成本共担机制。创新是混沌的、偶发的、不可控的，创新过程存在诸多未知因素。中关村要以平等的态度对待各种创新创业和各类创新创业实践者，更要包容创新创业过程中的“差错”，探索试错成本共担机制，让创新创业者大胆前行。

另一方面要维系创新创业要素齐全，加强族群间的联系与信任。创新创业之所以能够发生，很大程度上取决于各种创新要素是否齐全以及要素之间能否有效地建立联系。中关村要依托新型孵化器，鼓励多种业态互利共生，鼓励偶发性合作，不断健全族群间的信任机制，构建丰富多样的创新创业生态。

中关村要进一步促进政府、高校、企业以及相关社会组织共同努力，将中关村营造成为孕育多样性的“雨林”而非“高地”。

柳进军

北京中海投资管理有限公司 董事长

中关村创新研修学院 执行院长

# 孵化改变世界的力量

21 世纪以来，伴随着新一代信息技术和移动互联网的快速发展和应用，生产与服务流程、生活与消费方式发生了深刻的改变，这对传统产业产生了深远的影响，随之催生出大量新的需求，创业机会陡增。同时，互联网思维的普及、互联网技术的推广和应用，使得创业成本进一步降低、创业周期大幅缩短，价值实现速度迅速提高。简言之，因为需求的井喷式增长和创业门槛的大幅降低，TMT、云计算、大数据、可穿戴设备、O2O 领域的创新非常活跃，引领创业者率先进入创业 2.0 时代。

创业 2.0 时代的到来，不仅使创新创业活跃度空前高涨，同时也推动了相关领域孵化器的快速发展。2000 年以后，全球孵化器再一次迎来发展热潮，进入历史最活跃时期。以美国硅谷 Y - Combinator（后简称 YC）孵化器为代表的一大批新建立的孵化器发展得如火如荼，取得了骄人的成绩，其孵化企业，也创造出一个又一个创业神话。如 YC 孵化的共享房屋短租平台 Airbnb 在短短几年时间，就创造出超过 200 亿美元的市值。一时间，YC 等新型孵化器声名鹊起，也成为创业者争相加入的对象。他们奔走于革新性孵化器之间，寻求入孵的机会，其竞争激烈程度不亚于申请美国常青藤高校。

新型孵化器的成功，一方面，源于创业公司在孵化器中获得硅谷丰富的创新资源，快速获得成功，增加了孵化器的知名度；另一方面，从孵化器走出去的创业公司反过来又成为硅谷的资源，而孵化的天然纽带，也将此类资源并入孵化器的资源圈，从而进一步增强孵化器的孵化能力。事实证明，这种良性循环是 YC 等新型孵化器获得成功的重要原因。因此，以新型孵化器为节点的巨大的关系网络和资源网络正在形成。这些新型孵化器在营运模式及市场机制等方面也实现了突破，逐渐探索出新型的孵化发展模式和市场化的新机制，由此孵化器进入新的发展阶段。

中关村是中国创业最活跃的区域之一。凭借着密集的智力资源、先行先试系列政策和浓厚的创业文化和创业氛围，创新、创业活跃度一直居国内前列，并持续涌现出创业领军人物。在过去的 30 年中，以柳传志、段永基、俞敏洪、王志东等一批创业者为代表的中关村人共同谱写了创业 1.0 的辉煌历史。而今天，以移动通信、物联网、大数据、云计算等高新技术产业化发展为推动力，以互联网技术的发展和应用为契机，中关村创业已进入一个新阶段，以小米雷军、京东刘强东、乐视网贾跃亭为代表的企业家，正在书写着中关村创业 2.0 的神话，中关村也率先进入了创业 2.0 时代。

伴随中关村创业 2.0 时代的到来，创新创业服务业正悄然兴起。它以创业者为服务对象，以创新创业孵化器为主要载体，通过市场力量整合各种服务要素，在资金、技术、人才、市场、品牌、渠道等方面给创业者提供全方位服务。

目前，中关村涌现出一批与国际孵化器发展模式相同或相似的新型孵化器，如创新工场、车库咖啡、创客空间等。这些新型孵化器服务内容涵盖投资、孵化、培训、传播等各个环节，服务范围涉及项目发现、团队构建、企业孵化、后续支撑等全价值链的区域创业服务生态体系，成为中关村创业服务体系的一支重要新兴力量。

但是，与美国新型孵化器在创业者中“热”不同的是，中关村创新型孵化器的“热”多囿于学术界、政府和媒体，专家们以“破解了硅谷的创新神话”、“代表了大国崛起的新力量”等词汇来赞美它们，各媒体纷纷对其进行报道，各地创业服务机构负责人也纷纷赴京考察学习，期待将它们的成功经验复制回去。而创业的主力军——创业者，却对其并不了解。更多的人，对孵化器的认识还停留在“房租便宜的办公场地”上。即使是加入孵化器的创业者，回忆起入孵过程，也多充满了“运气”、“碰巧”的成分，缺乏主动甄别和选择的过程。于是，一面是创业者对孵化器知之甚少，独自苦苦寻找各种创业资源，另一面是各孵化器苦于缺乏好的创业人才、好的创业项目加入。

创业 2.0 时代，互联网思维已经不仅仅局限在创新创业领域，它体现在工作、学习、生活的方方面面。身处于这个时代，我们是幸运的，因为我们享受着互联网技术带来的各种便利。但同时，我们也是不幸的，因为这意味着，我们之前 10 年、20 年，甚至许多年辛苦积累的经验都面临被颠覆的危机。

如果你意欲创业或者正在创业，希望你能至少了解三件事：第一件事，身处创业 2.0 时代，一定要具备互联网思维，只有用互联网思维去创新、创业，你才能获得成功；第二件事，不论你是否具备互联网思维，你至少要让自己身处热带雨林，而不是农场；第三件事，如果你已经身处雨林，并且决定创业，最好找到适合你的树冠，并尽力在那里成长，因为那里有最多的阳光。

如果你本身就具有互联网思维，并且也是基石人物，我希望你能投身于树冠的建设事业中，成为导师，或直接成为创始人。

如果你是天使投资人，那么，我希望你了解创业2.0时代，野草才能长成珍贵的药材，而是否有互联网思维是衡量其成功的重要标准。

如果你是创新创业机构负责人，我希望你了解创新型孵化器的基础是“雨林”而非农场，简单的照搬只会造成水土不服，必须要从建立“雨林”开始。

我们还要告诉读者，不论你是谁，你想了解创业2.0，或感受创业2.0，抑或投身于创业2.0，你都应该来中关村，来中国的创业雨林。

本书特别遴选了一些生动的案例，这也是野草如何凭借树冠的能量快速成长的故事。中关村的力量，在于这些“创客军团”的萌芽和生长，在于可能诞生的无限可能性。这种创新创业的精神，才是创业2.0时代的内在力量。

本书因为篇幅原因，未能将各观点展开叙述，对互联网思维、热带雨林、基石机构等的论述也都是浅尝辄止。如果有兴趣的读者，可以通过阅读《互联网思维》、《硅谷生态圈——创新雨林法则》等书来获取更多的“营养”。

此外，本书重点在于阐明在创业2.0时代，创新型孵化器对于创业者的重要性，意在帮助读者了解并选择孵化器。至于创业者关心的创新创业过程中的具体操作问题，尚未涉及，但这也是本系列丛书第二辑书籍的主要方向。如果您有什么问题、想法和建议，请告诉我们。也许，第二本书的主题将由您决定！

# 目录

## 附录 | 中关村创新型孵化器概览

第一章

# 在时代浪潮中创业

# 01 创业的本质是创新

## ◎ 创新：把想法变成市场

“创新”一词，最早出自《南史·后妃传》，是指创立或创造新的东西，与发明创造比较相近。后引申为以新思维、新发明和新描述为特征的一种概念化过程，指在一定的时空、领域中，人们对原有的理论、实践的突破或超越，以及做出新发现或创造新事物。

在漫长的古代文明发展进程中，正是创新的力量在推动着人类文明不断向前。在人类历史上，早期的创新成果主要是指科技创新，包括“原创性科学研究”和“技术创新”，如中国的四大发明等，就是属于这个范畴。

直到1912年，美国哈佛大学教授熊彼特在其出版的《经济发展理论》中第一次用“创新理论”解释资本主义的本质特征。熊彼特指出：“创新是指把一种新的生产要素和生产条件的‘新结合’引入生产体系。”他认为，资本主义经济打破旧的均衡而又实现新的均衡主要来自内部力量，其中最重要的就是创新，正是创新引起经济增长和发展。创新并不仅仅是某项单纯的技术或工艺发明，而是一种不停运转的机制。只有引入生产实际中的发现与发明，并对原有生产体系产生震荡效应，才是创新。而企业家是有敏锐洞察力的，能预见潜在的市场需求和潜在经济利益，是有胆略、有能力进行创新去获取利益的人。比尔·盖茨就是公认的知识经济时代“创新”的代表人物，给他带来巨大财富的创新中，几乎没有一个是他自己的发明创造，都是别人发明创造的东西他加以变化、重新组合、进行开发，最终使他取得巨大成功。

至此，创新的含义由最初的发明、发现扩展为以企业家为轴心，集企业家、科学家、发明家三位一体的科学技术加速进步机制，即经济学领域的“创新”。熊彼特的观点引起了强烈的反响。西方学者普遍认为，熊彼特的见解抓住了经济增长的本质问题。

熊彼特的最大贡献莫过于引起人们对隐藏在经济增长要素背后的动力机制——企业家的关注和重视，从此，创新也就与企业家紧密地联系在一起。

张维迎教授在《企业家——经济增长的国王》中，对创新的描述甚为贴切：“创新就是把一个想法变成一个市场”。

所有的创新最初都只是一个想法，这个想法一定是“独一无二”的：纵向上看，是“前所未有”的；横向上看，是“与众不同”的。也就是大部分的人都不会想到的。即使你把这个想法说出来，大部分人也不会认同，甚至会认为是完全不可能的。这是创新的第一步。

如果想法只是脑海中的灵光一现，或是变成纸上的理论，或是成为实验室里的样品，没有变成消费者愿意埋单的产品，这些就还不是创新，只是创意、理论、发明而已。发明创造很多时候是试一试的灵感涌现，短时期也许并没有经济效用甚至是荒谬无边的，而创新更多的是在一段时期内进行的有目的的价值创造。

瓦特发明了蒸汽机，但他的合伙人马修·博尔顿则制造并推广了蒸汽机；山姆·沃尔顿（Sam Walton，1918－1992）并不是打折店的发明者，但他是这个点子的最佳实践者，他对信息技术以及物流供应链的推崇使他总能够以较低的价格击败众多的竞争对手，他创建的沃尔玛是目前世界上最大的零售连锁店，拥有雇员达130万人；福特汽车公司创始人亨利·福特（Henry Ford，1863－1947）推出的廉价、高度统一的T型车，在降价的同时，还创新地提高了工人的工资，在企业内部培育中产阶级，最终让汽车走进普通家庭，改变了美国人的出行方式，他创立了全世界第一条汽车流水装配线，是20世纪大规模生产的基础。

简言之，“有了一个好的想法，让它有价值的最好方式不是告诉别人，而是你把它实现，并且让市场证明这真的是一个好的想法”。

## ◎ 创业：实现创新的过程

“创业”从字面上理解是指创立基业或创办事业。在缺乏创新的时代，创业更多的与战争、掠夺和强权相关。如中国历史上的改朝换代，可以说创业者的斗争史。今天，全世界绝大多数人口都生活在市场的逻辑中，分工和交换成为人类合作的主要形式，创业的含义也发生了根本性的变化。

现在“创业”主要指“创业者通过发现市场需求，寻找市场机会，组织各种资源，通过投资经营活动，提供产品或服务，以满足这种需求、创造价值的过程”。而是否能够有效满足顾客需求的最好衡量标准，就是是否为客户创造了他们认可的价值。创业是创造不同的价值的一种过程，这种价值的创造需要投入必要的时间和付出一定的努力，承担相应的金融、心理和社会风险，并能在金钱上和个人成就感方面得到回报。

创业的英文起源于法文字“Entreprendre”，其意为“从事（to undertake）”创新和发展的人，创业家还可以是企业家、风险投资家等。而熊彼特创新理论中的企业家，则包括创业家和职业经理人。

而在企业起步阶段，“创业家”多取代“企业家”成为创新的代名词。

连续创业者孙陶然认为：“创业就是原来没有的公司你把它建立起来了，原来没有的产品你把它制造出来了，是去填补空白，或者用更好的方法满足现在的需求，所以你只有创新才能创业。”

回顾熊彼特的“创新（Innovations）”概念，恰好与“创新创业”相吻合，都是指企业家（创业者）对生产要素进行重新组合，即把一种从来没有过的生产要素和生产条件的新组合引入生产体系之中，即企业家（创业者）的创新的创业过程。相比较而言，“创新创业”的范围比“创业”要小一些，一般指具有企业家才能的创业者的创业过程。现如今，大多数的创新类书籍，正是在“创新理论”的基础上，对创业者进行“企业家才能”的教育和宣传。

这大致就是“创新”和“创业”连在一起出现的原因吧。

在探究“创新与创业”之间的区别与联系时，我们发现，在理论描述时，出现了一个有悖常理的地方。虽然熊彼特理论中将“科学发现和技术发明”作为技术进步的外生变量，但同时在描述中，也说到技术发明等创新不是“创新（Innovations）”，只有企业家的创业行为才是“创新（Innovations）”。这大概是英汉语言的差异，在翻译时没有更合适的汉语代替“创新”去对应“Innovations”，因此，在后来的描述中，就一直沿用“创新”一词。虽然这并不影响我们对创新理论的理解和应用，但是对于一些初次接触创新理论的人，看到此“创新”非彼“创新”的描述，还是会感到困惑。特别是一些创新类书籍，并未对创新和创新理论进行说明，就直接引用“创新（Innovations）”的概念，这会影响人们对“创新”的理解。

基于这个发现，为了避免概念的混淆，本书在阐述中，用“创新创业”一词代指创新理论中的“创新（Innovations）”概念，从而与我们常说的创新区别开来，见图1－1。

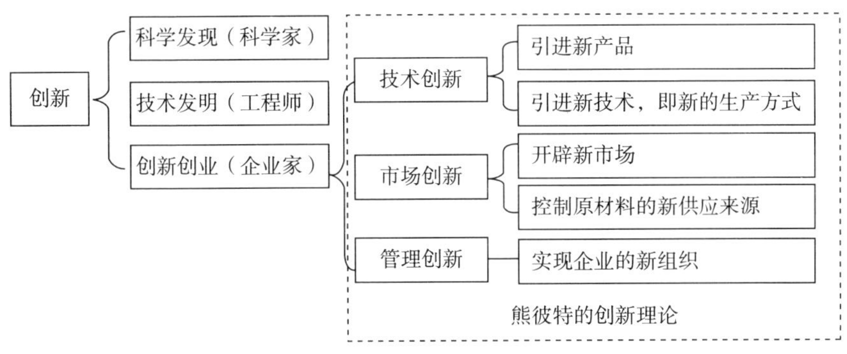


**图1－1　创新的概念**

## ◎ 创新创业的新机遇

创新的关键是创造用户价值，即满足用户的需要。只有满足了用户的需要，才能在创业中实现收益，创业才能成功，这是创新创业的基本逻辑。

在技术快速发展的现代，创业者往往会有重技术轻市场的错误心态，然而市场是由顾客所掌握的，若无法引发顾客的需求，不能为客户创造价值，或者所创造的价值不被顾客认可，创业就会失败。

新技术第一个发明者，往往不一定是最后的赢家。

Xerox 发明了图形用户界面，但苹果微软是赢家；

Visicalc 发明 Spreadsheet，但 Excel 是赢家；

Mosaic 发明浏览器，但 IE 是赢家；

Lexis Nexis 很早就做了搜索，但谷歌是赢家；

Friendster 很早就做了 SNS，但 Facebook 是赢家。

重点是谁能真的在正确的时机，把技术做到普及和广泛的应用，为更广泛的顾客创造价值；在图形用户界面系统的实际应用过程中，苹果与微软竞争的例子告诉我们，领先者并不等于成功，成功的关键还是用户，看谁能够为用户创造出更多的价值来。

因此，创新创业的关键就是创造出用户价值，即满足用户新的需求。

根据对用户需求的把握程度，创业者可以分为以下三类：

第一类创业者能够看到消费者自己都不明白的需求，这是创造需求的创业者，是最伟大的企业家。他们不仅创造产品，也在创造产业。在人类历史上，特别是过去的200年里，对商业和经济的发展做出最大贡献的就是这类企业家。他们一定是在创造别人没有想到的东西，例如微软的比尔·盖茨，苹果的史蒂夫·乔布斯，100年前的爱迪生、福特等，都是这样的企业家。

第二类创业者满足现在市场上已经表现出来的需求，如人们喜欢吃可口的东西、喜欢经济适用车等。只有更好地满足消费者的需求，你才能更好地赚钱。

第三类创业者按订单生产，技术和规格都是别人规定的，保质保量生产出来就行。这类创业者通常是第一类和第二类企业家的供应商，并不直接服务于消费者。

在互联网、移动互联网技术的发展和应用的今天，也催生出一些新的服务业创新，即用互联网、移动互联网技术，对传统服务业进行渗透，填补一些需求或更好地满足消费者的需求。其中也不乏一些创业者，看到消费者自己都不明白的需求，创造出新的需求。

可以说，现在的创业，更需要创新。唯有创新，才能在创业中获得成功。

## 02　创业恰如“野草生长”

“创新”就是这样一个想法，它一定是与众不同的。即使你把这个想法说出来，大部分人也不会认同，甚至会认为是完全不可能的。因此，创新者一定是少数派，会遭到绝大多数普通人的质疑。

创新甚至会触犯很多既得利益者或市场领先者的利益，面临被收购或者被挤掉的命运。因此，创新必然会经过艰难的探索，甚至不断失败，而这也正是创新的意义所在。

### ◎ 外表奇怪的野草

创业之所以被称为“野草”，正是因为其价值不被别人了解的缘故。这正如在人类认识麦子的价值之前，麦苗在人的眼中就是野草，而不是粮食一样。

Google Glass 初次被披露出来时，互联网上不乏嗤笑声，称它样子愚蠢、过于科幻，是不会有人戴着它在街上走动的。在许多人眼里，它不过是个噱头玩意，必败无疑。

虽然在绝大多数情况下，噱头真的只是噱头而已。但有的时候，这些噱头有可能会成为明天人人必备的产品。

Google Glass 是成是败，我们不去评论，因为可能连 Google 自己也不知道。但可以肯定的是，Google 正努力研发这项新的技术，而这正是关键所在。所谓创新就是着眼未来并努力创造未来。

史密斯（Frederick Smith）创办联邦快递公司时的想法是：任何一个东西能不能今天交给你，明天就送到对方手里？当时的邮政需要一个礼拜的时间，他的想法从技术上不太可能，所以他的那篇在耶鲁读书时候的课程论文，老师只给他打了 C，就是刚及格的分数。然而就是这个论文里的思想，后来变成联邦快递公司。

阿里巴巴的成功上市，诞生一个世界首富、一个中国首富、一万多名千万富翁……一时间，千人羡慕，万人后悔。谈话间有多少人捶胸顿足地说着“想当初……”

可是，18 位“创业罗汉”创业时，又有多少人真的能认识到阿里巴巴未来的价值？

1999 年春阿里巴巴刚成立时，在杭州湖畔花园马云家，马云妻子、同事、学生、朋友共 18 个人围着马云，听他慷慨陈词：从现在起，我们要做一件伟大的事情！我们的 B2B 将为互联网服务模式带来一次革命！

“你们要是跟我回家二次创业，工资只有 500 元，不许打的，办公就在我家那 150 平方米里，**做什么还不清楚**，我只知道我要做一个全世界最大的商人网站。如何抉择，我给你们三天时间考虑。”

像当年离开中国黄页一样，马云的决定又一次在他的团队里引起轩然大波，所不同的是这次没人哭。大家讨论时，很多人不能理解马云的决定，也有人坚决反对这个决定。不过，5 分钟后，所有人都表达了一个共同的意愿，跟着马云回杭州。

可见，18 位“创业罗汉”创业，完全在于马云的个人魅力，与阿里巴巴是“野草”还是“参天大树”无关！

的确，在当时的中国，B2B 为何物，估计没有多少人真正了解。

因此，这样的创新创业注定像孙陶然说的那样，“带着一群未知的人去一个未知的地方干一件未知的事儿”。其结果注定是“九死一生”。

然而，马云和他的创业团队，犹如野草一般顽强地活着，并通过努力，已经向世人证明自己的价值。

## ◎ 看似没有价值的野草

也许有的创新创业似乎不是那么高深和难以理解，但是，随之产生的是更高的质疑，有人会认为这样的主意糟透了，这样根本没有前途！

“很多人认为 Airbnb 是个最烂的，但还能成功的主意。” Airbnb 的创始人布赖恩·切斯科（Brian Chesky）在回忆最初创业的想法时说道。第一次产品发布会后，“Airbnb 项目被引荐给 15 个天使投资人。结果，七个投资人从来没答复，八个答复了，其中四个说，不符合他们的主题，一个说不喜欢这个市场，还有三个留下来。”

当 Brian Chesky 联系了 CNN，NYT，告诉他们 Airbnb 做的事，他们回答“绝对不可能，人们不愿意睡在别人的床上”。而当地的报纸也选择忽略他们。

然而，在一次又一次的拒绝中，Airbnb 已经成长为用户遍布 167 个国家近 8000 座城市，发布的房屋租赁信息达到 5 万条的“住房中的 eBay”。据最新的消息称，Airbnb 证实完成一轮 15 亿美元的融资，估值 250 亿美元。

与 Airbnb 有类似经历的还有著名的社交网络平台——Facebook。

Facebook 创始人扎克伯格推出 Facebook 第一版本的时候只是一个大学生，他的想法是创造出世界上最大的互联网社区，有 15 亿人以上。从此，他在向着这个目标坚定前行。

然而，犹如野草一般，在人们的眼中，Facebook 是没有价值的。

在 Facebook 发展道路上的每一步，都有人会说新的想法不会成功。

一开始的时候，有人说：“Facebook 只是给学生用的，所以它永远不会是重要的。”可是他还是继续，把 Facebook 开放，给所有人用。

后来，又有人说：“好，现在别人也用了 Facebook，但是他们很快就不会再用它。”可是他还是继续。

人们一直在用，是因为人跟人连接是很重要的。

然后有人说：“可能它在美国有用，但它不会在其他国家有用。”可是他还是继续，开发到了世界其他国家。

又有人说：“社交媒体永远不会赚钱。”可是他还是继续，建立了一个强大的业务。

然后有人在说：“人们不会在手机上用 Facebook。”可是他还是继续，现在成立了移动中心公司。

“当时，我们不知道这些问题的答案。没有人知道。我们每次继续前行是因为我们用心。很多公司在创造社交媒体，但是他们害怕这些问题。我们相信，社交媒体和连接世界是重要的。我们相信，虽然我们不知道每个答案，我们还可以继续帮助人们，连接人们。”

## ◎ 创业，生存如野草般艰难

史蒂夫·乔布斯（1955－2011），发明家、企业家，美国苹果公司联合创办人、前行政总裁。1976 年乔布斯和朋友成立苹果电脑公司，他陪伴了苹果公司数十年的起落与复兴，先后领导和推出了麦金塔计算机、iMac、iPod、iPhone 等风靡全球的电子产品，深刻地改变了现代通信、娱乐乃至生活的方式。

“我没有了宿舍，所以我要到朋友家睡地板；为了填饱肚子，我捡过值 5 美分的可乐罐；为了每周一次的好一点的饭，每个星期天，我穿街过巷，步行 7 英里到 Hare Krishna 教堂，我喜欢那里的饭菜。”2005 年乔布斯在斯坦福大学毕业典礼演讲中说到自己退学后的生活。

典型的草根，没有显赫的家庭背景，没有各类资源的乔布斯，却创造了专属于他的传奇。

**致乔布斯：一个人的传奇**

向那些疯狂的家伙们致敬
他们我行我素
桀骜不驯
惹是生非
就像方孔中的圆桩
他们用不同的角度来看待事物
他们既不墨守成规
也不安于现状
你尽可以赞美他们
否定他们
引用他们
质疑他们，颂扬抑或是诋毁他们
不过唯独不能漠视他们
因为他们改变了事物
他们让人类向前跨越了一大步
他们是别人眼里的疯子
却是我们眼中的天才
因为，只有疯狂到认为
自己能够改变世界的人

才能真正地改变世界

——亦然

回顾众多创新者，从福特到 Brian Chesky，这些古怪的人、这些疯子、这些野草，实际上却是创新驱动系统中的掌舵者、规则改变者、创新实践者，是创新时代的英雄。

## 03 从“农场”到“雨林”

### ◎ 野草在农场中顽强生长

回顾历史，在经历了漫长的农业经济时期，到建立工业经济，再到今天的信息经济时代快速发展，野草用他们顽强的生命力，谱写了一个又一个属于他们的篇章。

**远古时代到农业经济时期，野草如所有生命体一样，起源于海洋，不断孕育出新的生命，但是，却无土壤供其生根发芽。**

在人类认识世界、改造世界的萌芽阶段，创新进程异常缓慢。但是，也正是创新将人与动物区别开来，正是有了创新，人类才能发明工具，离开洞穴，建立灿烂的文明社会。在农业经济时期，创新的种子开始在土壤中生根发芽，也让创新者拥有了比其他人更多的资源。但是，受到封建思想禁锢的统治阶层，为了维护自己的统治地位，对创新的态度非常保守。创新的种子在人类日常生产活动中不断涌现，但是没有生存所需的阳光、水分，根本无法生根发芽。即使有极个别的野草萌芽，其命运也将是被连根拔起。

工业革命之前的中国，在技术发明和科学研究方面的成就和贡献曾遥遥领先于世界大多数国家。中国的四大发明——造纸术、印刷术、火药、指南针，被称为世界科学技术史上最伟大的四项发明。但是，它们在中国封闭的自然经济结构中，只是封建专制王朝建立大一统社会的工具而已。相反，四大发明传入欧洲后，在西方近代文明的土壤中开花结果。造纸术促进了欧洲文化的发展；火药使封建城堡不堪一击，导致骑士阶层日益衰落；指南针迎来了地理大发现的时代；印刷术推动了文艺复兴运动和宗教改革，促进了思想解放和社会进步。最终，整个世界都被改变了。

美国学者罗伯特·坦普尔在著名的《中国，文明的国度》一书中曾写道："'近代世界'赖以建立的种种基本发现和发明，可能有一半以上源于中国，然而却鲜为人知。""如果诺贝尔奖在中国的古代已经设立，各项奖金的得主，就会毫无争议地全都属于中国人。"

为何中国创新的种子会在西方的土壤里生根发芽？这是因为东西方长期历史发展不同脉络的结果。

可见，西方发展脉络的结果，就是西方孕育了大量的企业家人才，他们将创新种子从大海中带到陆地上，进行栽培。

工业革命之后，这些创新者成为拥有资源的阶层，建立了资本主义制度，人类进入工业经济时代。这时，统治阶层对创新的态度已经转变，他们开始鼓励创新的发展。他们投入大量的人力物力去研究新的技术，并致力于其应用。而这种创新系统被称为"农业"模型，它与发源于工业革命的商业模式如出一辙。

《硅谷生态圈》用"农场"模型来描述发源于工业革命的商业模式。"这种模式专注于控制复杂系统，利用最新工具调整准确度、精密度和生产率。控制程度越高，产出就会越高。公司会因为生产的高效率而得到回报，这一点非常像农民为了提高土地亩产量而采用最好的肥料、农药与耕种方法。你可以在脑海中想象一下纺织工厂的装配线，装配线运转得越快，你就可以赚更多的钱。产品质量越可靠，就会有更多的客户不停地购买产品。”

正如书中描述的，在人们的脑海中，创新系统就好像创新工场车间，在创新流水线下，创新就会在创新系统中越来越多地被创造出来。

从单一的创新可以看到，它能在农场中茁壮成长，开枝散叶。但是，创新之所谓创新，它一定是与众不同的。将诸多创新放在一起，就注定不会是一片欣欣向荣的农场画面。

在农场中，没有受到关注，或者价值没有被认识之前，创新创业始终是无价值、外表奇怪、没有资源的野草。

因此，究竟什么样的环境适合野草生长？什么环境能催生大量的创新不断涌现，而又能各取所需，茁壮成长？即什么样的环境长野草不长庄稼？雨林生态自然是最佳答案。

## ◎ 长野草、不长庄稼的雨林

从科学发现到有商品被生产出来是一个非常漫长的过程，甚至有大量的新技术从来没有被应用过。科技成果的转化，技术创新和市场的结合，始终是一个难点。如果说创新是一株野草，那它不可能孤零零长成参天大树，它需要阳光、空气和水分，也就是创新生态系统——雨林模式。

森林生态系统被认为是地球上最合理、最稳定的生物生态系统。人们很早就发现，森林中，在高大的乔木旁，绝对找不到同样高大的乔木。而高大的乔木，往往没有过大的树冠，这便为其他无力生长到同样高度的乔木，提供了一个吸收阳光雨露的空间。

因此，在森林生态系统中，众多绿色植物生长在一起，形成多层次结构，尤其是在热带雨林，这种层次结构更为复杂：高达几十米甚至百米不等的乔木，层层递减，形成森林的主体乔木层，乔木下则存活着品种繁多的灌木层和草本层，同时还有众多附生植物。

因此，雨林是一个具有独特品质的环境，空气、土壤中的营养素、温度都有可能催生出新的植物物种，远远大于这些要素的总和。雨林把无生命的无机物创造为欣欣向荣的有机物系统。

自然界的雨林不会预先决定有价值的新物种的进化过程，但是会提供恰当的环境来培育偶然发现的进化过程。在雨林中，最有前途的生命形态以一种不可预测的方式出现在非常富饶的环境中，这与历史上所有创新创业出现的情景完全一致。

因此，当世界各国都在构建创新系统时，不应该只推动单一或单独几种创新存在，而是应该设计与构造出适当的环境来激发创新的产生与繁荣。

但是，这种思考模式的转变并不是一件易事。因为在人类创造和追求商业价值的方式中，“农业”模型已经根深蒂固。

回到现实中，商人是如何操作的？在“农业”模型中，地里的野草往往会被拔掉。如果地里种的是玉米，那么所有的野草将会被拔掉，所有的蒲公英也都会被铲除。通常，那些不按照事先确定的详细规范来组装汽车的古怪雇员都会被解雇。然而，在雨林中，一棵像野草的植株极有可能是整个生态系统中最有价值的新植物。回想前面所说的Google、Facebook、Airbnob这些公司，很多年以前，他们与野草无异。因此，为了鼓励野草生长，我们要创建的创新生态系统一定是雨林而非农场。

## ◎ 当野草遇到雨林

野草生长需要雨林而非农场，只有雨林模式的创新系统能够孕育出更多的野草。那么，雨林到底应该是什么样子的？探究雨林的概貌，首先应该从创新出发，看看创新过程所需的要素是什么。

美籍经济学家熊彼特在1912年出版的《经济发展理论》中，首次提出创新理论。熊彼特认为，企业家的职能是创新，是将生产要素引入生产过程中。所以“创新”是指企业家对生产要素的新组合，即把一种从来没有过的生产要素和生产条件的新组合引入生产体系之中。它包括以下五个方面：

（1）引进新产品；

（2）引进新技术，即新的生产方式；

（3）开辟新市场；

（4）控制原材料的新供应来源；

（5）实现企业的新组织。

企业家是有敏锐洞察力的，能预见潜在的市场需求和潜在经济利益，并有胆略、有能力进行创新去获取利益的人。他认为，发明并不等于创新，发明者不等于创新者，只有敢于冒风险把一种新发明最先引入经济组织之中的人才是创新者。

在熊彼特描述的机制中，企业家是轴心，或者说是推动科学技术发展的发动机。企业家不断创造出来社会需求成为科学的发明和创造的最大动力。科学家发明和创造的成果，又被企业家应用到经营和生产中去，转变成满足人们生活需要的商品，把科学技术的潜在生产力变为现实的生产力。

**这应该是一个由科学家、工程师、企业家组成的三位一体的可持续技术加速进步机制。在机制中，企业家是整个机制运作的轴心，或者说是科学技术发展的发动机。首先，企业家选择有潜在市场需求的技术发明创造加以引进，应用到经营和生产中去，转变成满足人们生活需要的商品，把科学技术的潜在生产力变为现实的生产力。然后，随着产品的**

**生产，企业家的市场创新活动将不断创造出新的社会需求，从而反过来推动着科学的发明和创造**。这样，科学技术被企业家变为现实的生产力，产生新的需求，再推动科学技术的发明和创造，循环往复，从而使经济不停地并且加速地向前发展。

简单说，是以科学创新和技术创新为基础，以企业家应用创新为起点，经过企业家创新，将技术创新成果引入经济组织，转变成满足人们生活需要的商品，最终，技术创新的广泛应用，又反过来催生新的科学和发明的循环系统，见图 1－2。

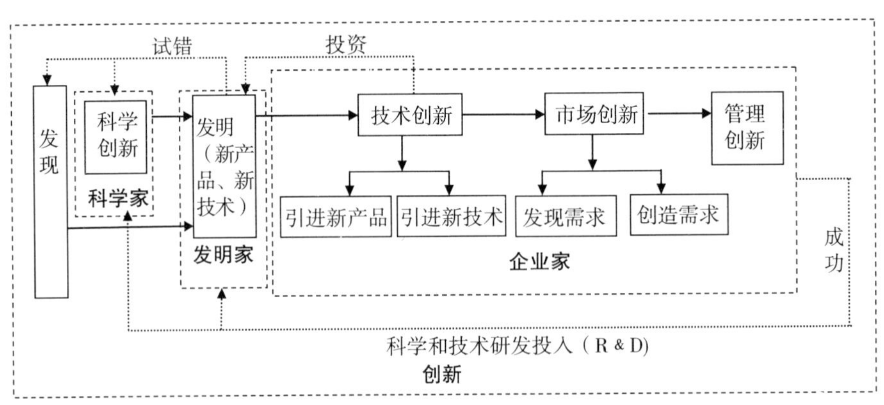


**图 1－2　技术创新的循环系统**

通过对创新机制的研究，可以将创新所需要的要素分为三类：一是由科学家和工程师共同推动的**发明专利**；二是创新创业生长所需的**资本**，通过企业家努力获得；三是企业家的创新，包括技术引进、新产品引进等五个方面的创新。

这与 The Family 的创始人尼古拉斯·柯林（Nicolas Colin）对创业圈里的"创业生态系统"的描述中的三要素不谋而合。

Nicolas Colin 提出创业生态系统的三个要素。它们分别是：

**资本**：没有任何业务可以在没有资金和相关基础设施（包括有形

资产的资金）的情况下创立发展；

**专利**：这是公司不断推陈出新的基础，但这个要素需要获得工程师、开发人员、设计师、销售人员等相关人士的共同努力；

**创新精神**：这是一个挑战现状的精神，如果创业家想要挑战刻板教条，他们完全可以在一个规模较大的，制度相对较完善的，且可以获得较高报酬和更多资源的公司里做创新。

在以农场为基础的创新系统中，创新创业活动正在促使雨林的形成，但是，在这一过程中，不同的国家出现不同的结果。原因正是这三个要素在每个国家的创业公司中存在的比例都不相同。资本、专利以及创新精神这三个要素很好地结合在一起才是“雨林”形成的关键。

三个要素的不同组合方式，可以对经济和社会产生不同的影响。这里有它的七种不同的组合方式：

1. 只有资本 = 寻租经济

寻租经济模式主要存在于石油资源丰富的国家，或者像巴拿马（巴拿马运河）和埃及（金字塔）这样有吸引力的基础设施的地方。对于这种模式，房地产行业、自然资源行业以及公共事业最适合。在这样的经济模式当中，不但专利不被奖励，甚至有时候创新精神还会遭到排斥。在民主国家中，这类创业者主要通过律师游说政府或者起诉创新家这两种方式来寻求租金。

2. 资本 + 专利 = 效率经济

当没有创新精神，而资本和专利相遇的情况下，创新行为往往只会集中在那些制度相对完善的公司当中。而这些公司往往也只有两个目标，即更新产品和提高经营效率。克莱顿 · 克里斯坦森（Clayton Christensen）指出这种经济模式中的“创新”十分恐惧失业和资本流失（创新 + 资本 ≠ 大量就业机会）。因为自由资本被投资在像上文中提到的寻租经济模式这样的地方当中。因此威廉薇（William Janeway）指出，效率经济是创新的敌人，但是它无法根治，而硅谷式的创新就从没在它身上费过功夫。

3. 只有专利 = 承包商经济

这种模式其实很简单：就是如果一家创业公司已经拥有大量的工程师了，但是资本投入较少以及缺乏创新精神，那么，它能够创造价值的最好方式就是向外国公司贩卖他们的专利技术。这是印度一直以来的做法，即向发达国家的客户推销它的专利技术。这种经济模式的特点是利润很小，因此对经济发展没有太大的贡献。

4. 专利 + 创新精神 = 操场经济

为什么要用操场来比喻这种经济模式呢？因为在这种经济模式中，人们都是不知该如何实现盈利的初期创业者。Hicolas Colin 举了个具体的例子：每年他都会回到曾经就读过的布列塔尼亚工程学校，而每当他回到那里时，人们都会给他描述很多创业项目，包括科研类、商业类或者两者兼而有之的。可是在他离开了之后，就再也没有听到过这些项目的消息了。第二年再次回到学校的时候，这些项目也没有留下任何痕迹。

如果只是没有资金支持的小规模实验性的创新想法，终究会随着时间流逝而消亡。这就有点像拉里·佩奇（Larry Page）和谢尔盖·布林（Sergey Brin）共同发明，并在斯坦福大学测试了的 Page Rank 算法。当然它是成功的，但当他们想进一步把这个算法运用到现实生活中的时候，银行拒绝了他们的贷款。事实就是，操场经济模式主要存在于学术界的研究当中，而当这项可行的研究想要付诸实践的时候，首先就要面临法律法规的限制以及缺少资金，从而致使想法无法变成现实。确实，操场经济能够创造出来一些价值，不过它的主要资金来自于政府的研究资助和 SMB 补贴，想要发挥更大的作用，目前看来还很难。

### 5. 创新精神 = 自给经济

很难想象，当一个创业公司既没有专利也没有资金只有创新精神的时候，还可以继续创业。但事实上，他们确实在这种情况中找到了只属于他们自己的方式：利用政治运动、社会运动、艺术创作或者犯罪来实现收益。比如柏林的边缘艺术家孕育了伟大的艺术、阿雷格里港的社会活动家促进了社会和政治的变革，从这种状态上来讲，他们都是自给经济的典型代表。

这种只具有创新精神的经济因为缺少资金和专利，因而大多存在于不发达国家与地区。由于高等教育系统和大规模人才移民的失败，加上资金需要来自贵族阶层，创业者很难在这种模式中脱颖而出。慈善组织也试图帮助这些创业者摆脱资金匮乏和技术缺失的局面，从当下失败的经济中提炼出剩余的价值。

然而事实上，在这样的经济中唯一能创造价值的只能是寻租商人和非法组织。虽然这种经济模式中存在大量的资金，但它都被独裁者和投机者瓜分，并不能真正被投入创业公司当中。那么谁才是这种模式中的真正创新者？他们分为两类：艺术家和政治活动家。前者可以去往国外获得成功，而后者则通过不断的活动最终引发政治革命。另外，自给经济不仅存在于发展中国家，在发达国家依旧能看到它的身影。

### 6. 创新 + 资本 = 金融经济

与人们的预期相反，金融行业是最容易产生创新精神的领域。从几十年的金融发展史可以看出，金融经济是如何打造原有模式，现在赢得更宽松环境的金融市场的。就算没有专业知识，你仍然可以运用创新精神和现有资本来建立一个创业公司。事实上，大多数的金融从业者都是反叛的创新者，因为他们没有丝毫背景，只能拼了命地从最底层的自给经济模式中逃脱，他们期望捕捉金融中的大量价值，并创造大量的财富。但是金融业本身并不具有包容性：因为其最核心的资源还是掌握在少数人的手中，不过也正因为它的复杂性使得金融这种经济模式有了长足的发展。但请记住，少数人的富有并不会使经济变得繁荣。

7. 资本+专利+创新精神=创业型经济

硅谷是创业型经济的最佳代表。其资本最初是来自国防部，后来逐步转变成风险投资基金，现在的话更多是从投资者手中得来。由于微软等的吸引力，吸引了更多的人加入这种创业经济模式当中来。当时最为典型的就是加利福尼亚州的创新精神：从第一家摩托车俱乐部建立起，艺术家、嬉皮士、学生领袖、飞叶子、LGBT，以及IT从业者统统聚集在这里。而硅谷，不过是这种文化效应下的副产品而已。

在经济转型期，创业型经济相对其他经济模式而言，能够创造出更高的价值，而且它的分布会更加广泛：在硅谷你会发现这里有大型的高科技公司的总部、身价很高的企业家、数以千计的高薪工程师以及设计师和职业经理人；而邻近的经济体系为其发展提供了本地的基础设施与服务，更为教育程度较低的人创造了大量的就业机会，同时不断增长的税收也为公共服务提供了更多的帮助。由此来看，硅谷可能是最接近诺贝尔经济学奖获得者Edmund Phelps所说的"大规模繁荣"的地方。

## ◎ 农场到雨林

一个地区从一种经济模式转变成另一种经济模式，这其实是一个有趣的过程。如果不存在成功的企业家，那么创业型经济就会逐渐减弱，甚至有可能会转变成其他的经济模式。因此我们必须了解技术移民对维持创业生态系统的重要性：一个创业公司的第一代成员已经完整，那么为了维持并促进其创业生态系统成长它必须要吸纳外部人才。

那么如果你只有资本、专利和创新精神三个要素中的两个，而这两个还在慢慢朝着只剩一个的趋势发展，经济会发生什么样的变化？你可以参考下面这三种假设情况：

1. 操场经济（专利 + 创新精神）转变成自给经济（创新精神）

一旦缺乏专利技术，操场经济模式就会遭到破坏，从而变成只有创新精神的自给经济。而这也是苏联转变成俄罗斯的主要原因：具有大量高科技技术但并没有将之转化成商业帝国，技术逐渐被以色列和美国超越。从这一点来说，资金的来源只能是自然资源，直到价格下跌。

2. 操场经济（专利 + 创新精神）转变成承包商经济（专利）

即使高级技术人员不放弃原有的操场经济，但是由于这些高级技术人员厌倦了被困在“操场”之中，经营一些失败的项目，所以慢慢地他们自己会变成承包商。这也是为什么法国的创业者都想在法国建造下一个硅谷，但最终他们都成为小型 IT 服务商或者 Web 代理商的原因。

在这种模式下，他们所获得的利润较少，完全无法扩展公司规模。事实上，这种类型的创业项目数量再多，也无法构成创业型经济模式，他们只能发展成创新能力微弱的承包商经济模式。

3. 金融经济（创新 + 资本）转变成自给经济（创新精神）

我们完全无法预料一些国家被撤出资本会是一种什么样的情况，希腊就是一个很好的例证。英国肯定也吸取了 2008 年的教训，这也可能是让其决心建立创业生态系统、发展创业型经济的主要原因。

但一个地方同时拥有两个甚至是所有要素也还是不够的。而且更糟糕的是，想将这几个要素结合在一起是非常困难的，在很多情况中它们彼此之间还会相互排斥。但我们必须明白，打破这种限制会为非创业型经济的公司带来更多的创新能力。的确，寻租经济、承包商经济，以及操场经济比较容易形成，但我们依旧必须努力地把这些要素完美地结合在一起，努力朝着创新经济发展。

第二章

# 在“创业雨林”中寻找生机

# 01 创新的奥秘

## ◎ 中国创业元年

中国的创业大潮，是从如今耳熟能详的“大众创业，万众创新”这八个字开始的，2015 年是一个起点。在这一年中，有几件事值得特别记录下来：一是关于众创空间建设，国务院出台了《关于发展众创空间推进大众创新创业的指导意见》、《关于大力推进大众创业万众创新若干政策措施的意见》、《关于加快构建大众创业万众创新支撑平台的指导意见》等 8 个文件，成为中国建设众创空间、推动双创浪潮的集结号；二是初创公司不再是高门槛，推行“三证合一”登记制度，实现“一照一码”，放松经营范围登记管制，使得创业成为一件相对“简单的事情”；三是财政部等部委在全国 15 个城市启动了小微企业创业创新基地城市示范工作；四是创业教育风生水起，国家出台了《关于深化高等学校创新创业教育改革的实施意见》，加强创新创业人才培养，推动大学生创业。

这一连串的举措，加上总理亲临中关村创业大街，在全国“双创周”上为创业者“站台”，使得 2015 年异常热闹，也成为“中国创业元年”。

有数据表明，仅在这一年，中国就创办了 1.6 万家众创空间，其中中关村创业大街、深圳创业广场、杭州梦想小镇等成为全世界有名的众创空间，吸引着来自世界各地的关注目光。

中国已经成为全世界创业最活跃的国家，中关村每年诞生3万家创业公司，而硅谷只有1.5万家，并且最近5年，中关村的IPO数量是硅谷的3倍。中国在纳斯达克上市的公司有145家，多于美国的110家。这些数字和对比都说明中国在创业和瞪羚企业培育方面走在了世界前列。

诺贝尔经济学奖获得者埃德蒙·费尔普斯在《大繁荣》一书中指出，未来社会，国家的繁荣将源自于民众对创新过程的普遍参与，深入草根阶层的自主创新创业，将提供新的经济活力。

中关村的发展，无疑就是这句话最好的佐证。中关村一批优秀企业和创业新锐引领全国“双创”浪潮，如《福布斯》发布的“2016年度全球企业2000强榜单”中，京东、联想、京东方等14家中关村企业成功上榜；滴滴出行总裁柳青入选《连线》公布的“全球25位天才榜单”；刘强东、程维等8位中关村企业家入选《财富（中文网）》的“2016中国最具影响力的50位商界领袖”。

2016年前4个月，中关村日均企业申请发明专利约90件，技术收入、高技术服务业、发明专利授权量均实现同比30%以上的快速增长。

大力支持科技园区发展是中国政府必然的战略选择，习近平总书记明确指出：“创新是引领发展的第一动力，抓创新就是抓发展，谋创新就是谋未来。”作为一个超大型国际化大都市，面对人口资源环境越来越严苛的外部约束条件，北京已经走上建设全国科技创新中心，加快建设国际一流和谐宜居之都，实现发展转型升级之路。

从20世纪80年代开始，中关村开启了中国建设科技园区的序幕，经过近30年的快速发展，中关村已经成为中国最具活力的科技创新中心和新兴产业的园地，成为初具全球影响力的创新中心之一。

2014 年，中关村天使投资和创业投资案例和金额均占全国的 40% 以上，新创办科技型企业 1. 3 万家，有上市公司 276 家，总市值已经达到 3. 1 万亿元人民币，企业有效发明专利达到了 3. 8 万件，对北京经济增长贡献率达到 40%。面向未来，国家将一如既往地支持中关村，加快向具有全球影响力的科技创新中心进军，支持中关村在北京建设全国科技创新中心中发挥主战场和排头兵的作用，支持中关村为全国创新发展发挥示范引领和辐射、带动作用。

中关村，就是使得来自全国各地的创业精英梦想实现的地方，也是各种自主创新科技成果不断涌现的地方，更是中关村“鼓励创新，宽容失败”的创业精神不断传承的地方。

2015 年，创业不仅影响了每个人也影响了中国的改革，而且影响了中国人的观念，为全国民众带来了一次创新创业文化的洗礼，在某种意义上创业引发了思想的大解放。

## ◎ 创业孵化新时代

220 米长的街区布置了 40 余个展位，孵化机构向参观者展示成功的案例、丰富的资源，第三方服务机构为创业者提供企业注册、财务管理咨询，创业者对自家产品、服务功能如数家珍……2016 年 6 月 12 日，正值中关村创业大街开街两周年之际，第三届 Innoway 创新创业节正式拉开序幕，在街区举办的创新集市上，特色项目异彩纷呈，处处洋溢着创新创业的文化氛围。

在第三届 Innoway 创新创业节开幕式上，中欧区域科技创新中心正式挂牌，中关村创业大街国际战略合作再添新彩，中关村创业大街创新展示中心正式启用，将为全球的创业者、创业服务机构、大企业平台提供多项服务，创视记—视频孵化实验空间正式启用，全方位整合产业资源，对创新项目进行精准孵化与培育；举行了“寻找街区新力量”活动颁奖仪式，评选出优秀入驻机构，药明康德生物医药创新创业孵化服务平台、中美创新创业孵化器、怡仁融创、韩国技术风险财团新入驻机构正式亮相……

这是中关村创业大街发展两年的一个缩影，更是中国创业浪潮的一个时代印记。中关村创业大街的开街，开启了一个崭新的创业孵化全业态新时代。

2015 年 5 月 7 日，国务院总理李克强现身中关村创业大街，为创业者加油打气。他走进“3W 咖啡”，手捧一杯咖啡，与创业者交谈。咖啡杯上印有 3W 咖啡创始人许单单的话：“生命不息，折腾不止”。

李克强总理说：“推动大众创业、万众创新是充分激发亿万群众智慧和创造力的重大改革举措，是实现国家强盛、人民富裕的重要途径，要坚决消除各种束缚和桎梏，让创业创新成为时代潮流，汇聚起经济社会发展的强大新动能。”

总理亲自“添柴”，中关村创业大街从此火了。它也成为中国创业大潮中的排头兵和旗帜，按照设计规划，这条街将被打造成国内外知名的科技服务集聚区、科技型企业发源地和创业文化圣地，成为全球著名的创业名片。在创业者眼中，这是他们踏上成功征程的第一站。

如今，两年时间过去了。或许数据可以把中关村创业大街的征程做一个小结：创业服务机构持续在这里集聚，从开街之初的 11 家增加到 44 家；多样化的创新创业活动与服务吸引众多创业者，孵化了一批创业企业；在街区举行的创新创业活动超过 1600 场，参与人数超过 16 万人次；累计孵化创业团队 700 个，其中海归团队和外籍团队超过 100 个；有 375 个团队获得融资，平均每家融资 500 万，总融资额达到

18.75 亿元。其中联想之星有 45 家孵化企业获得后续社会融资，融资总额超过 30 亿元人民币，有 1 家创业项目在美国纳斯达克上市，有 1 家创业项目登陆新三板；氪空间孵化的 166 个项目，97% 获得融资，总估值达到 130 亿元。

这条街也成为展示中国创新创业成果的窗口和国际交流的舞台，截至 2016 年 4 月，中关村创业大街累计接待各级领导及社会人士调研参观 1100 余次，以及来自美国、韩国、新加坡、澳大利亚、俄罗斯、墨西哥等国家和地区的 90 个代表团。英特尔、大众汽车、谷歌等跨国公司也纷纷来大街交流合作。

“中关村创业大街名义上叫‘街’，实质是吸引全球高端创新创业人才、集聚高端创新创业服务要素，孕育产生关键颠覆性创新的功能中心。我们鼓励的是创新精神，是通过创业推动创新，而不是一夜暴富。”这不是一条只有咖啡馆的“街”，也不仅仅是昙花一现，在这背后，是一个关于“中关村精神”和追逐“中国梦”的故事。他们的名字叫作“创业者”。

如同这 30 多年发生天翻地覆变化的“中关村”，从“电子一条街”到“国家自主创新示范区”，从低矮的平房到明亮整洁的办公大楼，从偷偷“下海”到“扎堆创业”……那时的“中关村”已经走进历史记忆当中，现在仅仅能从照片和影像资料中找到那时那地的场景，以及敢为天下先的弄潮儿的身影。可是，有一种精神却历久弥新，那就是创新和创业。这么多年来，越来越多的“伙计”支撑起这方创业的天空，他们百折不挠，勇往直前。

互联网创业热潮催生出一个公平的新秩序，游戏规则对每个人都是公平的，不看出身和背景，给这个时代的年轻人最大的公平。所谓的“创业神话”也不是遥不可及，在这条草根创业者、创业团队、天使投资人和服务投资机构汇聚的地方，每天都可能缔造神奇。

这也是中关村创业大街的魅力所在。当你经过这里，会看到那块镌刻“InnoWay”的招牌——这个词语的意思是“绝处逢生”。这是最符合创业者精神的一个词，在绝望中坚持并寻找希望。

## ◎ 创业主力军

李克强总理到访中关村创业大街，步入联想之星大门的一瞬间就被旷视科技的人脸识别系统认出，并在门前的显示屏上呈现出欢迎的画面……“在中关村创业大街收获的不仅仅是展示的机会，还收获了无数合作伙伴和产业机遇。很多客户都是在看到总理到访中关村创业大街的新闻后找到了我们，不仅有了合作，还让我们发现了以前未曾发现的新市场。”旷视科技市场与品牌部经理谢忆楠说。

在电影大片的场景中，我们经常会看到用人脸识别开启各式保险库的大门；在密集的场景中找寻目标人物，只需要开启人脸识别就能快速在人群中检索出目标……这些都是人脸识别技术的应用场景，而如今这一看似离普通生活很遥远的电影场景，已经开始真实地走进我们的生活。

旷视科技这家获得了5000万美元融资的创业企业，估值竟高达2亿美元。福布斯杂志日前发布的“2015年亚洲30位30岁以下年轻领袖（30 under 30）”榜单，其中，旷视科技创始人兼CEO、年仅28岁的印奇入选，他公司的Face++人脸学习技术在世界评比中得到第一名。

2014年，旷视科技和中关村创业大街有了第一次交集。“那时，我们作为联想之星的孵化企业，第一次有机会将产品摆到中关村创业大街上进行展示和测试。随后，还在3W咖啡做了一次开放日的活动，越来越多的人通过中关村创业大街这个窗口开始认识我们。”

2015 年 3 月，在德国汉诺威 IT 博览会上，马云举起手机，通过支付宝“扫脸”支付购买了一款 1948 年汉诺威纪念邮票。这次“扫脸”支付，让旷视科技第一次站在了聚光灯下。

作为阿里巴巴的战略合作伙伴，旷视科技为支付宝开发人脸识别模块。目前，旷视科技为蚂蚁金服、平安银行、小米金融、公安部门等公司和部门提供人脸识别的技术服务。在已经上线人脸识别的金融机构中，旷世科技占到了 85% 以上的份额；在安保领域，旷视科技天眼系统不仅实现了电影级的毫秒搜索定位，更是可以实现多人实时识别。

“我们要做的事情说起来其实也很简单，就是为机器装上双眼，让机器看懂世界。”谢忆楠坦言，“借力中关村创业大街，我们的梦想正在加速实现。”

这是一个真实的故事，发生在我们身边。青年创业者成为创业主力军，已经成为当下发展的趋势。2014 年，中关村创业者平均年龄为 37. 8 岁，较 2010 年减少了 2. 7 岁。30 岁及以下创业者 8777 人，急速增长 84. 9%，占中关村创业者总数的 25. 8%，其中“90 后”创业者 1637 人，占创业者总数的 4. 8%，比重比上年提高 2. 4 个百分点。

最具代表性的福布斯“中国 U30”榜单，2012 – 2015 年中关村累计有 31 位创业者上榜，入选人数领先上、广、深等一线城市；创业邦发布的“2015 年 30 岁以下创业新贵”榜单中，脸盟的郭列、旷视科技的印奇等 5 人入选，占榜单席位的 1/4。

中国将涌现出更多的改变世界的创业者。硅谷能够不断诞生改变世界的大公司，能够不断诞生改变世界的原创新兴产业，拥有改变世界梦想的创业者是关键。

在“雨林”生态中，这一切都将成为可能。

# 02 野草的力量

## ◎“一杯咖啡”到“雨林生态”

中关村创业大街走进人们的视野，是从创业咖啡开始的。从第一批入驻大街的车库咖啡、3W 咖啡等 11 家机构开始，创业咖啡作为一种开放的无门槛的创业交流平台，迅速为普通大众所熟悉。

后来席卷全国的“创业咖啡”应该就是从此地诞生，然后作为创业咖啡馆的经典案例，中关村创业大街后来成为全国双创示范地，成为各地学校的榜样。两年来，这条 220 米长的街区，影响力早已超越了它涵盖的地理范围，以完善的创业服务体系催生出了一片生机勃勃的“创业雨林”。

如今，入驻街区的创业服务机构从 11 家增加到 45 家，累计孵化创业团队 1000 个，平均每天孵化 1.4 个创业项目；有 483 个团队获得融资，总融资额达到 33.88 亿元；举办创新创业活动 1600 场，参与人数超过 16 万。

其实，生态意味着差异性，真正来到大街的创业者、投资人，会根据需求寻找匹配的服务平台。联想之星、创业黑马、亚杰商会、清华经管创业者加速器、北京大学创业训练营等教育培训平台，京东 + 开放孵化器、硬派空间、IC 咖啡、硬创邦等智能硬件服务平台，洛可可工业设计平台，创业邦等媒体传播平台，拉勾等互联网招聘平台，盛景网联加速器等深耕国际孵化的平台，药明康德生物医药孵化平台，36 氪、因果树、天使汇等股权众筹平台，北极光、洋葱投等天使投资平台……同时，创业会客厅首创“政府 + 专业服务”的方式，联合政府部门及 100 余家专业服务机构，为创业企业提供涵盖公司设立、政策服务、科技金融、法律咨询、人力资源、财务管理六大类别 40 余项免费的基础创业服务。

大街上的机构，即使是同类平台，由于运营团队与资源禀赋差异，也各具特色。在智能硬件服务平台中，京东 + 开放孵化器背靠京东，拥有京东内部大数据及渠道资源支持，其强大的市场营销能力受到创业项目青睐；IC 已经有 300 位发起人覆盖 IC 产业链，发起人资源是 IC 咖啡的核心竞争力，IC 咖啡与远东集团、土曼科技合作，提供专业的供应链管理服务；硬派空间与 Intel 等大企业达成战略合作，将行业巨头的研发、导师等资源对接给创业企业。在股权众筹平台中，36 氪打造作为线上流量入口的 36 氪媒体，以及线下流量入口的氪空间，集聚了一大批优质创业项目资源；因果树创始团队来自谷歌等 IT 公司和金融公司，从成立之初即兼具互联网基因与金融基金，一方面提供法律咨询、尽职调查等融资专业服务，另一方面独创偶 + 大数据产品和因果树投资机器人，通过机器学习量化创业公司评价。

越来越多的海外创业者、国际创新资源选择将创业大街作为他们落地中国的第一站。在创业大街孵化的 1000 个创业团队中，超过 150 个是海归团队和外籍团队。

“全球创新青年领袖计划”也在创业大街启动。来自美国斯坦福大学、中国北京大学、新加坡国立大学等名校的青年精英，将通过街区搭建的创业实习、创业实战、创业课程齐聚一堂，激烈碰撞，寻求在中国创新创业的机遇。

“也许在不久的将来，每个创业团队都是小‘联合国’，来自印度的做软件开发，来自美国的做产品设计，来自韩国的做工业设计，来自中国的负责研发或市场运营……”一位创投人士表示。目前，街区已与美国、以色列、芬兰、法国、韩国等10余个国家的20余个机构开展合作，初步构建起全球创新创业合作通道。

“雨林生态”时时刻刻在演进，创业大街的服务机构自身在持续升级。这些机构就像雨林中的物种一样，持续生长，快速迭代，升级产品。联想之星瞄准中国智造、人工智能、机器人等热门技术，发起成立“星空智能机器平台”，通过运营科技媒体、举办行业大会、设立专题加速器，推动产业发展、帮助创业者解决原来耗资巨大的搭建实验环境、找到启动客户、获取推广渠道等问题，并在硅谷设立comet慧星加速器，成为美国第一个以智能机器、中国制造为主题的加速器。黑马会在2015年正式更名为创业黑马集团，它从一本《创业家》杂志开始，稳扎稳打，逐步发展出“创业资讯—创业培训—黑马基金”等一系列创业服务。2016年黑马创业集团围绕黑马社群，以“创始人投资创始人”理念，打造黑马商学院和牛投网，构建黑马金融服务体系。36氪旗下氪空间已开始独立运营并完成了第一轮数千万人民币的融资，专注以空间、社群和服务为主题的联合办公空间，并计划在五年内打造一个百城千店万亿产值的“万亿氪空间”。

大街的入驻机构从“对手”到“伙伴”，从简单的竞争角逐走向适度竞争、优势互补的合纵连横。创业大街服务机构在服务模式、发展方向逐渐明朗之后，开始向规模化方向探索，为寻求最优发展路径，机构之间开始主动寻求融合、协作机会，基于优势互补，通过资源互置，与其他机构开展深度合作，进行资源整合，扩散服务触角。“京东+”打造“赴筹者联盟”，联手洛可可等机构，提供连接京东产品众筹、私募股权融资的绿色通道。拉勾、36kr与天使汇开启“创业三棱镜”计划，推动人才资源、媒体渠道、投融资服务三大板块的深度融合。通过开放合作，40多家创业服务机构共同打造了创业大街的多元生态。此外，通过创业大街的品牌性的活动如创新集市、创新创业季，以及创业大街街坊会组织，中关村创业大街的入驻机构积极开展互动与交流，实现了融合化发展，为创业者提供更加高效、完善、全面、深度的专业化服务，初步形成了具有影响力的创业生态体系。

## ◎ 驰骋的黑马

很多人听说过“三个爸爸”这个名字。三个爸爸家庭智能环境科技（北京）有限公司创始人、首席运营官宋亚南说：“我们是一群为孩子健康而偏执发狂的爸爸，我们要为孩子打造一款秒杀万元机的儿童专用空气净化器。”

这款产品的确引起了轰动。在京东众筹平台上线29天的时间内，众筹金额突破1000万元，成为中国首个千万元级众筹项目；在京东股权融资平台众筹融资超募500%，募资额超过3000万元……

宋亚南说：“确实没有想到会这么火。”这个品牌起源于三个创始人想给孩子提供更加安全、放心的空气这一美好愿望。于是三人决定为了孩子健康“重新定义空气”。随后找到了有着五年净化器研发制造经验的合伙人李洪毅，并迅速组建起了一支包括净化器科研机构、电子产品制造和移动互联网领域的牛人团队。

空气净化器并非一种新设备，市场上推出的空气净化器数量繁多、鱼龙混杂，“儿童专用”是三个爸爸在业内首次提出的概念，这个概念基于儿童呼吸系统疾病高发的事实和儿童呼吸系统更为脆弱的医学判断。“儿童专用空气净化器应该像爸爸一样，能默默地守护孩子呼吸健康，真正解决痛点，而不是用可爱的外形吸引他们的注意。”

作为“黑马会”孵化出来的项目，“三个爸爸”第一次在中关村创业大街发出声音。“我们在中关村创业大街做第一次发布时，还是很新鲜的事情，因为当时很少有企业将发布会放在这里。如今，想要在大街上做一场发布会，则需要排队预约，因为很多企业已经把这里作为发布会的首选。这里是创新创业资源最为集中的一个区域，在这里发出一个声音，可以让全世界都听得到。”

同样在黑马会里茁壮成长的还有益杉科技。这是一家专注于环境与人体健康检测技术研发、制造并销售检测感知传感器模块和智能产品设备的高科技企业。

益杉科技创始人李铮铮介绍说，他们运用激光技术主要监测三个方面：空气、水、食品。在空气领域，益杉科技拥有自主研发的A3空气传感器，是一款数字颗粒物浓度传感器，可以获得单位体积内空气中PM 0.3～10微米悬浮颗粒物浓度，并以数字接口输出粒子质量数据，提供及时准确的浓度数据；在水质检测中，重点检测水里面的遗氯、钙镁离子、重金属；食品则主要关注农残、地沟油以及食品的鲜度管理。

他认为，在中关村创业大街最大的收获，不仅通过“黑马会”的各种资源快速发展，还能在这个圈子里找到合作伙伴，“三个爸爸”就是其中一家。

“‘三个爸爸’最早把激光传感器用在净化器上，当时‘三个爸爸’采购监测模块的时候，非常痛苦，因为之前检测模块用的都是红外技术，后来有激光技术后，各种检测技术如稳定性、精确度、一致性都有了很大提高，目前，‘三个爸爸’净化器用的都是益杉科技的模块。”

创业之路，崎岖难走。在中关村创业大街上找到合作伙伴，携手同行，也是一种幸福。

在中关村创业大街，创业似乎“有苗不愁长”。两年时间里，中关村创业大街孵化的上千家优秀创业项目迅速成长，出现一批细分行业的领跑者。除了旷视科技，微纳芯、嘟嘟巴士、伏牛堂、麓柏科技等一批优质创业企业，通过大街服务平台的辅助打造自身核心竞争优势，已经快速成长为行业领军企业，成为中关村创业大街的新名片。

## ◎ 圆梦中关村

中国新一代的创新者，在中关村这蕴含创新基因的圣地，就像生机勃勃的野草，扎根于此。实践表明，“创新突破”和“小微创业”是中关村面对“新常态”求得可持续发展的两大法宝。日前中国官方智库国务院发展研究中心发布的“四个一百”经济形势调查结果颇耐人寻味。此项调整共计调研百名经济学家、百名企业家、百名官员和百名媒体总编对新一年经济形势的看法，具有可信性。对步入新常态的中国经济发展面临最大的挑战，支持率超过半数的判断分别是：创新能力不足占 64%，利益固化占 62%，政府职能转变占 54%。由此可见，当务之急还是要“破除一切制约创新的思想障碍和制度藩篱”，方能激发全社会创新活力和创造潜能。

中国的新常态意味着经济发展要“稳速度”和“高质量”增长。中关村如何面对新常态并赢得可持续发展的局面，是一个必须慎思躬行并拿出措施的关键问题。李克强总理提出的大思路是“大众创业，万众创新”。加快实施创新驱动发展战略，让 13 亿人的智慧在大众创业万众创新中涌流。“要想让中国经济经受住下行压力，我们需要对传统的思维说不，为创新体制叫好，下决心推进结构性改革。”

“在调整增长模式并面临巨大挑战的时期，中国将创新和民营企业视为推动经济发展的重要引擎。”“创新和扶持民营企业是新常态下应对经济增长放缓的一系列措施之关键。”“强调创新和民营企业的重要性，并提供更多服务和公共产品。”为促进目标的实现，中国宣布将在2020年形成有助于人才、资本、技术和知识自由流动的制度环境和政策法律体系，竭力保护知识产权，推动创新和提高效率；还将加强反垄断执法力度，为中小企业创新发展拓宽空间，希望中小企业能够在技术创新与推广应用中扮演主要角色。中国还要求规范和放宽技术型人才取得外国人永久居留证的条件，探索建立技术移民制度……在“洋人”眼里，中国这些举措都是不同寻常的转变。

贯彻“创业创新”的方针，既需要“大手笔”擘划，更需要“有志者”践行。目前，分布于各地的国家自主创新示范区和高新区的企业孵化器1600多家，在孵企业8万多家，就业人数达175万人，为大众创新创业奠定了基础。“随着经济发展增速换挡和结构升级，要高度重视新增就业群体中近800万大学毕业生和海归留学生的就业创业。”创业投资细分和创业孵化及服务的社会化都有利于形成大众创业万众创新的新局面。令人欣慰的是，中关村新创办科技型企业呈现“井喷式”增长，已经在全国率先形成了“大众创业，万众创新”的全新局面，引领中国创业创新进入新时代。

在新常态下，中关村作为国家自主创新示范区，肩负更为神圣的使命，面临更严峻的考验。忆往昔“创业岁月稠”，看今朝“创新呼声疾”。总结中关村的发展经验，千姿百态，小微最有活力；风情万种，创新最具魅力。因之，才能准确了解消费者需求，把握市场发展趋势，成功创造出新的产业和市场，带动经济繁荣。创新是中关村的灵魂，创业是中关村的抓手。中关村的小微企业是完美地让“灵魂”和“抓手”

铸为一体的践行者。纵观当下，中关村诸多“航母”扬帆深蓝海乘风破浪的航路，定会发现这些“旗舰”全部启航于“小微”。联想“海到无涯天做岸”，百度“搜索全球看世界”，小米“天下粮仓我种粟”，中星微“众星闪烁敢争光”，奇虎“特立独行为网民”，新东方“造舟架桥渡学子”，京东“购物简单且快乐”…… 放眼望去，从美国的苹果、微软到中国的阿里巴巴、腾讯，无一不是由小到大，创出一个行业、一个市场的典范。这些时代骄子的共同特点就是创新为魂、民营为本、小微发轫、与时俱进。“小者大之端”，新常态下“大众创业，万众创新”的主力军定然是民营经济的“小微”，今日欣然看到他们在咖啡馆里构思，明天发现他们在中关村大地上圆梦，为中华民族振兴创造奇迹，留下传说。

第三章

# 中关村“雨林生态圈”

# 01　创新型孵化器

## ◎ 前世今生

企业孵化器兴起于1950年，是指那些通过指导咨询、融资协助和设备提供等方式帮助创业者起步的组织机构。自世界上第一家孵化器“贝特维亚工业中心”于1959年在美国诞生，孵化器迄今已经过四个阶段的发展。

第一阶段是全球孵化器初步发展阶段，这一时期孵化器主要由地方政府和社区机构设立，以提供公共服务、获取房租收益为主。

第二阶段是孵化器快速发展阶段。在新技术革命下，高新技术产业快速发展，孵化器作为一种有利于经济开发的新型工具得到世界各国政府的强力推广，得到快速发展。这一时期，专业技术孵化器逐渐成为主流。其中，孵化器发展最为成熟的美国，随着企业孵化支持日趋系统化，也出现了虚拟孵化器。至此，孵化器的空间概念逐渐模糊。

第三阶段是20世纪90年代上半期，风险资本的触角伸入孵化器中，“投资＋孵化”的营利模式产生。这一阶段孵化器主要呈现企业化运作趋势，其主要表现是服务对象向外扩张和服务形式多样化，孵化经营重心由孵化新创企业转向涵盖市场机会的识别以创建企业本身。

第四阶段是在前期发展的基础之上，孵化器定位呈现更加细化和要素化特点。这主要是进入 21 世纪以来，互联网技术的快速发展，开源开放成为新趋势，使创业成本降低、创业周期缩短、创业活动更加活跃。孵化器发展迎来了 2000 年互联网泡沫之后再一次的发展热潮，全球孵化器发展进入最活跃时期。孵化器在营运模式及市场机制等方面也实现了突破，逐渐探索出新型的孵化发展模式和市场化的新机制。

我国孵化器发展起步较晚，整体还处于孵化器发展的初级阶段。但是，随着改革开放的深入和创新驱动战略的实施，我国创新创业的环境和模式也在发生着巨大的变化。特别是在创新创业资源丰富、创新创业文化浓厚的发达地区，新的创业模式和创业孵化模式如雨后春笋般涌现。

作为我国创新创业最为活跃的地区，自 2009 年以来，中关村涌现出创新工场、车库咖啡、创客空间等一批运作模式新、创新能力强、专业水平高、平台搭建好的创新型孵化器，中关村初步形成类似硅谷的孵化主体多元化、孵化服务多样化格局。这些创新型孵化器服务内容涵盖投资、孵化、培训、媒体等各个环节，服务范围涉及项目发现、团队构建、企业孵化、后续支撑等全价值链的区域创业服务生态体系，掀起了中关村创业服务发展的新浪潮，成为中关村创业服务体系的一支重要新兴力量。

但是，整体而言，我国孵化器发展还处于初级阶段。即便是孵化器最为发达的美国，也尚处于摸索阶段。特别是新出现的孵化器，更是呈现出多样化、要素化等诸多特点，其发展排名也处于不断更新、变化中。截至目前，尚难下结论说哪一种发展模式是正确的，也未有相关学者对新型孵化器进行研究。因此，不论是实践经验方面，还是理论指导方面，都尚未探究孵化器发展的整体趋势和方向。在这样一种形势下，如何有效地引导和促进中关村创新型孵化器持续健康有序地发展，深化科技孵化服务，完善孵化器的运行机制，改善创新创业生态环境，从而最终促进小微企业的快速发展，已显得尤为重要。

## ◎ 分类和评价体系

企业孵化器的名称和实体最早是由美国人约瑟夫·曼库索于1959年提出的，主要是受到第一批入孵企业中的养鸡商的启发，以孵化器（incubator）命名。孵化器，原指一种人工温控环境，这种环境能提高雏禽出生率和成活率。后引申为培育新创企业的专门服务机构，即所谓的企业孵化器（Business Incubator）。

第一家企业孵化器的成功运作，引起美国政府和有关方面的关注，又先后建立了一批包括大学城、科学中心等在内的企业孵化器。这些企业孵化器在扶持中小企业成长、创造就业机会、加速科技成果转化和促进区域经济发展等方面的卓越表现，引起了世界各国的高度重视，一些国家与地区纷纷效仿。而随着孵化器地域的不同，孵化器名称进入欧洲后叫创新中心，挪威则定名为创新就业系统实验室，在我国最初称为“高新技术创业服务中心”，后为创业中心。

而中西方科技企业孵化器性质上的现实差异导致中外研究者（机构）对孵化器定义的侧重点不同，对孵化器的概念和边界的界定也不尽相同。因此，迄今为止，学界尚未对孵化器做出统一的定义。

根据孵化器股东来源，孵化器可简单分为国有孵化器和私营孵化器；根据经营目标，孵化器可分为营利性孵化器和非营利性孵化器；根据经营模式，孵化器可分为企业孵化器、事业单位孵化器和国有孵化器；根据经营特点，孵化器可分为综合孵化器、专业孵化器、投资型孵化器和国际孵化器。

我国科技部组织全国孵化器专家编写的《科技孵器管理》将国内孵化器根据功能、孵化器法人治理结构及孵化服务目标分为七大类：综合性科技企业孵化器、专业技术孵化器、软件孵化器、大学孵化器、国际企业孵化器（IBI）、海外留学人员孵化器和国有企业孵化器。

但在实践中，运用得较多的分类有两种，一是综合性孵化器和专业孵化器；二是民营孵化器和非民营孵化器。

国家科技部火炬中心将孵化器分为四种类型，分别定义如下：

1. 高新技术创业服务中心

科技企业孵化器的主要形式之一，它以初创的科技型中小企业为服务对象，为入孵企业提供研发、中试生产、经营场地和办公方面的共享设施，提供政策、管理、法律、财务、融资、市场推广和培训等方面的服务，以降低企业创业风险和创业成本，提高企业的成活率和成功率，为社会培养成功的科技企业和其他企业。目前经科技部批准认定的国家级新技术创业服务中心共有169家。

2. 国家留学人员创业园

作为科技企业孵化器的组成部分，这类孵化器是经科技部、教育部、人事部和国家外专局共同批准认定的以服务于留学回国人员创业为主的公益型科技服务机构。通过各部门的政策鼓励与扶植，创业园为留学人员回国创业开辟了“绿色通道”，引进学有成就的海外留学生回国创业。目前经三部一局批准设立的国家留学人员创业园试点单位共有21家。

3. 国际企业孵化器

经科技部批准设立的涉外科技服务机构，服务于境外技术研发机构、科技型企业及创业者在中国境内开展的创新创业活动。同时，也为我国高新技术企业开拓国际市场、寻求境外合作伙伴、实现跨国经营与发展提供全面支持与保障。从1996年开始，科技部先后选定北京、西安、上海、苏州、武汉、天津、成都、重庆和广州共9个国家创业服务中心作为国际企业孵化器试点单位。

4. 国家大学科技园

经国家科技部、教育部共同批准认定的科技创业服务机构。国家大学科技园作为科技企业孵化器的重要组织部分，成为区域经济发展和行业技术进步的主要创新源泉之一，是大学实现社会服务功能和产学研结合的重要平台。到 2013 年，经国家科技部、教育部共同批准认定的国家大学科技园共有 94 家。

由上可知，孵化器的分类标准尚未统一，加之新型孵化器的涌现，孵化器的分类也呈现出日益多样化的趋势。

近年来国内外关于孵化器的能力以及效率评价的研究越来越多，其纬度也十分广泛。但是，综合看，国内学者针对企业孵化器评价的研究，主要基于两个视角：第一，企业孵化器的视角，具体评价内容包括企业孵化器孵化能力、企业孵化器孵化绩效、企业孵化器服务绩效；第二，被孵企业的视角，即从价值方面进行评价。

根据《国家级科技企业孵化器评价指标体系（试行）》，将国家级孵化器评价结果分为优秀（A）、良好（B）、合格（C）和不合格（D）四个等级。本指标体系用于国家级孵化器工作绩效评价，旨在加强和规范国家级孵化器的管理，引导我国科技企业孵化器健康发展，提升孵化器的服务能力和绩效，提高社会贡献率，并作为制定有关政策、引领发展和动态管理的主要依据。

## ◎ 不仅仅是“虚拟树冠”

中关村创新型孵化器培育出一批代表新兴产业发展潮流的创业企业，2013 年创新型孵化器新增入孵企业 7982 家，2014 年新增入孵企业 5972 家，孵化了一批带动传统行业转型升级的创业企业。

36 氪每月能收到 8000 个创业项目的资料，通过线上线下的融资平台聚集创业者5605个，优质投资人803个，项目总数17336个，吸引创业团队或企业超过2000家，筛选优秀团队或企业近400家，孵化的23个项目中12个获得百万级融资共计7000万元，培育出麦客、优美图等优秀企业，在福布斯中文版公布2014年"30位30岁以下创业者"名单中，近一半为36氪报道过的项目。

天使汇平台新增入孵企业数111760个，入孵企业总数约为19000个，约170个项目通过天使汇完成4亿多元融资，毕业企业数量约140个，帮助北京淘梦网络科技有限责任公司30天内完成融资200万元。

车库咖啡孵化的团队超过140个，有30多家年收入过千万，到2016年年底有10个团队收入可过亿。

创客空间为蚁视科技公司提供场地、工业设计、手板、咨询、供应链、众筹协助等服务，帮助企业不到1年内估值达到2亿元；石谷轻文化创业基地投资孵化的《横扫天下》工作室，通过联运平台在趣游、百度、360等平台同步上线，最高在线30万人，累计收入4.35亿元，游戏入围2014年金翎奖候选名单。

中美企业创新中心完成项目对接超过500个，实地考察与交流超过100项，项目落地与合作在京6项，外省市15项。成功孵育企业35家，其中4家企业落户中关村园区，10家企业获得不同阶段投资。

2014年，中关村创新型孵化器举办创业服务相关活动2244次，相当于每个工作日有9场创业活动同时举办或交流，搭建了创业者、风险投资机构、天使投资人之间的互动台，传播弘扬了中关村创新创业文化，推动了中关村创业为荣风气的形成。其中创客空间组织创客嘉年华、创客分享会等活动264场，参与人数5万人；车库咖啡举办274场项目路演及头脑风暴分享会，参与人数超过3万人；3W咖啡举办创投开放日、行业沙龙交流开放平台等创业服务活动720场，服务创业者2

万余人；创业家通过设立黑马全球路演中心、举办黑马大赛、黑马运动会、黑马会行业沙龙等创业活动为创业者提供了路演平台、投融资对接、导师结对、创业培训等服务，场次超过 300 场，服务创业项目超过 6000 家；亚杰商会举行摇篮计划课程培训等活动 138 场，参加人数 7000 余人。联想之星举办的创业 CEO 特训班培训了 210 名创业者。

持续培育创业企业家。亚杰商会“摇篮计划”邀请雷军、邓锋、周鸿祎、李开复等 75 位持续创业者和资深企业家作为导师，每年甄选 20 位富有潜力的创业家进行一对一、长达两年的辅导。目前已辅导了 7 批共 146 位创业家，包括完美时空的池宇峰、海兰信的申万秋、聚美优品的陈欧、兰亭集势的郭去疾、中文在线的童志磊、慧点科技的姜晓丹等。

推动了一批优秀的管理和技术人才从“职业经理人”向“创业者”转变。目前创业者中职业经理人占的比重达到 14.6%。多位曾任职谷歌、微软、百度、腾讯、金山等知名公司的职业经理人和青年技术人才，纷纷借助 3W 咖啡等创新型创业服务平台参与创业活动，包括美团网的王兴、豌豆荚的王俊煜、点心的张磊、点点网的许朝军等一批优秀创业者。

孵化器作为创新创业服务载体，吸引了大量优秀的创业者。同时，通过孵化期间的交流与合作，搭建起创业者国际化的通道，助创业者对接全球孵化网络。

可见，以创新型孵化器为载体，开展中关村企业与国际的合作与交流，将在创业项目、专业知识、导师资源、培训、机构关系、媒体、财务和商业资源以及投资机遇等领域相互促进和共享。一方面，帮助更多的中关村创业者开拓国际市场，获取全球创业服务资源；另一方面，也让各国创业者有机会来到中关村创业、发展。

# 02 创业孵化体系生力军

## ◎ 中关村特色的“轻骑兵”

区别于传统孵化器，中关村创新型孵化器不以物理空间为载体聚集和孵化企业，而是主要通过开展早期投资、产业链资源整合、搭建专业技术平台、创业导师辅导等深度服务，推动企业创建和快速发展。经过几年的发展，创新型孵化器凭借着运作模式新、创新能力强等优势，成为中关村创业孵化体系中最具活力的新生力量，初步形成了国有资本、民营资本、协会、民办非企业单位等各类社会组织参与、市场化运作的创业服务业发展新格局。

1. 创建时间与硅谷基本保持一致

受2000年互联网泡沫经济的影响，孵化器发展受到重挫，大量营利性孵化器的倒闭，也让社会资本进入孵化器的势头有所减弱。然而，短短几年时间，随着开源开放成为新趋势，创业成本不断降低、创业周期大幅缩短、创业活动更加活跃，大批新型孵化器不断涌现。以2005年在硅谷创办的YC为代表，YC以批量孵化、高倍退出的成功模式再次掀起全球新一轮孵化器发展浪潮，这其中，涌现出Plug and Play Tech Center（2006）、Tech Stars（2007）、Youweb（2007）、Dream It Ventures（2008）、Launch Box Digital（2008）、Launch Pad LA（2009）、Hacker

Dojo（2009）、Angel Pad（2010）、Excelerate Labs（2010）、Mass Challenges（2010）、Startup Sauna（2010）、Startup Sauna（2011）等一大批新型孵化器。

中关村创新型孵化器除启迪之星孵化器、百度开发者创业中心和亚杰商会三家孵化器成立时间较早之外，其余均为2007年之后成立，并且在2010年之后，呈现快速、稳定增长的态势。整体在创建时间上较硅谷稍晚，但后期发展势头迅猛，加之车库咖啡、3W咖啡等社区型孵化器，以及创业家、创业邦等媒体型孵化器的涌现，中关村创新型孵化器整体呈现出与硅谷同步创新发展的态势。而综观其他国家及国内其他省市、地区，中关村创新型孵化器在出现时间、孵化理念、发展速度等方面处于相对领先的地位。

2. 注册地点主要集中在中关村核心区

经验表明，孵化器参与到有序的区域分工与合作中去，能有效地避免资源浪费，使“要素聚集效应”最大化，促进区域经济的持续增长和城市化水平的健康发展。孵化器的成长可以看成集聚与扩散两种力量相互作用的结果，同时也可以看成是对其他地域扩散和在本地域的集聚。

当前在全球具有活力的那些科技园区，如美国的硅谷、英国的剑桥科技园、爱尔兰的高技术地区、瑞典的斯德哥尔摩高技术地区都表现出了在创新文化推动下相互协同加速创新的特点，这些地区也就成为科技型孵化器最重要的集聚地。因此，孵化器的选址主要取决于当地的创新创业资源的发达程度以及创业企业的集中度。一般，孵化器所在地应具备较丰富的创新创业资源，如人才、资金、技术等，同时，也应是大量初创企业较为集中的区域。北京市海淀区是互联网产业发达的地区，不但聚集了大量的互联网领域的人才，还聚集了大量互联网企业与初创企业，加之日渐成熟的投资环境，使得海淀区成为多数创新型孵化器的首选地。

从注册地点可以看出，80%的创新型孵化器主要集中在海淀区。这也表明中关村创新型孵化器的建立符合孵化器地缘选择特征。调研中，我们也从对孵化器和被孵企业的访谈中，问及注册地址的选择问题，调查发现，除了创业邦选择在西城区是因为该区域较为发达的媒体资源，师林孵化器选在昌平是鉴于较好的医疗产业基础之外，其余孵化器均表示选择海淀区的原因在于丰富的高校资源和浓厚的创业氛围。其中，中美企业创新中心虽注册地址在东城区，但是，在调研中也表示，希望能在海淀区，特别是中关村创业大街附近建立孵化器的展示、联络中心。这样可以加大对孵化器的宣传，更为重要的是可以加强与其他创新型孵化器的沟通与联系，分享产业聚集的溢出效应。

3. 创办主体以社会资本为主

与国外传统孵化器一样，我国传统孵化器主要由政府部门投资或补贴建立，中关村27家创新型孵化器创建主体更多的是由社会资本组成。社会资本创办的占比达到89%，其中，12家由成功企业家和投资人创办，7家由平台型或大的企业或集团创办，5家由高校或高校控股集团创办，1家由企业和协会共同创办。

社会资本为主的创新型孵化器与传统政府主导型的企业孵化器相比，创新型孵化器具有极为优越的天然优势。通常，社会资本主要分为两个类型：一是成功企业家或投资人为主的自然人；二是由业界巨头或平台型企业为主的企业法人。

对于成功企业家或投资人为主的创新型孵化器而言，成功企业家和天使投资人作为孵化器的创建者，天然具有创办企业、从企业股权增值中获益的经验，加之丰富的人脉资源和专业优势，使得他们创办的孵化器一经建立，就拥有高水平的管理团队、较强的专业辅导能力和行业资源支持，其创新创业服务也更具专业性和高效性。如亚杰商会由归国华裔、本土成功人士和跨国集团高管共同建立而成，不但可以将硅谷的成功经验带给中国的创业者，还凭借其在业界的影响力，吸纳了一大批各界精英人士成为商会的导师、创业家学员，形成了一个志趣相投、相互交流、资源共享的组织。再如车库咖啡由原蓝汛（chinacache）投资总监苏菂发起，10 余位天使投资人联合投资设立；3W 的创始人许单单是互联网分析师，背后还有 100 多位股东都是商界精英和知名投资人，比如徐小平、沈南鹏、曾李青等；创新工厂的李开复曾在苹果、SGI、微软和 Google 等多家 IT 公司担当要职，具有丰富的业界经验和广泛的人脉关系。

以业界巨头或平台型企业为主的企业法人为创办者的孵化器在国内较少，但是，在国外已经得到了快速的发展。如在加州卡波迪娜的松下孵化器希望通过吸引创新企业入驻来产生新的战略合作伙伴，而路透社孵化器则依靠自己的员工促进创新。孟山都的尼达斯中心通过激励当地的企业家精神来实现更广泛的经济发展目标。智能系统是投资早期阶段的科技企业。可口可乐的菲斯恩互联网企业孵化器主要帮助初出茅庐的企业家把富有创意的想法变成一门成功的生意，并对公司重组有所帮助。

中关村创新型孵化器中，也不乏此类孵化器。业界巨头或平台型企业为主的企业法人为创办者的孵化器主要分为两类：一类是独立于母公司、自负盈亏的专业孵化器模式，如石谷轻文化创业基地、中美创新中心、云基地、厚德创新谷；另一类是由母公司全力提供资金支持，作为公司的独立项目运用部门运作，如微软创投加速器就是典型的大公司主办的孵化器，其场地、技术、孵化服务所需资金均由微软提供，属于非营利性质的孵化器。微软创投加速器由于雄厚的资金支持和母公司自身强大的技术、市场等资源，可以极大地促进被孵企业快速成长。而微软创办孵化器的动因主要是通过支持那些经过选择的企业，有助于满足提高自身信誉度等特殊目标。

与其他类型孵化器相比，以业界巨头或平台型企业为主的企业法人为创办者的孵化器具有更为明显的行业资源对接优势和产品渠道优势。此类孵化器依托母公司的行业领军优势，征集筛选各自领域内的创新项目和团队，提供技术服务平台、种子基金、团队融合、行业资源对接等服务，帮助企业快速成长，实现业务发展和投资的双重收益。如石谷轻文化创业基地除了提供基本孵化服务，如场地服务等，还凭借着趣游集团在游戏领域的地位和营销渠道，通过购买入孵企业第一款产品的方式，解决入孵企业的市场问题。微软创投加速器则利用微软自身广泛的产品线和合作点，帮助入孵企业或团队找用户。

## ◎ 探索创新孵化模式

通过调研和系统梳理，中关村创新型的孵化模式主要有以下三类：

1. “投资 + 导师 + 孵化” 模式

天使投资型孵化器主要是企业孵化器与天使投资的融合，其本质是在企业进入孵化器之初就为其提供天使投资作为种子资金，并在此基础上为其提供一揽子的个性化服务，主要由孵化器管理者和天使投资人共同实施，并通过在孵企业的价值增值来获得投资收益，引导其他投资者进入，从而促进在孵企业快速成长，孵化工作取得显著业绩。

美国天使投资型孵化器的运营模式基本相同，都是采取了“天使投资 + 创业 + 全方位孵化”的模式，国内有些学者将其称为两“ + ”模式。孵化器为入孵业团队提供种子资金，换取其一小部分股份；还为每个创业团队分配若干创业导师，跟踪指导整个孵化过程；另外，孵化器还为创业团队提供技术、商业、融资等知识的培训，帮助他们完善产品构思、进行产品推广、介绍下一轮投资者。

在孵化器的协助下，即使创业者只拥有一纸商业计划书，也能获得开发初级产品、成立公司等各种起步阶段的帮助。

这种模式的整个运作过程从创业者提出申请开始，孵化器对申请者进行面试、评估，并决定录取的创业者名单，然后，创业者便可以获得进入孵化器孵化的机会。

中关村创新型孵化器中的创新工场、常青藤创业园、亚杰商会、3W 咖啡、联想之星、云基地、石谷轻文化创业基地、中关村国际数字设计中心、厚德创新谷虽然提供的孵化服务各有不同，提供的投资的属性、形式，以及涉及的企业发展阶段都有所不同，但本质上，都属于此类孵化模式。

其中，创新工场与其他同类型孵化器不同的是，它的投资涵盖了天使与 VC，采用的是“天使 + 孵化 + VC”的孵化模式。从孵化器入手，提供全方位孵化，同时，在项目获得 A 轮融资之后，接盘较好的项目，顺势做 VC。

2. 创业社区孵化模式

创业社区孵化模式，也可称为资源对接型孵化模式或终结型孵化器。这类孵化器作为一个创业生态及平台的缔造者，为创业者、投资者提供交流、沟通平台，从而实现各种创业资源的有效对接。此类型的孵化器最著名的代表是车库咖啡、IC 咖啡等创业咖啡和以“创意 + 孵化 + 众投”的跨界协同孵化模式为主的创客空间。

“创业咖啡”通过开放的办公环境，聚集政策、资金、人才、技术和市场等创新创业要素，深度推进快速孵化的要素条件，促进创业企业发展。目前，在车库咖啡正常运转的同时，车库创始人苏药将重点转移到解决创业者生活服务领域，重点解决创业者的生活困难，打造车库咖啡的兄弟品牌“You +”，为创业者提供“居住、生活、社交、办公”一体化服务，目前第一期位于“北上广”三地全国并网的12座物业已经落地，并于2015年向创业者开放。

创客空间是通过创客空间的实验室，从原创想法开始，到将想法制作成原型都在实验室完成。继而通过众投模式，集合希望获得某项产品的众人之力，帮助实现产品的诞生。大家将产品面世后才进行的支付提前到产品生产之前，支付款项不会高于（而且通常低于）产品定价。通过提前支付和推迟收货，众人协力解决了小型企业创新面临的最大难题：早期资金。

3. “线上+线下”孵化模式

随着互联网技术的发展以及网络普及率的提升，线上虚拟孵化器得到快速发展。从一定程度上，其弥补了线下孵化器的不足。如线下孵化器中的创业团队的项目在与企业需求的对接和匹配时，主要靠线下孵化器作为中介完成，信息不对称、项目展示不充分、团队资质不透明等因素将会降低项目孵化效率。一方面是各大技术需求公司和风险投资公司四处地寻找优质、有潜力的创业项目，另一方面是创业公司苦于无处推广自己的项目，或在项目开发过程中，发现与市场预期不符而夭折。虽然新型的线下孵化器具有投融资推荐和技术对接服务，但依托于线下若干场推介会、宣讲会等形式，并不能从根本上解决技术对接和项目投融资之间信息不对称和效率低下的问题。而通过线上方式建立起项目和需求的完整资料库，将沟通、交流和分享分散在每日每时，并通过对文档和数据的整理和挖掘，进行更深层次和有效率的技术对接服务。

但是，完全的虚拟孵化器在孵化效果、投资人甄选等环节也存在先天的不足。很多投资人都表示，与创业者面对面交谈是必不可少的，也是非常重要的。美国 YC 创始人 Paul Graham 在创立 YC 时，定了一条不成文的规定，即加入 YC 的申请者，必须要经过面试，不得通过网络视频等方式代替。为此，YC 可以为来自其他国家和地区的申请者提供不超过 200 美元的路费补贴。可见，完全线上的孵化模式，也难以适应当前创业环境。

在此情势下，采用“线上 + 线下”孵化模式的孵化器不断涌现出来，与传统孵化器通过线上虚拟孵化器模式，对线下实体孵化器运营进行补充、协同和促进的互联网化进程不同，此类孵化器的起点是线上孵化服务为主，继而举办各类线下活动作为补充的孵化模式。

中关村创新型孵化器中，天使汇、创业邦、创业家、36 氪等孵化器都是采取此类孵化模式。天使汇通过线上建立融资平台，线下对遴选项目进行路演培训，并为中小企业提供“全生命周期”的一站式金融和公司治理服务，增强中小企业的融资能力，提高融资效率。

创业家、创业邦两家孵化器则均通过线上媒体平台，为中小企业创业者提供项目需求、产品介绍等资源的对接，线下举办各类活动，包括创业比赛、导师培训、投融资对接等一系列活动。如创业家的黑马大赛，举办三年来，走遍了全国 80 余座城市，举办了 100 余场比赛，78 个地区的政府部门、科技园区，480 余个行业协会和创业服务机构加入黑马大赛联盟。而创业邦线上网络平台有“快鲤鱼”，专注于互联网领域的创业资讯。线下为创业者提供除场地以外的创业辅导、融资、宣传等创业服务。

36 氪最早起源于网络科技博客，创始人刘成城在大学期间从在网上写科技博客起步，逐步把科技博客转型为一家发布科技资讯的网站。毕业后，由他始创的专注互联创业的 36 氪网迎来高成长期和第一轮升级，变身为集科技媒体和创业项目“孵化器”等线上线下同时运营的服务平台。现如今，三年多过去了，36氪及其公司团队已拥有“36Kr”、“36Kr +”以及线下服务平台开放日等三大平台，专注为互联网创业者提供媒体资讯、投融资、人才招聘、数据库及大型展会等一站式创业服务。

北京大学创业训练营在北京海淀区政府和中关村海淀园管委会的支持下，作为“中关村创业大街”的重点引进项目，入驻其标志性建筑昊海楼7层，面积1070平方米。海淀基地定位为“全国课程中心”，设置了能容纳200人的多功能厅和100人的教室，并配备有专业设备，可面向全国基地和学习者提供在线课程直播服务。基地里500平的小型孵化器同时也是“北京大学创业教育与实践基地”。而配有咖啡卡座的公共休闲区不仅为创业者们提供交流、路演等服务，也成为“北大校友活动中心”，让北大创业训练营基地成为聚合北大校友资源的纽带。北京大学创业训练营成立之后，依托北大师资团队和校友资源，形成了较为成熟的创业课程体系，成为线上孵化的典范教材。

## ◎ 从0到1，星火燎原

传统的孵化器多是政府主导的非营利孵化器，实施的多是“大孵化”的战略，即孵化的过程从蛋开始，到鸡出生，再到成熟的鸡。例如，追求入孵企业经过孵化器的孵化，发展得越大越好，追求公司规模、解决就业、税收贡献等方面的高标准。在这种导向指引下，孵化时间较长，多为2~5年。但实际中，更多出现了入孵企业在孵化器中长时间存在的情况。这些入孵企业，始终长不大，却也还可以承担场租，从而成为传统孵化器较为稳定的场租收入来源，造成多数孵化器孵化周期长、孵化效率低的现状。而创新型孵化器的孵化效率要远远高于传统孵化器。其毕业机制也随孵化周期、孵化目标不同，中关村创新型孵化器相较于传统孵化器，正在呈现出以下特点：

1. 增值化

增值化即效益化，是指孵化器的功能要由传统的公益性社会组织转变为营利性或者兼顾营利性和公益性的经济组织，取得并不断提高经济效益是市场经济对现代企业最基本的要求。

在市场经济条件下，任何形式的企业运作必须要赚钱，否则就不能生存。同样，作为一种新型的创业服务企业，孵化器的运作不能只是花钱，更重要的是要努力通过改进自己的服务项目（如中介服务和管理服务等），甚至是创造新的服务项目来为在孵企业提供增值服务（如资本运作和品牌运作等），并且获得相应的回报利润。

因此，许多孵化器在达到相应的规模，入孵企业达到一定数量之后，孵化器就具有独立运行的能力，可以在坚持企业化这一基本目标的前提下，通过法律、税务、财务、咨询及其他一系列增值服务获得相应的回报，产生一定经济效益。然后，孵化器以其收益的一部分用于投资，实现资本增值，获取更大的收益。

中关村现在许多创新型孵化器已在尝试，如3W咖啡已经通过场租及相关服务的打包形式，收取费用；云基地也通过有偿的财务、税务、物业服务收取报酬。

2. 企业化

20世纪90年代以前，中国90%以上的传统孵化器是以政府为主导，由政府出资建立的。创办主体主要以政府部门、大学、社区机构等公共部门为主，主要是非营利性孵化器。这类孵化器受到政府管理的限制，在资金、管理人才方面存在严重短缺。

互联网浪潮催生的新型孵化器大多是由成功企业家、天使投资人等私有部门创办的营利性孵化器。创办主体向私有部门转变，真正实现了政府角色的转变，政府对创新型孵化器的管理主要为间接管理，不干涉其运营，从而使孵化器摆脱了对政府的依赖，提高了孵化器的效率。

中关村创新型孵化器的创办主体也呈现出向私有部门转变的特征。2009年以后，中关村新出现的创新型孵化器88%由私有部门创办。同时，营利性孵化器和非营利性孵化器的边界越来越模糊，部分公共部门创办的孵化器开始向营利性转变，大企业和成功企业家开始介入公共服务领域，创办非营利性的孵化器。整体创新型孵化器呈现企业化运作特点。

3. 孵化链条向早期阶段延伸

中关村不断完善的创新创业环境，以及领军企业对原创技术和天使投资对优秀早期项目的迫切需求，吸引了海内外高端人才和项目在中关村聚集，催生了一批服务于创业者和早期项目的创业服务机构，整体孵化链条向早期延伸，完善了中关村创业服务链条。

其中，车库咖啡、3W咖啡依托开放办公和咖啡文化，建立成功企业家、天使投资人等与创业者思想碰撞、资源对接的平台，发掘新技术新创意；“创新中国”、“黑马大赛”采用创业大赛形式汇集大量早期创业项目；清华x－lab的“创业行”课程开展优秀学生创业项目的筛选与孵化。中关村形成了从源头上发现和汇集原创技术和优秀团队的机制。

4. 孵化服务向要素化发展

要素化是专业化的必然结果。专业化是指孵化器在发展的过程中要找到自己的核心优势。由于时间、精力和资金等资源有限，孵化器不可能擅长于所有的行业，因此需要聚焦于某一个或者几个相关的行业，并发挥自身在这一领域的核心优势。孵化器向专业化方向发展，主要表现为孵化器根据提供服务的对象的不同，划分为不同专业类型的孵化器，成为专门针对某个高新技术领域进行成果转化和中小科技企业培育的孵化机构。在孵化场地的设计和使用上更加注重专业性，在各项服务上专业色彩浓厚，比综合性科技企业孵化器在技术、市场信息、人才培养方面更具专业特色，因而其孵化能力和服务水平都比较高，从孵化器中毕业的企业发展潜力也比较大。

专业化程度的进一步加深，推动了孵化服务向要素化分化。从生态要素角度看，中关村已自发形成具有内在专业化分工的创业服务生态：有创新工场等创业加速器；有车库咖啡、3W 咖啡等创业咖啡；有 36 氪等科技博客；有创业邦、创业家等创业媒体平台；有天使汇等融资平台；有创客空间的硬件创业平台；有清华 x－lab 的早期创业苗圃；等等。

5. 经营载体轻资产化

与传统孵化器拥有大量的孵化场地不同，中关村创新型孵化器建立之初，就鲜有孵化场地。孵化场地面积较小的，如亚杰商会、创业邦、天使汇等孵化器，根本不提供孵化场地。清华 x－lab、车库咖啡、创业邦、3W 咖啡等，孵化场地面积有 500～600 平方米，由于有限的空间还要开辟出培训或创业辅导的空间，所以供入孵企业办公的场地面积就更少了。而石谷轻文化创业基地（趣游科技集团有限公司）在创建之初，可以说是中关村创新型孵化器中，屈指可数的拥有较大孵化场地的孵化器。但是，在经历了前期大规模投入，低标准准入的粗放发展之后，根据游戏市场的发展形势，石谷轻果断缩减孵化器规模，弃租约 2/3 的孵化场地，集中力量，提高准入标准，并强化孵化服务，形成特有的依托集团，又相对独立的孵化器模式。石谷轻文化创业基地（趣游科技集团有限公司）的发展历程也印证了中关村创新型孵化器轻资产化的特点及发展趋势。

6. “小孵化”战略

与传统孵化器的“蛋”到“小鸡”再到“成熟的鸡”的大孵化模式相比，创新型孵化器多实行“小孵化”战略，即孵化长度不再覆盖从“蛋”到“小鸡”再到“成熟的鸡”的全过程，而是选择整个过程中的某一个阶段或某个环节对入孵企业进行孵化。孵化目标也不再是单纯追求孵化出的企业上档次、上规模，而是以激发创业热情，或提供创业资源对接，或帮助企业获得第一轮融资为目标；着力于新兴企业的良好成长环境，努力缩短孵化时间，提高资本流通与回收速度。

在实际运行过程中，许多创新型孵化器周期非常短，而更多孵化器并没有固定的孵化时间。因此，中关村创新型孵化器灵活的孵化模式加快了孵化企业间的流动，从而实现了源源不断的输出毕业企业、引进新的孵化项目孵化流转机制。

第四章

# 创客军团

# 01　陈本峰：200% 的专注

让互联网在各种设备里无缝穿梭，只要有屏幕，有些人注定要成为焦点，比如陈本峰。

儿时打游戏，他打到市里所有游戏厅的老板都认识他；后来打篮球，他成为校队的主力中锋并参加全省篮球联赛；受伤后躺在病床上，由学渣一跃成为学霸，高考逆袭全市第三；大学时参加创业大赛拿了第一名，大二就加入创业公司科大讯飞；在香港读研时，开始做云适配课题并申请了专利；毕业后去了多少人梦寐以求的美国西雅图微软总部；2012 年，这位焦点人物，创办了云适配公司，开始用一行行代码改变世界。

“我最大的特点，就是无论做什么，都能做到 200% 的专注。”当被问到取得如此耀眼成就的秘诀时，陈本峰说。他就像聚集太阳能点燃圣火的凹透镜，总是能把所有精力集中在一点，排除所有干扰，战胜一切困难，在别人的惊叹声中，将事情做到极致。

云适配技术也被陈本峰做到了极致，很多媒体用“神奇”二字形容它的妙处。通过云适配技术，只需在原网站中插入一行代码，即能实现网站移动化，解决所有适配和营销问题。

更让人惊讶和赞叹的是，陈本峰主动带领云适配团队“革自己的命”，推出新产品 Amaze UI，帮助没有传统网站的企业，从开始就做出“完全自适应”的网站，并将其开源。

2012 年 9 月至今，云适配的技术平台已经吸引了超过 20 万开发者加入，云适配跨屏云也成功应用于超过 30 万家企业网站，包括微软、联想等世界 500 强企业，光明网、中国青年报等知名媒体，清华、北大、中科大等知名大学，以及中国政府网、中国共产党网等政府机构网站。

## ◎ 从游戏迷到灌篮高手，从学霸到编程大牛

初中时，陈本峰特别沉迷于打游戏，打到学习成绩一落千丈，打到市里所有游戏厅的老板都把他列入黑名单。大多数人，一个游戏币玩一会就没了，他却能够玩整整一天。为什么？因为他玩得太专注了，总能在游戏里找到窍门。

后来父母很担心，开始转移他的注意力，让他学习打篮球。于是，他又迷上了篮球。不管刮风下雨，白天黑夜，你都会看到他在操场上练习。当时球场没有灯光，他就顶着月光练习投篮。

很快，他成了校队的主力中锋，打过全省篮球联赛，还期待着打 CBA。但没想到，在一场比赛中，他受伤了，断了两根骨头，这次事故改变了他整个人生轨迹。

打着石膏，吊着脚，好动的他整整两个月被困在床上。实在无聊，他就拿起高二的物理、数学、英语课本看。看着看着竟然也入了迷。于是，原本全校排 250 多名的陈本峰，英语迅速考到年级第一，高考考了全市第三，物理和化学都是全年级第一。

想知道学渣迅速变学霸的秘诀吗？别急，在此奉上陈氏高考宝典。

近高考时，在别人大量做卷子的时候。他却把同一套题目连续做七

八遍。熟能生巧，在不停地做同一套卷子的过程中，他悟出了很多背后的原理。他发现对推导性很强的学科，如物理、化学等，尽管题目千变万化，但其实考点是不变的，只要把考点弄会了，不管什么题目，都能迎刃而解。

这种学习方法是他在打游戏时学到的。打游戏时，他发现很多人玩不长久是因为他们只会用蛮力，总想跟电脑对抗。但如果认真观察，会发现游戏有很多 bug，你利用它去打就很容易。其实学习过程也是在找 bug，找到问题最根本的本质所在。

做任何事情，他都会努力找到本质并极其专注。大学后陈本峰迷上了编程，把学校图书馆里所有关于编程的书都看了一遍。每天坐在图书馆地板上，一看一整天。有一本书叫《VC + +6》，图书馆里没有，又很贵，98 块钱，相当于他半个月的开销。所以，他每天去学校旁边的书店看。书里有很多代码，他就拿笔记本去抄。那本书一共 960 页，他整本都抄下来了，花了两个月时间，一共抄了 40 多本笔记。并且把里面所有的实例代码都试了一遍。他当时没有自己的计算机，都是在纸上写程序，然后再到学校机房里敲出来。

大二时参加学校的软件大赛，他和伙伴拿了第一名。为了参加比赛，他们租了一台计算机，费用比较贵。为了充分利用每一分钟能开机的时间，他们在每天学校宿舍有电的时候，即早 6 点到晚 11 点，都要编程，讨论问题都在熄灯之后。熄灯之后，他们就搬个小板凳到宿舍楼外面的路灯下，坐在草地上讨论。那是在寒冷的冬天，他们常常讨论到夜里两三点。然后早晨 5：30 起床，打着手电洗脸刷牙，在 6 点前准时坐到电脑前开始编程。

这些经历，让他如同练了代码领域的“九阴真经”，任何代码都不在话下了。

### ◎ 人生最大的财富是经历

因为拿了学校软件大赛的第一名，大二陈本峰就被招入了科大讯飞这家创业公司，做语音合成。

当时他们面临很强的竞争对手，IBM、贝尔实验室、微软等巨头都在做语音，科大讯飞只是偏远城市里一个实验室而已。但是后来，只有科大讯飞做得很大，并于 2009 年上市。在这里，他体会到了创业的艰辛，也深深地意识到：第一，大公司并不可怕；第二，很多事情，起初做起来非常辛苦并且成功看似遥不可及，但只要坚信这个方向，一直做下去，一定就会有收获。

在科大讯飞时，他还发明了一种中文分词技术，将分词的准确率由 70% 提高到 92%。他不仅参考一般分词时用的《汉语大辞典》，还搜集了无数网页。一个暑假内，将原来只有 5 万词条的词典扩充至 30 多万个词条。

在此基础上，他发表了许多论文。老师说，当时他发表的论文，已达到博士生毕业论文的水平。虽然并没有因此拿到博士学位，但专注地做好一件事情本身就带给他无限乐趣。

大学毕业以后，陈本峰选择去香港读研究生。在那里，受导师的影响，他改做互联网标准。导师 Vincent 教授对陈本峰的人生影响很大。Vincent 教授是一位在学术、工商业、政府业务等方面都取得了极大成功的全才。他当时就预测未来人们会用手机上网。这促使陈本峰在研究生期间就开始做云适配这个课题，并申请了国际专利。从 2005 年起至今，陈本峰一直致力于浏览器适配问题，这为后来创立云适配公司做好了积累。

硕士毕业时，陈本峰同时拿到了微软和谷歌的 Offer，基于对 IE 的兴趣和一直以来的“微软情结”，他去了美国西雅图的微软总部。

在微软，陈本峰获得的不仅是高薪、技术提升和人脉，更是视野的扩展。曾经觉得自己“很牛”的他发现，真是天外有天。当年微软的老板，带领 IE 团队把整个市场从 1% 做到 98%。这位老板似乎拥有双核大脑，能够一边跟你说话、一边写代码。十几个人需要花两三个月做的事情，老板一个人十几天就做出来了。

陈本峰说，如果当时留在讯飞，他现在也早就不用工作了。但他从来不后悔自己“出去转了一圈”，因为人生最大的财富是经历。他在国外看到了很多有意思的事，认识了很多有意思的人，这给他的生命增添了很多色彩。

## ◎ 将科研用于提高生产力

受导师“将科研用于提高生产力”思想的影响，陈本峰一直在琢磨把研究生的课题产品化。他想自己做点事情。

移动互联网时代来临，未来互联网除了用手机、平板以外，还会有电视、手表、眼镜、汽车屏幕等。这么多屏幕，大小、操作方式都不一样。传统网站形式已经不能适应多屏互联网时代，这是一个契机、一个需求。所以陈本峰坚定地选择回国创业，希望帮助企业把网站适配到各种各样的屏幕上。

2011 年，他回到香港后，开始把 PC 的内容适配到移动端。他研发的专利技术，只需插入一行代码，就能将原网页转换成移动版。拥有这项全球独有的技术，新创企业发展很顺利，但香港市场太小了。所以，2012 年底，陈本峰和两个创始人“两眼一抹黑”，来到了中国的“硅谷”——中关村。

黑暗中的光亮就是孵化器。当时正好微软云加速器在中国成立，虽然听说录取比上哈佛还难，陈本峰还是决定试试。当时微软孵化器有自己的网站，陈本峰就把这个网站移动化了，给孵化器的人看。孵化器的人觉得这个产品很实用、有需求，云适配就被录取了。

在这里，云适配享受到很多“无私”奉献：免费的办公场地，很多配套办公设施，打印、网络、水电，甚至饮料等都是免费的。最为关键的是微软为云适配提供了强大、安全、稳定的云平台支撑，大大节约了其创业成本。办公场地对人才招聘有很大影响。如果在民宅里招人，应聘者一过来就觉得不靠谱。如果把他领到微软这个高大上的办公楼里，顿时感觉就不一样了。同时，孵化器在给企业注册、工商、税务等方面的帮助，将创业者从这些琐事中解放出来，从而更专注于产品。微软孵化器还会提供不同领域的资源对接，并且有导师定期开会答疑。

云适配早期就顺利接到了几个比较大的客户，如联想、中关村管委会的官网、中国政府网、国务院网站等。因为国务院网站项目，陈本峰还去了一趟中南海。这件事给了云适配很大的信心，国家现在越来越开放了，以前国务院的网站是不可能让这么小的公司来服务的。

技术是云适配的闪耀点，明星团队也是其优势之一。除了陈本峰曾是微软美国总部 IE 浏览器核心研发成员（IE8、IE9、IE10）、科大讯飞初创团队成员，其联合创始人高婧负责团队的商务，毕业于哈佛大学、香港科技大学商学院；负责销售的胡刚，是谷歌销售团队“年度最佳员工”；设计师高雁，曾是美国 Blue Train Mobile 的设计师。

怎样做到集中这么多精英？陈本峰说，有的是校友，有的是朋友，大部分是慕云适配技术名而来。“因为云适配不是玩概念，也不是玩商业模式，是实实在在的技术。”

选人时，陈本峰看重专业素养，更看重个人潜力和成长性。他希望整个团队是多元化的，每个人都可以在自己负责的领域独当一面，做到专业里最佳，而且是精益求精，整个公司的企业文化就是精益求精。

“今天的微软帝国，来自不断的创新和对极致的追求。”陈本峰在创业中一直坚持比照微软的创新精神。“微软用产品改变了世界，我希望我的产品也能改变人们的生活。”陈本峰说。

梦想带来的激情胜过一切严格的管理。陈本峰坦言，公司的管理比较松散，并不打卡。他做了一个假设——“所有云适配的员工都是聪明人”，“而对于聪明人来说，不会浪费时间更不会辜负青春。他们不需要太多的管理，只要给一个正确的方向，良好的氛围，就会得到别样的惊喜。”

## ◎ 革自己的命，引领行业

尽管在适配领域是一枝独秀，但云适配团队并没有躺在这里高枕无忧。云适配的愿景是：让互联网在各种设备里无缝穿梭，只要有屏幕。于是，他们主动革自己的命。2015 年推出一款新产品 Amaze UI，帮助没有传统网站的企业，从开始就做出“完全自适应”的网站，它能够跟随屏幕大小自动变换，完全能够自适应各种屏幕。这款产品是全中国第一款，发展得非常好。而且，陈本峰做出了一个更大胆的决定：将新产品 Amaze UI 开源。

对，是比免费更免费的开源，把源代码都放在网上，任何人都能搜到。在抄袭成风的环境里，怎么敢做开源产品？

在他看来，这就是国内和国外思维模式的区别。在国外给企业提供服务的公司软件都是开源的。国内很多浏览器和平台，都存在兼容性问题。花一个月时间开发一个网站，可能还要花三个月时间解决兼容性问题。陈本峰认为，每个网站都要花这么多时间去调适，是整个社会资源极大的浪费。所以他想把自己的产品开源出来，调好了就放在网上。而云适配没有覆盖到的内容，别人也可以帮助调适。送人玫瑰，手留余香，帮助别人也是在帮助自己。大家都来贡献，都省时间，避免重复劳动，并能很好地兼容所有设备、所有浏览器。他们的口号是：让程序员节省开发时间，更多时间陪妹纸。

采访者不禁好奇：您不担心今后大家都直接用免费的开源产品吗？

陈本峰说：这正是互联网的商业模式，你找到一个需求点，并深深地把这个需求点打深、打透。但是，你往往不通过这个需求点赚钱，而是慢慢展开。因为任何一个强需求点，周围都会围绕很多其他需求点，你把其他需求点覆盖掉，就可以赚钱。即聚集一大批用户后，挖掘其他的商业模式，比如腾讯 QQ、微信、小米。

“做企业，必须要有勇气不断颠覆自己。如果你没有办法颠覆自己，那就等着别人来颠覆你。”这是陈本峰一向坚信的。诺基亚当年就因为功能机卖得太好了，所以没去做智能机，柯达也是如此。在云适配推出新的开源产品时，很多人觉得跟云适配最初的业务是冲突的。陈本峰跟团队说：“被别人革命，那还不如自己革自己的命。”

这就是云适配的精神：永远引领潮流，不管行业发展到什么地步，都要让这个行业再往前走一步。引领行业，是云适配的基因。

## ◎ 做有灵魂的公司

在中国，很多人创业就是奔着成功去的。看到一个东西成功了，就会一窝蜂地去做，比如早期的团购、后来的互联网金融等。陈本峰认为，创业应该是因为真的很喜欢这件事情，要做这件事情去实现人生价值，而不是要通过创业买两栋房子。

太功利的创业，往往会以失败告终。因为创业是非常艰苦的，如果你不坚持这件事情，往往做一段时间以后就放弃了。跟风去做的人，如同开始一段旅程，却不知为什么要出发。你只是看到有人走了，就跟着走，觉得前面有金矿。但是，很可能走的过程中，很清楚自己为什么出发的人，跑着跑着拐个弯就不见了，而你就会掉在坑里，非常地迷茫。如果此时你正在沙漠里或孤岛上，你可能会很慌乱，很容易就会放弃。

如同当年做语音，最后只有科大讯飞坚持下来了，是因为王仁华教授一辈子就研究语音，他很清楚为什么要做这件事情。科大讯飞有个愿景：计算机要跟人一样能听会说。微软创立时的愿景：让每个家庭的桌面上都有一台计算机；波音的愿景：让世界上任何两个城市之间一天之内到达。这些公司为什么能做大？因为他们都是有灵魂的公司，灵魂就是公司的愿景。如果创业目标就是赚两千万，这样的公司，如同没有灵魂的行尸走肉，哪有声音就向着哪去，这能走多远呢？

有了灵魂，才能战胜创业过程中的重重艰辛。作为一个创始人，十天里可能有九天都是挫折。这是陈本峰的真实感受。但他说，重要的是，能否把创业当成一种享受，把所有挑战和困难都当作乐趣。创业对人的改变，就像脱皮一样，得一层一层往外脱。自我突破的过程极其痛苦，只有有明确愿景的人才能忍过极痛，然后你会发现，自己和企业，都已脱胎换骨。

当然，不是每个人都需要或愿意接受这种蜕变，创业这条路也并不适合所有人。现在，国家鼓励全民创业，这有点像当年美国鼓励西部大开发。一队一队的人去，最终有几个人能留下来？

中关村创业大街，英文名是“InnoWay”，意即“创新之路”。其实，分开来即“in no way”，也可能是进去了，没有路。

怎样把“in no way”变成“InnoWay”？请弄清并牢记自己为什么出发。然后，以200%的专注，点燃你的圣火。

# 02　代万辉：健康管理传教士

创业不是做技术，而是要解决现实生活中的问题。

现在软件工程师很多，硬件工程师不少，懂医学的人也不难找。但三者都通的呢？应该很罕见吧。

37 健康的创始人代万辉，就是这样一位少见的全才。代万辉，80 后，北航研究生，本科学自动化，硕士学的是软件，同时，对医学也有比较深的了解。“全才”很谦虚，觉得自己只是因为机缘巧合，学了需要学的东西，做了该做的事情而已。背后的努力和对亲人的爱，都融在了他对 37 健康的执着里。

创办 37 健康，是为了解决目前迫切需要解决的慢性病管理问题。只要能解决问题，代万辉愿意做任何事情。“如果健康管理是一种信仰，37 健康就是传教士。”代万辉说。

37 健康成立于 2013 年 4 月，是一个慢性病管理健康服务平台，以高血压为切入点，致力于提供全方位的慢性病管理服

务。目前有基于移动终端的血压计硬件和配套的“血压管家”软件，通过软硬件结合的方式采集用户血压数据，为患者提供体贴、便携、可视化的健康监测和管理。此外，还有针对用户群和用户习惯精准推荐线下健身、医药等服务。

2014 年 3 月，37 健康成功融资 1000 万元，继之前创业孵化器厚德创新谷 20 万元种子期投资后，37 健康又一次实现突破。37 血压管家用户已达 200 多万，近期会突破千万。

## ◎ 为爱跨界

代万辉还在读本科时，外婆不幸得了偏瘫，每天只能躺在床上，连翻身都非常困难。看着以前那么疼爱自己的外婆这么痛苦，他非常心疼。“我得为外婆做点什么！”于是，学自动化专业的他开始研究医学，研究辅助康复方法，希望能减轻外婆的痛苦。经过反复探索，代万辉最终研制出了一款康复床，能让病人躺得更舒服，翻身更容易，也让家人照顾起来更方便。

代万辉发现，像外婆这样的病人非常多，他们长期卧床，不能翻身，时间久了皮肤会溃烂，长褥疮。一个病人瘫在床上，全家揪心。对外婆和类似患者的爱使代万辉的研究更加深入，考虑更加全面，设计更加精准，后来有机会参加比赛，“外婆康复床”的设计一举获得全国一等奖。

爱是研发的初衷，获奖是肯定，更是鼓励，这也影响了代万辉的未来职业规划，为他后来的事业指明了方向。

本科学自动化专业，因外婆的病研究医学，“康复床”获奖后发现自己电脑水平不够，代万辉就去读了软件研究生，这样他成了少有横跨软件、硬件、医学三界的人才。读研和工作期间他参与的项目也与慢性病管理和康复有关，加上一直以来对健康事业的热情，代万辉创办37健康，也是水到渠成。

## ◎ 为解决问题而创业

国内现有约3.3亿高血压患者，高血压是慢性病，需要长期观察。因为缺乏有效的工具，很多老人每天测量的数据不知如何管理，他们甚至不懂这些数据代表什么。如果是空巢老人，要做到随时监测自己的血压就更难了。

大量市场调研结果表明：研发一种帮助患者管理测量数据的工具势在必行，它的需求量太大了。

代万辉就是命运之神选定的来完成这个使命的人。在北航期间有关医疗服务机器人的研究，他关注的正是家庭健康数据管理，比如血压管家软件和硬件如何处理血压、血糖等数据。

在创新工场工作时，他又有很多机会接触到手机端。代万辉想，手机不就可以作为一种管理手段吗？手机与用户绑定，利用手机端管理血压血糖等健康数据，测量后自动将数据上传到云端，然后由医生监控，并随时在线为患者服务。同时，子女可以随时随地通过云端数据了解家人的身体状况。人们需要的正是这样专业贴心的服务。

“血压管家”应运而生。这是一款为满足众多患者切实需要而设计的实用、专业、贴心的健康管理工具。

创业是要解决问题的。代万辉看到了一个迫切需要解决的问题，而他，正是解决这个问题最合适的人选。没有过多的考虑和犹豫，代万辉拿出当年给外婆研究康复床的热情，义无反顾地加入到了移动医疗行业中来。“当时不知道这个行业的诸多困难和限制。也许，正因为‘无知者无畏’，我才敢接受来自各方面的挑战。”虽然“永远不知道前面的坑在哪儿”，但他始终不忘自己要解决难题的初衷，困难一个一个克服，一步一步坚实地走下去。

记者问他在什么样的情况下会放弃这个项目？

他回答：“这件事情没有需求了，并没有满足大家的需求时，会放弃这件事情，转去研究其他事情。”

这也是创业者的共同特征之一吧。困难从来不是让他们放弃的理由，只会更加激发他们的斗志。最终让他们转向的，永远是社会需求的变化，他们永远在思考如何解决问题，满足需求。即使这件事不行，他们一定会在其他地方，再次光芒四射。

## ◎ 借钱借出来的合作伙伴

大学时，俞敏洪为舍友打了 4 年热水，他们成了俞敏洪最坚定的创业伙伴。代万辉最开始的 4 个合伙人也是大学舍友，只不过他没有打热水，而是借钱给他们。因为自己做兼职和项目比较多，同学手头紧张时，他就毫不犹豫地把钱借给他们。这份慷慨的哥们义气和与同学一起做项目的经历，使得代万辉赢得了同学对自己的信任。

正是基于这份信任，他们才愿意跟着代万辉一起尝试这个史无前例的项目，一起面对不确定的未来。4 人最初都偏技术，但公司发展需要管理、销售等各方面的人才，所以大家得根据自己的特点转型。在此过程中，他们也迷茫过，争吵过，但是，朋友们对代万辉绝对的信任使大家始终团结在一起，慢慢磨合，每个人都在不断改变和提高自己。

古有桃园三结义，今有俞敏洪打水，不久的将来，代万辉借钱会不会也成为人们传颂的美谈呢！

## ◎ 最难的是放弃

记者问代万辉创业的优势是什么，本来猜想的答案是他横跨三界的技术，谁知他却说这倒成了他最大的问题。为什么呢?

因为创业不是做技术，而是要解决一个现实生活中的问题，不是有个平台给你，你把代码写得更好就行，而是要把现有的问题解决掉。解决问题需要的不仅是技术，而是各种能力的组合。

公司发展不能在运营方面偏弱，整个团队不能有明显的短板。为此，代万辉强迫自己放弃强项，学习短板。在他看来，整个团队最大的短板就是做技术做得太久了，强迫自己不按照技术思维去思考是很难的。他只能强迫自己不去碰技术，估计刚开始会有想剁手的冲动吧。

“当你意识到技术并不是创业成功的唯一一环，只有所有环节都跟得上才行时，你就会强迫自己转变思路，跳出怪圈。”

最难的是放弃，放弃你所擅长的东西。

能否为做一件事，放弃一些东西，甚至是你一直引以为傲的东西，这是对你最大的考验。

代万辉做到了，本来性格比较内敛的他，变得外向了很多。现在，管理、销售、运营、法务、医疗器械、医院供销体系、医疗政策、医疗服务体系……他都了解。

做什么取决于解决问题需要什么，而不是自己喜欢或擅长什么。

创业需要全才，他就变成了全才。

没有了短板，公司才能更快更好地发展。

## ◎ 在打仗中学习打仗

从技术人员转变为公司的管理和决策人员，需要学习的东西太多。

代万辉是如何变成“全才”的？多看书吗？他说：“转型靠看书是来不及的。因为创业是高速的，创业前先去学个 MBA 回来，理论体系可能更健全，但是太慢，不现实。要想快速转型，只能边学边做，边做边学。正如毛泽东所说：在战争中学习战争，打仗中学习打仗。只有不断地做，不断地学，多思考，多向别人请教，把自己当作白痴，才能快速成长。”

幸运的是，作为第一批入驻企业，也是厚德创新谷重点扶持的健康医疗创新产业，37 健康在税务、工商、团队搭建等方面都得到了厚德的很多帮助。在孵化器里有很多创业公司，有不懂的地方随时可以问。厚德还会帮助推荐导师，提供系列培训课程等，帮助企业快速成长。

## ◎ 什么条件都不具备就可以去创业

代万辉说自己是幸运的，赶上了好时代、好政策、好环境。那同样生活在好时代的我们，具备了怎样的条件才可以创业呢？

他的答案出人意料：什么条件都不具备的时候就可以去创业，只要你有想法。不可能所有条件都具备后再去创业。如同毛泽东所说，没有条件，创造条件也要上。创业亦是如此。当资金、团队、管理能力等都准备好，也许是十年以后了，早已错过了时机。而且，人的心态也会变。一个观点或想法如果没有及时实现，你就会忘记这个事情，再也找不回当初的激情。所以，重点取决于你个人，而不是条件。

顾忌越多，事情就越不可能成功。只有当真的没有退路的时候，才会成功。如果总是有很多备选方案，你一定会选择后退。不要给自己留后路。正所谓“有志者、事竟成，破釜沉舟，百二秦关终属楚；苦心人、天不负，卧薪尝胆，三千越甲可吞吴。”

## ◎ 爱她，就爱她的全部

什么条件都不具备就可以去创业，但心态是一定要做好准备。

有着丰满理想的代万辉正在骨感的现实中拼搏。加班是常态，还要面对移动医疗行业独特的困难——监管限制问题。因为“血压管家”是全新的产品，涉及医疗、电子等多个领域。记录医疗数据必须十分精确，血压如果高了10毫米汞柱，使用者可能就需要吃降压药了。涉及是否需要吃药等严肃问题，所以该行业监管周期比较长。但代万辉他们并不着急，他认为大家对此认真严肃一点更好。“我们可以走得慢一点，这样更稳”。

虽然血压管家项目广受投资人认可，创业初期融资比较顺利，但没想到的是，“融资快但花钱更快”，用钱的地方太多，需要补的窟窿太多。另外，公司的快速发展对团队提出了很高的要求，要找到符合创业公司要求的“多面手”并不容易，还有运营、与其他公司合作等问题，这都是代万辉要操心的。

多少人希望通过创业获得自由、实现梦想，多少人渴望创业带来的激情，但激情和辛苦是一枚硬币的两面，在享受创业的自由和激情的同时，也必须能接受创业辛苦和不确定的一面。希望只享受生活中高兴的一面，避开不好的一面，是不可能的。

既然选择了创业，既然爱她，就爱她的全部吧。

## ◎ 掌中的贴心健康管家

如今的37健康，血压管家已全面上市，在公司网站和淘宝上都能买到，用户也在快速增加。测量后的数据自动传输到云端，有5000多位医生随时在线免费为用户服务，医生监控数据，如有发病趋势会及时通知用户。团队正在进一步完善设备，今后可以通过GPS、WiFi、蓝牙等传输，让老人用起来更方便，并会集合更多功能，更便携、更智能化，给用户更好的使用体验。

今后，37健康产品可以测量和管理的数据会更多，包括血脂等，并会配有更完备的持续服务，提供后续医疗资源、第三方服务等，成为一个优秀的慢性病综合管理服务平台。

在基本的衣食住行早已不是问题的今天，健康成为人们关注的焦点。但保健知识的缺乏和健康监管意识的淡薄，使得很多“富贵病”一直困扰着我们的生活。37健康，健康管理的传教士，一直在不遗余力地提醒我们：及早开始全面的健康管理，帮助自己和家人更好地防治慢性病，从根本上提高生活质量。37人的努力，是我们的福气。

为爱跨界，为健康坚守，代万辉，一个让人感觉如体温般舒适的男人，带领着37健康这个热情而不激越，理性而不冷漠的团队，以传教士的执着，向我们传递着对健康管理的信仰，对生命质量的信仰。

# 03　党欣：不输就是赢

在一步又一步的坚持中，你其实已经赢了。

党欣，女神王座项目的总负责人，金融专业。但计算机世界的魅力却深深地吸引着年轻的他。随心而去，自学成才，毕业后他并没有从事与金融相关的行业，中国冠群成了他的第一站。病毒查杀，汇编代码的工作，又为他接下来迈入游戏行业做好了铺垫。恰逢游戏公司招优化人员，用汇编代码优化渲染引擎，2003 年，党欣便凭着自己的优势，正式涉足游戏行业。后来在蜗牛的三年，有了 2D 游戏《强盗与厮杀》和 3D 游戏《机甲世纪》的项目积累之后，党欣开始问自己：我是不是可以做点什么？

“老大，我们自己开个公司吧，你领头！”“兄弟们”的热情和信任，给了党欣更大的动力。一个人走，可以走得很快，一群人走，可以走得更远，“兄弟们”的“逼迫”，促使党欣迈出了关键一步。

## ◎ 被逼出来的创新

究竟做什么呢？生动的泛娱乐化理念，即在新的环境下，把游戏和影视及其他娱乐全部贯通起来，给了党欣无限的启迪。在游戏中，经常有各种美女做 cosplay 角色扮演，做宣传，那何不海选美女作为噱头呢？

让她们做主角，把她的脸复制出来以后贴到主角上面，这样的话，电视选秀、微电影、游戏，三者便可以很好地结合。捕捉到这一新颖的想法后，党欣不禁心潮澎湃。

既是一种传统的市场推广手段，又是新环境下行业发展视角的创新。现在某些电视剧，如《美人制造》，就把 IP 卖给了一家游戏公司，让他们做游戏。大家都在不断探索新方式，摸着石头前进。既然如此，为何不勇于尝试呢？机会总留给有准备且勇于把握的人，党欣毫不迟疑地将这一新颖的想法，付之于实践。2014 年初，他开启了创业之程。

“玩儿的人很开心，你们把快乐建立在我们的痛苦之上！”党欣说。虽是开玩笑，却也道出了做游戏的辛苦。在寻找创意的时候，头脑风暴会是一个很好的方法，大家聚在一起集思广益，大的创意出来后再细化。女神王座的成员也会经常去玩别的游戏，看到其他游戏里某个玩法很好，便加以借鉴。然而，单纯仿制的游戏是缺乏足够竞争力的，亦步亦趋地模仿，终将面临被淘汰的厄运。那么，如何在传统 RPG 游戏市场里，做出自己独特的品牌，从而脱颖而出呢？创新！是的，只有创新才能让产品拥有足够的生命力。

“其实很多事情是逼出来的。”党欣提到，市场的状态会迫使你去不断调整战略。在充斥着中国风的游戏市场上，女神王座首先在美术风格上突破固有思维的局限，迎来希腊风。同时，选择古希腊风格的好处不仅体现在独具一格的美术风格上，随之而来的是具有认同度和发展空间的题材。

希腊女神和古代战将都比较多，题材丰富，资料易收集，好演绎，且有足够的发挥空间。另外，公众对古希腊文化有着基本的了解，认同度和接受度有保障，为女神王座创新之路的成功，增添又一砝码。最后，把女神王座选秀作为市场推广手段，同时做游戏，两边结合起来，推广会更顺畅，更具有发展前景。

除了RPG常见到的装备，女神王座游戏还增加了骑马、战斗等在市场上大家比较认可的内容，小小的创新，细节上的精益求精让游戏更具吸引力。这款游戏目前主要在端游，也可以在微观和网页上出现，目前基本都在PC上面。未来希望实现向手机移动端多渠道扩展，石谷轻文化孵化器的国外销售团队，正在和外国公司接触谈判，希望产品能走出国门。

目前，在石谷轻文化的帮助下，女神王座游戏已经售出，基本上研发成本相当于收回来了。“成功卖出去也是给自己套了一层枷锁”，一步更比一步高。党欣他们希望继续把这个项目完成，预售成功后，他们不仅要把产品做完，而且要做得更好。“更好”一直是党欣团队永恒的追求。

在创业的整个过程中，石谷轻文化孵化器起了非常重要的作用。与其他孵化器相比，这里最大的特色是包销创业团队的产品。“可以专注于开发产品，省心而又高效。”女神王座项目组只负责研发，其他的事情都是孵化器负责。以前党欣创业时，所有的事情都得自己跑，运营、运维、市场推广、商务合作……繁杂的事情占用了太多精力。而石谷轻文化有非常专业的运营团队，这一系列的事情孵化器都可以代劳。甚至包括项目组要做官网，也只需提供素材即可，孵化器会做好后把最后的网址发过来让党欣团队验收。再如，现在不用团队自己开发数据截取后台，直接用石谷轻文化有的数据后台即可。孵化器的数据后台是经过多款游戏验证的，稳定又安全，各种流程齐备，相比于以前党欣他们自己做数据截取后台时，不稳定且经常出错的情况而言，无疑又是一个福音。

## ◎ 枪和粮

创业中最大的困难是找人和钱，即“枪和粮”的问题。找人是最困难的，因为只有三两条“枪”的时候，要扩到十几个人是非常难的。党欣到处拉关系，坚持不懈，相信一颗诚心和好的构想，一定可以吸引靠谱伙伴的加入。在团队最初的成员里，有的是党欣的前同事，比如第一个合作伙伴，就是从上一家公司就一直跟着党欣的好战友。也有很多人是朋友介绍的，比如他认识搞美术的朋友，就问有没有靠谱的美术人员介绍给他。互相介绍，撒网出去，最初的人员是这样一个个招齐的。

在招人方面，孵化器也给予了很大帮助。目前很多招聘网站下载简历是需要费用的，而孵化器这样的大公司去看简历有很多优惠，这对创业公司来说，相当于节省了一笔开销。孵化器帮忙约面试者，这样，创业公司也不需要行政人员，党欣只需在应聘者报到时，直接拿着简历去面谈。面试时，党欣很看重个人的经历和素养。在简历上作假的人，他见面后聊两句就能看出来。党欣认为，不会就是不会，不会没关系，可以教你，可以慢慢学，但一定要诚实，这是最基本的操守。

人往高处走，水往低处流，谁不希望自己的努力和辛勤能换来更多的回报呢？这也是党欣这样的初创公司面临的最大问题——如何吸引人才，留住人才。对于初创公司而言，找到好的技术人员很难，而且时常会面临恶性竞争。有时月薪七八千元雇的人，可能会被大公司一万七、一万八挖走。大公司有钱，任性的做法，将整个成本都炒上去了，这对创业公司提出了极大的挑战。好的是，石谷轻文化孵化器提供的人才选择比较多，简历份数充足，能保证人才的补给。

党欣也尽量通过感情留人。如果大公司挖人时只给涨三四千块钱，党欣会对员工说“兄弟咱们这里还是有希望的，自己干，等干出来了，咱就都是元老了!”党欣抓住的一点是：虽然大公司会让人接触到正规的制度，享受轻松的工作环境，获取更高的酬劳，却剥夺了人的创造力和自由。细致的分工，几乎让每一个员工都像螺丝钉一般。而在女神王座这样的小创业公司里，尽管一天工作十三、十四个小时很辛苦，却很锻炼人，你可以干自己想干的事情，充分挖掘自身的潜力，奔着更远的发展前景而去。

人员基本稳定之后，党欣又着重去找钱——解决“粮”的问题。石谷轻文化孵化器本身就有两千万的扶持资金，孵化器给女神王座项目投了一部分，党欣又通过朋友介绍等找了一部分。所有资质都在孵化器这里，由孵化器去争取政府或其他大的融资基金，企业再从孵化器这里得到融资。因为很多要求急需钱的企业本身达不到相应的标准，而创业机遇又需要分秒必争。

## ◎ 转型

从技术人员，转为公司的负责人，党欣感到各方面压力都很大。过去自己只是一个做东西的人，忽然转到方方面面都要管。比如要跑营业执照，去哪跑？怎么跑？所有的事情不能再用一个“不知道”来解决，踏踏实实弄清自己不清楚的事情，保持虚心求问的习惯，是办成事情的唯一选择。现在的党欣还负责算账，过去学的金融知识在这点上倒是用上了。成本怎么算，加薪加多少，人员要保持在多少，水电费怎么摊，过节给兄弟们买礼物，安排去哪儿玩大约多少钱……事无巨细，全盘操心。当然还有公司的方向，项目的方向，甚至项目人员心情好不好，谁家老婆生孩子了，都是作为领导应当关心的事情。

当然，这些好的思维习惯和管理方式也并不是党欣创业后才养成的。从最底层员工一层一层干上来，经历了从被管，到管三五个人、十几个人，到现在管理整个公司五十多个人，党欣在逐渐成为一个优秀的“关心民众疾苦”的好领导。

因此，他觉得创业不一定需要自己在之前有管过大公司的经验。判断自己是否适合创业，关键在于两点：第一，你有没有想法；第二，你有没有想好。第一是想法，你觉得这个想法可能赚钱，市场前景会好，就要认定它。而想好是指想清楚怎么做。实施目标的步骤要想清楚，要干哪几件事情，才能达成目标，要闯过哪些关才能闯出来。而管理经验，都是在创业过程中磕绊磕绊出来的，可以一边做一边学，所谓摸着石头过河，敢闯敢干。

### ◎ 堵不如疏

提到游戏，总有人觉得玩游戏是浪费时间，因为很多人太痴迷于此不能自拔。开发游戏的党欣也反对沉迷于游戏，提倡有节制的娱乐。尤其对孩子，他认为：堵不如疏。比如，党欣的外甥上高一，很喜欢打游戏、看电视。他就和姐姐说“你别堵着，你让他玩，因为他不在你面前玩，就会跑别的地方玩，我小时候也干过这事，当初咱俩怎么跟家长斗的，你都很清楚，对吧?”党欣小时候也打游戏，早饭不吃，省一块钱跑到街机厅买四个游戏板。但四个板花完了，他还是得回家写作业。其实偶尔玩一会儿，影响并没有那么大。如果对孩子管得太紧不让他玩，他可能更加好奇，会想各种其他途径偷着玩。所以，党欣的姐姐现在每个月给孩子十块钱的游戏资金，专门用于玩游戏，而他的外甥现在只在每个星期天下午才去娱乐一把。

想来对成人也是一样。平时的生活紧张又充满压力，偶尔玩些游戏，是一种很好的放松。“有节制的娱乐”，游戏，让我们的生活更有趣。

## ◎ 不输就是赢

党欣说，目前公司在行业中“还是小虾米”，希望它今后能长成大鱼，这取决于项目产品本身。据万达集团董事长王健林说，实体销售业将会消失，变成实体娱乐。万达将来就没有卖货的了，只剩下吃喝玩乐，看电影、吃饭、小孩玩、游戏厅，买货的东西全部到网上去了。百货都消失了，实体就只剩下娱乐了。女神王座项目是做娱乐行业的，所以党欣他会坚持这个方向，跟着泛娱乐化的趋势走。公司计划今年上一款产品，然后再扩一到两个项目，慢慢往上扩，不断发展。

真实的创业过程，也许没有我们想象得那样丰富有趣，充满激情。创业是对每个人体力和意志力的考验。孵化器的负责人告诉记者，党欣已经连续几个月都住在公司里，每天都工作到夜里两三点。

工作繁忙的党欣在采访结束后，迅速赶回了办公室。但他说的话却一直在萦绕在耳边：创业，就是要时时刻刻把心树在那里，永远围绕目标，把坏掉的东西或者将来可能会烂的东西全部拿掉，把所有可能导致输的因素全部去除，把所有的问题全部解决，剩下的就是健康的，事情就能办成，不输就是赢。

# 04　伏英娜：苏世独立 横而不流

我一定要做一个你们没有的！

伏英娜，江湖人称“女极客”、“女侠”，爱科幻，好滑雪，喜瑜伽，能同时一手画圆，一手画方。曾是学霸中的学霸，大牛程序猿中的大牛，索尼爱立信手机软件鼻祖师太，后加入微软公司做市场，负责整个亚太区，连续创业者。现为迈吉客创始人兼 CEO，最重要的是，心理年龄永远 20 岁。

迈吉客科技（上海）科技有限公司是女侠在 2013 年 4 月创立的。这是一家定位于建立并实现移动应用魔法王国梦想的移动互联网公司，用虚拟增强现实技术，兴趣图谱，支持虚拟和真实商品的魔贴商城，致力于用移动应用产品和超酷的技术影响世界。

介绍迈吉客现有产品哈图时，记者们常用到一个词：2 又 1/2 次元。别担心，不懂这个词的不只你

一个。伏英娜解释说，这指的是介于平面的动漫二维世界和我们的三维世界之间的次元，因为哈图用很多计算机图形图像学专业的方法，帮助完成超现实摄影。可以从虚拟到现实，或从现实到虚拟。比如将你的脸融入电影海报里。哈图设计了各种百变场景，伏英娜就坚持“每日一哈”，在各种梦幻的场景中，你总会发现，咦，有一张脸在冲你笑，哦，原来是她！

不仅如此，哈图更追求的是图片社交，通过现实的玩法，用户可以恶搞别人的照片，还可以进行3D变幻等。总之，让图片社交更好玩，让现实和梦幻只有“一哈之遥”。

哈图产品还在不断完善中，但目前下载量已近千万。玩是人的天性嘛，“女侠”创业就是为了好玩。那女侠创立迈吉客之前是怎么玩的呢？

### ◎ 女侠是怎样炼成的

女侠生长于知识分子家庭，爸爸是工程师，妈妈是老师。自由、民主的成长环境让女侠从小就很有自己的主意。作为一个典型的兴趣导向的人，她是学霸，但绝不是乖乖女，不喜欢老师就不学这个学科。

高中时的伏英娜喜欢看书，她看遍了图书馆里所有的科幻小说，丰富的想象力就是这样培养出来的吧。这种想象力不仅让她学起几何来如鱼得水，而且帮助她在大二开始学计算机专业课时，突然变成一匹黑马，把无数男同学远远地甩在后面，任他们目瞪口呆、挠头跺脚、咬牙切齿。

毕业时，她给导师做过一个项目，从头到尾都由她一人完成。为了省时间，她就自己写代码来做测试，还做过模拟仿真软件等。回想起来，那时就是在创业，只是当时没有现在这么好的环境，她也没想到要创业。

后来她来到北京，2002 年开始在索尼爱立信工作，做手机软件，负责本地需求，把一些来自运营商、市场的需求整理成通信行业规范，并拿到总部瑞典去给领导和客户看。做任何事情都寻求最佳路径的女侠觉得这个研发和沟通成本太高了，认为自己能在智能手机上替厂商做这件事儿，做一些软件，反过来再卖给厂商。于是，骨子里充满创业精神的她，放弃了在索尼爱立信的高薪和中科院的软件工程硕士学位，于 2004 年开始了第一次创业。

初次创业很成功，公司做了很多解决方案卖给手机厂商，当时大的手机厂商都是他们的合作伙伴。还做了飞信手机客户端、手机摄像头等。可惜那时不懂市场，后来投资人想变现，不久后公司被塞班高价收购了。收购协议中要求她必须去塞班工作一段时间。女侠实现了财务自由，却失去了人身自由。

基于自己的道德准则，她还是全力做好本职工作。女侠毕竟是女侠，在哪里都是理性和感性的完美平衡，在塞班也做得有声有色。

2010 年上半年，提前获得“自由”的女侠准备再次创业，但此时，猎头挖她去微软负责最新技术的传播和推广，针对开发者做传播。女侠觉得这个挺有意思，因为接触的都是开发者和客户，也能让技术出身的她从市场角度看看技术能带来什么价值，开阔自己的视野。

在微软，女侠再次展现学霸本色，把别人半年甚至一年能搞定的内容，在一个月内全部弄清楚，同时负责 9 个项目并都保证了完美的业绩。

在微软待了一年，与开发者和创业者打交道，重燃了女侠创业的热情。但领导坚持要再留她一年，让她任选微软的职位。喜欢探索未知的女侠选择了去微软总部，在众人的羡慕和惊叹中，拿到了 LYA 工作签证，飞到了西雅图。

女侠在总部的团队负责定义微软全球战略，获得的资源也是最好的。其他部门的人分管不同的领域，按社交、游戏等类别划分，但女侠负责亚太区所有的内容，不分类别。正因如此，女侠的视野进一步拓宽。加上平时和同事的交流，让她能从全局的视角，结合自己的优势，再次找到了蓝海。

## ◎ 回国创业，做一个你们没有的

正当在微软做得风生水起之时，一些“小事”激起了女侠的“不爽”。当时微软从苹果商店等买来数据，并根据分析预测选出前 100 个软件。不同小组会定期在一起讨论，说明你选择某个软件的理由。女侠在和欧美同事讨论时，总要解释说：这是 Chinese twitter，这是 Chinese facebook，这是 Chinese ×××……她沮丧地发现，没有一个产品，她可以和同事说：这是你们没有的，是中国创新的。因为当时中国所有的 IT 产品，都是有国外参照的，都是“抄”的。

直接说“这是中国的 Twitter”，确实便于老外理解，但却令女侠非常不爽。难道中国就没有自己创新的产品吗？所以女侠就利用资金扶植一些她当时认为是创新的中国创业企业，如春雨、虫洞等，但后来发现这些在国外也是有的。

女侠不服！她决心：我要证明，中国也有创新的产品！我一定要做一个你们没有的！可是做什么呢？

喜欢玩拼图等益智类游戏的女侠，很早就想把照片变成游戏，和朋友一起享受不知拼出的结果会是何物的悬念。但前几年的技术还做不到，后来有了社交网络，做图片社交的机会来了。那时女侠想用这个去创业，但是领导不同意，出于“职业道德”，她只好先暂停这个想法，去微软总部工作。

后来，“你画我猜”游戏火了，女侠非常后悔。觉得如果自己当时做了，会做得更好。因为她想做的，正是图片社交的游戏化。在很多人致力于游戏的社交化时，喜欢反其道而行之的女侠则在考虑如何让社交更游戏化。

基于自身兴趣和背景，女侠选择做图片社交。

可是，不爽归不爽，不服归不服，兴趣归兴趣，真的可以放弃百万年薪，说出来就出来吗？

这对很多人来说都是很艰难的选择，但对爱自由，喜欢“追随内心”，以乔布斯“活着就是为了改变世界”为信仰的女侠来说，答案很清晰。

因为她知道：不能再浪费生命了，我必须出来创业，不然以后会更后悔的！

## ◎ 有自信的人，决不会抄别人

“我从来不喜欢走别人走过的路，我要做别人没做过的事。”

自信满满、讨厌抄袭、渴望挑战的女侠，在经历了技术和市场的双重历练后，重出江湖。这次，她要打造一家硅谷范的创新型企业。告诉前同事，这是来自中国的创新。

说实话，让每天冒出无数个点子的女侠集中精力专注在一个方向上，有些残忍。幸运的是，女侠找到了最让她有激情的方向：自由、兴趣和梦想的结合体。

女侠现在的项目，英文名是 magics app，简称哈图，“哈”有“热爱和喜欢”、“开心和快乐”的意思。我们用创新的方式，让你更快乐。

这款超现实图片社交工具，非常符合 90 后的风格。

很多人说伏英娜心理年龄是90后，女侠说不对。

不是90后，因为90后也会老，她的心理，是永远的20岁。而且，从外表看，女侠亦是童颜如旧，侠风不减。

## ◎ 做自己喜欢的事，是永葆青春的秘方

乔布斯的书处处在说，要找到做什么事，你充满兴趣，很有动力。找到这件事，把所有的优势都发挥出来，你就能成功。作为乔帮主的忠实粉丝，伏女侠在创业过程中，非常注重扬长避短。她认为一定要找到《从优秀到卓越》中提到三环的交集（兴趣、能力和赚钱三环）。中国的教育总让我们把短板补齐，这是很致命的。女侠强调，学会把优势发挥到极致，就足够了。不擅长的领域，可以找人来帮忙，这才是一个团队。比如，女侠不擅长也不喜欢注册公司、财务、人事等工作，36氪孵化器就在这方面提供了很多支持，并提供了免费的场地等。现在的孵化环境比2004年好多了，创业者能够很幸福、很专注地做好自己的长项。

在美国，为兴趣和梦想创业的人很多。而中国的大环境，使很多人做事的目标无外乎权利名色。女侠认为，如果只追求这四项，那永远不会有很高的成就。比如以赚钱为目的的创业者，当有别的选择，如年薪非常高时，他们就会放弃，因为这样可以更快实现他的目标。

不同的是，女侠有着很感性的一面，她追求的是自身成就感，而非权利名色。她从来不会和别人或别的创业公司比，只和自己比。2015年是不是超越了2014年，是不是离我想要的目标更近了？

诚如迈吉客的投资人所说：伏英娜在做的，是兴趣所向、能力所及、幸福所至的事。符合了这三点，本身不就已经成功了吗？

## ◎“横而不流”的侠女风

女侠“谈到钱会脸红”，所以不想做 sales。她说话做事都很简单直接，以前团队的人费尽心思猜她有什么言外之意，殊不知其实她直接纯粹。“我是一个喜怒形于色的人”，这在职场应当非常罕见吧。

在中国，很多人戴着面具生活，但女侠不戴，她活着是为了自己，从不在意别人怎么看。从小就是这样，自信、直接、不解释。当然，也有人利用她的这些“弱点”，但她发现问题后立即处理，然后继续一如既往地真诚直接。

女侠是幸运的。也许是因为技术好，她得以保持先天个性并活得成功潇洒。她也是乐观的，因为乐观，所以更幸运。对那些说她不合群的人，她的回答很简单：So what?

多少年来，不管世界怎样浮躁，她都保持着自己的风格，恪守着高中时自己立的座右铭：“苏世独立，横而不流。”她让我们发现生活的另一种可能。让我们相信，不是所有人，都会在社会大染缸里变色。

现在创业了，创业的好处之一就是可以保持自己的风格。公司核心团队也很认同她的价值观。女侠正在塑造公司文化。她希望打造一个优势互补、多样性的团队。希望找到的人都是正直的合适的人。这并不容易，幸运的是，自己带过很多团队，大家很信任她，很多精英纷纷加入。

当然，以公司现

有的实力，很多优秀的人才还挖不起。女侠希望更快地把哈图做起来，这样就可以找到更优秀的人。像雷军一样，在创业初期，就能有一个高起点。

## ◎ 所有的困难，都是玩游戏时要闯的关

记者问她在创业中遇到过什么困难，女侠说，困难很少。因为自己带过很多人，所以招人比较容易，融资也比较容易，两轮融资都很快拿到了，还是挑选与自己有“化学反应”的投资人。

难道上天真的如此眷顾女侠，不给她设置一点障碍吗？

当然不是。仔细追问才发现，其实成长和创业过程中困难很多，但在女侠看来都不是困难，而是经历。女侠说这些经历越早发生越好。就像一个 bug（漏洞），越早发现，越早解决越好。所有的困难，她都能以玩游戏的心态，一关关地闯过去，迅速通关。

女侠非常喜欢比尔盖茨的那句话：I will always be an optimist.（我会永远做一个乐观主义者。）即使被伤害，她也觉得这只是一种经历，并不代表所有人都是坏人。她始终相信人性本善，始终选择百分之百地信任人。

终于明白，当你戴上“乐观”的玫瑰色眼镜时，周围的一切，都是玫瑰色的。

## ◎ 公司就是我的 baby

最后，还是问到了那个只会问女性创业者的问题：女性创业和男性创业有什么不同？

“职场无性别”，女侠立即回答。女性创业优势很明显，更感性。而我，非常好地平衡了感性和理性，这是很多男性创业者做不到的。尽

管最高层的大老板几乎没有女性，尽管有些投资人歧视女性创业者，但这并不影响我。因为，“如果我选定了一个方向，我会坚持下去的。这件事情能满足我的全部需要。我没有精力去考虑其他事情”。

世俗的标准，从来就约束不了特立独行的她。“现在做的事业，能满足你的全部需要吗?”“是的，我的公司就是我的 baby”，女侠回答。为了这个品牌，她不惜一切。本身并不喜欢抛头露面，但为了迈吉客，她愿意以个人身份做各种宣传。创业必须要有强健的身体，所以她做瑜伽、滑雪，坚持锻炼。白天要处理的事情太多，所以她晚上思考，并选了猫头鹰作为公司 Logo。

女侠善于思考和总结，做任何事总是力求找到最有效的路径。比如，她就用自己总结的方法，一天内教会了助理滑雪。

女侠还是个游遍半个地球的旅行家，她喜欢伦敦和巴黎，她永远用乐观的眼睛去发现每个地方独特的美。她喜欢去没去过的地方，喜欢探索未知的领域，喜欢出发，喜欢让真实的自己与世界相遇。

# 05　何剑波：开启中国在线理财教育的新时代

热爱就是自始而终的专注。

何剑波，70后生人，他挚爱金融，演绎着跨界的人生。以金融为高考第一志愿的他曾因分数不够而被清华大学调剂至力学系学习。本科毕业后，跟随当时计算机发展潮流，做了计算机编程工作。而从工程力学到IT行业的跨越，几乎是自学成才。四年之后，他顺利通过清华大学研究生入学考试终于圆梦学习金融，实现了从力学、到计算机、再到金融的三级跳。自此，初心终究变成归宿。

他与清华大学有着不解之缘，那里是他梦开始的地方。在那里，何剑波完成了本科和硕士阶段的学习，走出校门，任职过清华大学中国金融研究中心数据总监，曾是美国纳斯达克上市公司——中国金融在线集团的高管，是财经数据和量化投资领域的专家，经常会抽出时间为清华大学五道口金融学院的EMBA同学们讲课，如今是中国首家在线理财教育平台——家财网的CEO，家财网也被深深地打上清华大学五道口金融学院的烙印。

## ◎ 集天时、地利、人和于一体的创业之举

孟子曰：“天时不如地利，地利不如人和。”意思是指，有利的时

机和气候不如有利的地势，有利的地势不如人心所向、上下团结。古时战争谋求天时地利人和，而今市场竞争同样需要。商场如战场，企业的决策者就像决战沙场的统帅，决定着胜负天平。

说到在线理财教育，不得不从在线教育谈起。2013 年被业界普遍认为是中国在线教育的元年，也就是从那时起，中国的教育进入到一场基于互联网信息技术的伟大变革中。在 2014 年，中国在线教育迎来大爆发。不管你是否察觉和认可，在线教育已成为创业和投资的热土。

各种有利的政策同样为中国在线教育的发展注入了强心剂。早在 2012 年 3 月，教育部就发布了《教育信息化十年发展规划（2011—2020 年)》，提到教育信息化将成为未来十年发展的重点。2012 年 7 月，教育部公布的《国家教育事业发展第十二个五年规划》，提出到 2020 年要基本实现教育现代化，基本形成学习型社会。2014 年，李克强总理在国务院常务会议上曾表示，将把在线教育作为重点打造的新业态、新产业之一。而实现教育的现代化、培养信息化人才以及教育信息系统的建设，都离不开在线教育的大力发展。同时，资本领域也是热潮涌动。据统计，2014 年中国大约有 30 亿元人民币的资本投向在线教育，从事在线教育的企业以每天两家左右的速度增长。

政策利好，资本关注，都为理财领域的在线教育发展营造了非常好的氛围。也就是在这期间，家财网相时而动，捷足先登，悄然涉入在线理财教育。与其说它是跟风之作，不如说它是弥补市场空缺之举。因为，当时的在线理财教育尚处于空白阶段。

随着中国经济的发展，居民收入的增加，涌现出越来越多的富裕阶层，他们却将大部分可投资资产集中于银行储蓄。这说明，一方面中国金融市场理财服务的机构和产品有限，无法满足大众需要；另一方面暴露出民众理财知识水平的匮乏。研究结果表明，中国大众家庭的理财知识匮乏已经成为制约家庭理财的主要因素之一。

清华大学中国金融研究中心做过一个调研，他们把金融普及性的知识以问卷形式调查了2000余人，借此了解中国金融知识的普及程度，然后再对比其他14个做过调研的国家，这些国家包括美国、匈牙利、南非等。调查结果令人大跌眼镜，中国的排名是倒数第二，仅仅比南非稍微好那么一点点。“这个数据说明了中国的金融知识普及是非常低的，更别说理财相关的知识。所以，一方面有迫切的需求，另一方面你又不懂如何去理财，这个时候，大众就迫切希望有一些课程能让他们很快地了解理财方面的知识。”显然，何剑波明显感受到了这块市场需求有多大。

有了这个需求，如何去满足呢？如果要是线下一个班一个班地开展，一个班招收五六十人，然后就培训，这没问题。但是普通家庭的教育，上亿人群，你如果通过开班的话……那一刻，他想到了国外非常火的MOOC（大型开放式网络课程），“我们国内能不能也采用这种方式，以在线教育的方式来做这件事情，我们不光要做高端的金融教育，也要满足普通老百姓的需求做理财知识的普及”，最后，基于这个需求，他选择了在线理财教育。

当何剑波决定创业，而且已经有了切入市场的想法后，他接下来最重要的任务就是搭建一个共同创业的团队。他看重团队是否合拍，彼此是否认同，兴趣是否一致，也就是常说的“志同道合”。尤其是组建核心团队，这更是首先要考虑的问题。“一个好汉三个帮，一个篱笆三个桩。”没有人会拥有创建并运营企业所需的全部技能、经验和关系。他说，“每个人都有自己擅长的一个方面，不可能面面俱到，哪些方面你擅长，哪些方面他擅长，每个人都有自己的侧重点，这样就会有共同的方向，谁也离不开谁。”

何剑波组建团队的过程也不是一帆风顺的，经历过意见不统一，也经历过核心人员的离开。在他看来，那都是创业过程必不可少的一部分，他相信留下来的都是能和他并肩作战的，都和他一样始终怀揣着创业梦想的。目前，家财网的团队建设已经成型，来自于投资领域、财经媒体、在线教育的精英共同铸造了家财团队的核心竞争力。

## ◎ 搜遍理财上万字，不如家财几分钟

家财网在 2013 年 7 月由清华大学五道口金融学院正式立项。2013 年 11 月推出家财网网站测试版本，到 2014 年已经拥有近 40 位理财专家，上线了 40 多门理财课程以及 400 多节微课，为用户提供可信赖、可操作又有效率的在线理财教育。可以说，家财网填补了中国在线理财教育市场的空白。

“目前来说，做理财教育比较成体系的，我们是唯一的一家”，何剑波胸有成竹。从无到有，从没人知晓到名声渐旺，让他倍有成就感。对于 BAT（百度、阿里巴巴和腾讯）是否介入在线理财教育，他毫不担心，“相对来说，理财教育是专业性比较强的一个行业。对于我们来说，应该不会有太大的冲击。”事实也是如此，他们之间不存在竞争，更多的是一种合作的关系。就在不久前，百度传课宣布与家财网合作，设立“传课—家财网”专区，共同打造线上理财全套课程培训体系。

家财网的产品包括线上理财课程、线下讲座以及理财咨询三个方面，线上理财课程是平台的主要业务，线下讲座是平台线上业务的辅助和实体宣传，理财咨询则是平台的业务深化和延伸。他们已独立形成了一套从挑选题目、预约讲师到课程录制的完整规范的体系。

家财网最大的亮点在于课程制作的 C2B 模式，即家财网会根据微信公共账号文章中用户的点击量和转发量来了解最迫切的理财需求，进

而挑选出热点题目进行课程制作。其独创的五步理财法，通过深入浅出的在线视频课程，循序渐进地帮助大众理财者“懂规划”、“筑保障”、“巧消费”、“善借贷”、“会生财”。其中，问答式视频是家财网理财教育的核心特色，旨在通过解决实际问题帮助国人提高财商、掌握财技，以理财达致幸福人生。

此外，家财网提倡用户利用零散时间进行理财学习，大部分课时都控制在十分钟内，很多课时更是控制在五分钟内，微课更是彻底地贯彻了这一学习理念，用户通过每一节微课就可以了解一个理财知识点。

以上业务不难看出，家财网做的是一件非常聚焦的事情，以家庭理财教育为主，而不是横向发展。“我们只专注理财，大家如果还有理财进一步的需求，比如说咨询，那我就做咨询，如果需要推荐产品我们再做产品，我们是纵深发展。”对比其他的从业机构，何剑波认为家财网有三个方面的优势：一是先行优势，家财网是第一家介入这个领域的；二是专业优势，体系化的家庭理财课程已经成型；三是品牌优势，清华大学五道口金融学院互联网金融实验室对于家财网的发展带来了巨大的平台影响力。

## ◎ 搭乘互联网金融实验室的便车

一说到创业，往往是这样的情景，怀揣着美好理想拥有满腔热血的几个人，对将要做的项目的未来做出判断，对投入多少资金做出估算后进行的自发的、主动的行为。与之不同，家财网的创立，最初的想法来自于清华大学五道口金融学院，确切地讲，是五道口金融学院下设的互联网金融实验室，可以说家财网的出现更像是一种被动创业的行为。在清华大学这么多年知识和人脉的积累，让何剑波成为家财网的掌舵人。这个过程，他形象地称之为“奉旨创业”。

“奉旨创业”既是机缘巧合，似乎也是命中注定。日历翻到2013年，当时五道口金融学院有了想做家财网项目的想法，但是要做这个事情必须要求这个人既要具备金融知识，又要掌握互联网方面的知识。恰恰当时想做这件事情的领导就是当时何剑波在清华大学经管学院读硕士时的老师。凭借当时结下的友谊以及何剑波自身相关知识的积淀，学院当机立断，“你就是最合适的人选。”

机会不期而遇，当时还是中国金融在线高管的何剑波没有任何犹豫，欣然答应，事业迎来转折。这也意味着，中国在线理财教育的号角悄然吹响，百姓投资者理财普及看到了曙光。“因为本身我自己也比较看好这件事情，而且坦白来讲，我现在年龄也到四十岁了，也想做一些事情，而不仅仅是在一个部门里边，优哉游哉的，那样的生活毫无意义。我更希望运用自己的专业知识和丰富的从业经验，引领普通中国投资人，科学规划家庭理财生涯，少走弯路。”

承载着重托和希冀，项目正式启动。何剑波的随和包容，对事业的执着热忱，以及专业知识的深厚积淀，给学院领导和创业团队留下了深刻的印象，互联网金融实验室也输送了大量的专业人才进入家财网。再加上他对IT行业的熟悉和对金融的理解，让何剑波的才华得到了充分的施展，家财网成立不到半年就取得了很大的成绩，创立五步理财法，拍摄理财核心课程，网站上线公测版……有很多的五道口金融学院的老师，也加入了授课队伍当中，提供了师资保障。互联网金融实验室提供的初始资金更是家财网发展至今最大的保障，它实现了家财网与各种资源的对接。可见，学院对于家财网做出的帮助是全方位的，让人不禁羡慕，何剑波比起那种真正白手起家的创业者是多么的幸福。

家财网在广告中是这样说的，“清华的严谨，央行的传统，互联网的轻松”。搭乘着清华大学五道口金融学院互联网金融实验室的便车，让我们对家财网的未来充满了无限遐想。

## ◎ 创业就是始终如一的坚持

“这是一个最好的时代，也是一个最坏的时代。”英国作家狄更斯在《双城记》中曾这样说道。用这句话形容当前中国的创业环境是再合适不过了。说它好，是因为全民创业的风潮来临，人们面临前所未有的机遇；说它坏，是在大浪淘沙之下，竞争激烈，荆棘密布。家财网就是产生于这个最好最坏的时代背景之下。

有人说何剑波的创业一马平川。是的，比起白手起家的创业者，他的创业起步阶段明显顺利很多，像是前人栽树，后人乘凉。但是，创业不只是说说而已。离开高枕无忧的高管职位去做一件商业模式没有先例、前景又是未知的事情，你就能体会到他的付出、他的困难。较之于前，他变得更累了，“创业一年多的时间，我死亡的脑细胞比以前做职业经理人要多的多了。”他面临的压力可想而知。处在那样的环境下，他要考虑很多东西，有战略方面的，也有战术方面的，他需要审时度势，他需要出谋划策……

然而，在如此疲惫的状况下，他没有逃避，反而他越来越享受这样的状态。他感觉创业是一件很有意思、很有意义的事情。每个清晨，叫醒他的不是闹铃而是梦想。两年来，他深深地爱上了这份事业，爱着家财网，“就像自己养了一个小孩一样”，幸福的滋味溢于言表。不仅仅是热爱，说起如何理财，他也是那么资深，“一个人理财，首先要看两个方面，一个是横轴，另一个是纵轴。横轴就是你可能有好多个需求，纵轴就是要看你这个人所处的是哪个阶段，也就是年龄段，老年人理财、年轻人理财、三口之家理财，考虑的角度也是不一样的。”“剩下的就看你有多少资金，资金怎么去分配，哪些投资比较高风险的，可以拿多少，这是资产配置的问题了。”

家财网的今天，离不开何剑波始终如一的坚持。当他遇到内部意见不统一的时候，他会对那些有急功近利想法的人、想改头换面做事情的人坚决说“不”，现在回忆起当年力排众议的情形，他依然为自己的选择叫好。“因为我做企业经理人也做了很长时间，遇到过太多半途而废的人，但是，一件事往往如果再坚持一下，可能就柳暗花明了。”他把自己的亲身经历告诉他的团队，时刻要保持坚定的信念，禁得住诱惑。此时此刻，他回忆起大学期间担任力学系长跑队队长的经历，“跑长跑，首先坚持是肯定的，另外是体力分配，并不是看人家跑得快你就着急，你就拼命地追，你要按照自己的节奏去跑。”对于目前有创业想法的人，他给出自己的两点建议，“第一，自己要非常热爱。创业确实风险很高，做一个风险很高的事情，一定要选择自己最感兴趣的去做；第二，一定要有一个好的团队。任何一个人，特别在这个社会上，靠一个人的力量很难成功，必须要有一个团队才能够优势互补。”

当然，任何处在市场经济条件下的企业都会面临着如何盈利的问题，家财网也不例外。在一个大家习惯了享受免费东西的环境下，如何从客户身上，尤其是面向收入不多的工薪阶层时，引导客户形成付费习惯就变得难上加难。再加上课程开发短期内难以形成规模，线上课程的初期市场推广需要一定时间。因此，何剑波坦言，家财网目前还没有实现盈利。对此，他也做了几种探索性的尝试，一是根据用户的需求进行线上和线下的结合，通过互联网推动线下产品的开发与销售，二是家财网的内容优势和其他机构的市场资源形成互补，实现双方利益共享。谈及以后的发展，他坚信，家财网凭借自身的专业知识、师资力量以及教育品牌已经抢占了市场先机，未来发展空间一定是无限的。

# 06　罗旭：百米跨栏中飞奔的举重运动员

你敢把自己重新当作小学生吗？

罗旭，中国企业移动互联网领域的领军人物，移动销售管理工具“纷享销客”创始人兼CEO。你也许无法相信，几年前，他还是互联网行业的门外汉，甚至连“DAU”等基本概念都不知道。因为，他之前一直做的是传统媒体。

罗旭曾任《南方都市报》常务副总裁，后参与《新京报》创业。

2011年，这位资深媒体人以38岁“高龄”纵身一跃，跳下传统媒体这辆“绿皮火车”，坐上了互联网创业的“高铁”。最初转行时，朋友都劝他别瞎搞了，他却把自己当作小学生，从头开始学习互联网行业知识。“认为转行难的人，核心问题是不学习，而是内心恐惧学习！”罗旭说。

纷享科技的创始团队大多是互联网“小白”，但他们迅速研发出了备受欢迎的互联网产品——纷享销客。这款销售管理工具采用类似微博、微信的社会化交互形式，对传统 CRM、OA 进行了颠覆性创新，并且将 CRM 与 OA、手机与 PC 进行了有效融通。支持销售外勤管理、销售过程管理、轻量级 CRM、销售协同等。因其直面中小企业刚需，解决企业实际问题，所以上市后很快就获得了用户的广泛赞誉，并成为微软创投合作项目、IDG 资本投资项目。

纷享科技创立以来一路狂奔，九个月就跑到了行业的前头，不停地融资，大举扩张。2014 年下半年完成 B、C 两轮融资，共计 6000 万美元。公司现有 600 多人，2015 年计划扩至 1500 人。总部在北京，并在上海、广州、深圳、杭州有四家分公司，已有七万多家企业用户。罗旭的创业经历和“纷享销客”产品被新华网、凤凰网等百余家媒体报道。

罗旭幽默地说，媒体对我们的关注，一是因为我们在互联网行业中属于“高龄”创业；二是媒体不明白，这个团队都是媒体人，为什么要跑来做互联网？还有，企业市场一直是慢市场，为什么纷享科技跑得这么快？

借用他的比喻，“我们本来是举重运动员，却突然来跑百米跨栏，还迅速跑到了前面……”

## ◎ 举重运动员为什么要跑百米跨栏

“你要判断你需要什么样的生活。”罗旭大学毕业后去的是中国建筑，这是一家优秀的国企，但他更喜欢报纸的人文、责任和担当。那时想还年轻，还有大把机会，所以就出来了，去了《南方都市报》，后参与《新京报》创业。当时，能做一份有责任、有担当的媒体，是很多人一生中最荣幸的事情。但到了 2011 年，罗旭认为自己想实现的都实现了，他已经没有能力推动这个事情再往前走了。

罗旭决定创业。虽然媒体是他擅长的，但罗旭觉得这个选择的想象力和空间有限，不像做移动互联网，是对整个传统产业的颠覆，有很多新机会，这是他喜欢的。

2011 年，手机玩微博、收发邮件已经非常流行。罗旭想，既然大家在手机上刷微博，为什么不能在手机上做一些工作的交互呢？他在《新京报》负责广告时，在路上的很多时间都浪费了。如何利用好高度碎片化的时间？如何创建在线型和连接型企业？如何做到人人在线，及时交互，以提高整个组织的效率？罗旭知道，这里存在着很大的需求。

就在 2011 年，罗旭从《新京报》辞职开始创业。其实，当时他只是有了对移动办公的初步概念，还没有具体的想法。

但他坚信，创业是实践科学，一定是做出来的，不是想出来的。除了看得足够远的眼光，最重要的就是勇气，能否在一件事情仅仅是起步和萌芽阶段就大胆尝试的勇气。在尝试过程中你自然会找到规律和切入点，一直冥思苦想，等机会成熟时，也就没有机会了。有了一个小米，就很难再复制第二个小米。

于是，作为互联网“小白”的罗旭，重新做起了“小学生”。转行之初，罗旭经常到同行公司里，问很多很初级很幼稚的问题。别人听了都会笑他，说你别搞了，瞎折腾，你连这些常识都不懂。罗旭没有不好意思，反而觉得这样挺好。“现在什么都不懂，不懂搞懂不就行了吗？”

加入微软加速器后，有专门的导师和一系列培训，罗旭和团队能更高效地学习了。加上他们的空杯心态，很快就填入了大量新东西，并在和其他团队的交流中开阔了视野。

进入学习模式的罗旭很痴迷。曾经好几次，晚上做梦他都在想产品，当有关键想法和思路的时候，他会迷迷糊糊地强迫自己起来，打开电脑，把它记下来。否则第二天就会什么都忘了。很多好创意来自梦中。

站在百米跨栏的起跑线上，这位举重运动员充满自信。

## ◎ 举重运动员为何能在百米跨栏中遥遥领先

纷享科技的发展速度快得让很多人觉得不可思议。他们为什么跑得这么快？罗旭觉得主要有以下几点原因：

1. 打井 VS 自来水

移动互联网的核心是通信，纷享销客底层是一个通信软件，它更像微信，在微信的基础上构建了业务，用起来特别方便，这是它与传统办公软件的本质差别。传统厂商只是把 OA 搬到手机上，还是功能型软件，用起来很麻烦。在移动互联网时代，纷享科技就像一家生产手机的公司，传统厂商更像生产 BB 机的公司。把 BB 机搬到移动端来，还是没机会。这是产品理念的区别。

还有商业模式的差别。传统厂家虽然把产品放在手机上了，但还在往企业内部部署，成本和维护费用都很高。纷享科技是纯云的商业模式，在云端做集中服务，技术门槛非常高。企业不需要像以前一样买软件，只需租用。传统软件相当于打井的公司，到你们家去打井，打一口井十万块钱，打完之后公司定期来给井消毒。而纷享科技相当于自来水厂，自己有一块水源地，只要把管线牵到你们家里去，安上水龙头和水表就可以了。用时拧开龙头，不用时关上，非常方便。这种商业模式，是未来的趋势。

2. 痒点 VS 痛点

纷享销客的定位是销售管理，不是全面的移动办公。因为目前中小企业的刚需还不是移动办公，而是销售管理。

起初，很多人觉得移动办公市场很大，做销售管理就切得太窄了，会把市场做小。但罗旭不这样想。互联网重要的是做精、做专、做透，做一个领域，然后横向发展。当微信有500万用户的时候，就是一个小工具；当有5000万用户的时候，就是一个平台；当有5亿用户的时候，微信就是一个生态圈，涵盖了新闻、游戏、娱乐、消费等领域。纷享科技也是如此，积累足够多的用户后，会自然由工具向生态圈转变。

定位很重要。做移动办公过程很漫长，而销售管理软件，针对性强，可以直接和销售经理谈，容易有突破。如同向一个饥渴的人卖水，抓住了顾客的痛点。而卖办公软件如同白天在海南卖棉被，尽管晚上很冷，确实需要棉被，但客户不急。这只是一个痒点，不是痛点。

3. 先把“比基尼”卖给谁

纷享销客有清晰的用户定位：中小企业。所有潜在用户可分为最舒适用户、边缘用户和最难搞定的钻石级客户。纷享销客对20人以下的微型公司是免费的。很多大型国有企业与市场脱节，让他们接受云、移动互联网等比较难。所以，从中小企业做起，是纷享科技最合适的选择。就像最开始有人发明了比基尼，如果到大街上直接推销给女孩子穿，多半会被骂。这时你要说服的不是这些女孩子，而是演艺明星、富家小姐。如果她们觉得时尚、觉得好，后面的人自然就会跟上了。你要找到头羊，中小企业是SAAS的头羊。

4. 找到心中有一团火的人

创业成功率在千分之一到千分之二之间，不是每个人都适合创业。创业的人，应该有一点情怀和梦想，去做一点让自己激动的事，要有很强的能力挑战未知、接受失败。

罗旭找来的人，是真正有梦想的人，是心中有一团火的人。这些人愿意为了这个梦想奋斗三到五年，不计个人得失。当年乔布斯跟可口可乐的市场总监说：“你究竟是想一辈子卖糖水给小姑娘，还是跟我们一起改变世界?”罗旭找创业伙伴时,也会和他们说故事。这故事一定不是飘在天上的,也不是纯物欲化的,它有明晰的商业价值。把商业价值讲清楚,当别人认可相信这件事,他们自然会愿意加入。这些人中包括很多经验丰富的大企业高管,如网易的前副总裁杨斌等。

有时,遇到合适的人,罗旭会花很长时间,甚至一年多的时间“追踪”。这需要极大的耐心和反反复复的沟通。前期建立信任,先交个朋友,然后隔一两个月交流一次。让对方感到这边事业的不断进步,慢慢产生强烈的信赖感,最终在恰当的时候,再邀请他,水到渠成。

创业如同打仗,如果凑一帮乌合之众相比,枪一响就跑了,在创业面临困难时怎么办?纷享科技也面临很多困难,甚至有资金只能支撑一两个月的时候。但没钱时,团队自己掏钱接着干,因为大家认为这件事肯定成,困难只是暂时的。这和仅仅为了物质凑来的乌合之众相比,战斗力完全不同。

5. 市场复制型扩张

纷享科技扩张如此快速,会不会出现凡客扩张时的问题?罗旭对此并不担心。因为他们的扩张,是市场复制型扩张。纷享本质还是很专注地做销售管理,只是在扩展营销网络体系,力争在垂直领域里做到极致,做到让优势更强。以前是一个人在销售,现在有5000人在销售,但是销售的还是同一套东西,因为市场已经验证这套东西有效。在把优势做得足够强后,有秩序地扩张,而不是盲目地什么都卖。

符合时代趋势的商业模式,击中客户痛点的产品,精准的客户定位,有超强战斗力的团队和理智有序的扩张,让纷享销客这位“举重”选手,在百米跨栏中遥遥领先。

## ◎ 70 后创业者的优势

纷享科技创始团队平均年龄 38 岁，都管理过很大的公司，这与 90 后创业者有很大的不同。很多人觉得 70 后创业的主要优势是人脉和资源，果真如此吗？

在罗旭看来，人脉和资源只是一股东风而已，创业的本质归根结底是对用户需求的理解。如果把用户的需求吃透了，人脉和资源会让你的商业倍增加速；如果没把商业吃透，靠人脉把事情做成的概率非常小。人脉甚至会让你产生错觉，以为自己会有很多支持，从而忽视了应该花在用户身上的时间。人脉有时是个坑，很多人都会掉到坑里。

起初，媒体界的朋友听说罗旭要做互联网，都给他泼冷水。这些资源在创业早期并没有发挥作用。除了亲人和至交，当你没有“被利用的价值”时，你的资源就不是资源了。只有当你做到一定程度时，很多资源才可以利用。在纷享科技有一定规模后，媒体界的资源才发挥了作用。所以，不要迷信资源，还是要让自己变得更强大，把事做好，很多资源都会为你所用。

有资源可用时，也要谨慎，比如融资方面。有了团队的努力和微软云加速器的“背书”，纷享科技已成功融资 3 次。但罗旭认为，创业者千万不要迷信融资，资本只是一个助推剂而已，本质还是产品要好。要明确拿钱的目的，不能为了融资而融资。其实，纷享科技不拿钱也可以活得很好。为什么要拿钱呢？因为团队已经把产品想明白了，拿钱是希望把 24 个月这么长的历程缩短到 4 个月。现在的竞争就是速度的竞争，VC 借给你钱，是为了让你快速实现商业模式，把产品做成熟，快速产生规模效应。所以融资不是目的，把产品真正做大做强快速占有市场才是真正的目的。

罗旭说，70 后创业，优势并不在人脉和资源，而在于思想更成熟，在于看问题的角度和深度。他们特别明白自己要做什么，和什么样的人一起做。同时，他们没有太大的经济压力，对事业、金钱看得更透。做事更从容，是 70 后相比 90 后创业者的优势。

# 07 姜斐祚：把科技玩起来

世界就是你笔下的样子。

“创造和分享的乐趣，作为一个观众，你是永远体会不到的，如果你想知道那种滋味。Now，it’s your show time！”

鸦鸦3D打印笔的负责人姜斐祚，一位拥有奇思妙想，并能快速付诸行动的创客少年，一名90后，一个不走寻常路、敢作敢当的追梦人。他不仅自己尽情享受着创造的乐趣，还通过一支神奇的3D打印笔，让每个人都能“在空中画画”，让心中的美好立刻“站”在你面前。

鸦鸦3D打印笔，是一支打破传统绘画方法论的神器，是一支能在最短的时间里让人体验到3D打印的快乐的笔，是世界上最便宜的超入门级3D打印机。它让你笔下的线条飞出纸张，在空气中凝固。打印笔使用的“墨水”，是市面上常见的ABS塑料线材。操作起来相当简单，完全不依赖任何电脑或者软件，只要插上电源，就可以在几分钟后开始画任何你想要的东西。

“神器”的发明者姜斐祚，从小就喜欢捣鼓玩具、长大了喜欢钻研科技小发明，一直有着科技梦、创客梦。高中毕业后就读于澳大利亚Monash大学，曾两次转学换过三个专业，2011年底辍学回国创业。由于父亲是做工厂的，所以姜斐祚很早便开始接触创新硬件，并主要以3D打印机为主。最早还和团队做过路由器的项目。2012年做出Alive-maker WiFi 3D打印机和鸦鸦3D打印笔，成为中国第一支3D打印笔的发明人，并创办了鸦鸦3D打印。

目前，鸦鸦3D打印笔在海外很畅销，一个月外贸能卖几千支，现在已卖出几万支了。“很多公司都是贴钱赚明天的钱，我就只能赚今天的钱，今天少花钱，多赚钱。鸦鸦产品在初期，对我们来说生存还是比较重要的，但我现在给我爸买辆好车没问题了。而且可以和创客们一起玩转科技，享受创造的乐趣，我觉得很幸福!”

### ◎ 听从心声

2010年，姜斐祚飞往墨尔本上大学，读网络安全专业。但没过多久，他就转学心理学。和很多年轻人一样，姜斐祚也在不断探索着自己的兴趣和方向。他根据兴趣选择课程，并且很注重积累社会经验。他去医院做过实习，还利用业余时间去寿司店打工。和很多花钱如流水的“富二代”不同，姜斐祚在澳洲的日子过得并不悠闲。他觉得自己长大了，不想再给父母增加负担。在寿司店工作期间，他勤勤恳恳，在其他学生请假准备考试时，他仍坚持上班。他的努力，让他很快就获得了晋升为店长的资格。这也不失为一种赚钱的方法，但是，这真的就是自己想要的吗?

正在他迷茫纠结的时候，某天心理学课上，老师说：“你们如果发现自己喜欢做的事，就立即行动吧!”“follow your heart（听从你的心声)”、“just do it（行动吧!)”，这些话语如醍醐灌顶，让姜斐祚一下子有了种拨开云雾见青天的感觉。他突然想到了自己热爱的科技梦、创客梦。是啊，受工程师父亲的影响，自己从小就喜欢拆东西，捣鼓各种小玩意，长大了也追着看各种科技展，为什么不听从自己的心声，立即去做自己喜欢的事情呢？他觉得，在国外花这么多钱读书，回国后也许好多年都赚不回当时的学费，还不如回去自己做事，更可以帮助父亲。就这样，这位年轻人果断地做了一个惊人的决定——他要休学回国创业，追寻自己的创客梦!

姜斐祚预料到了家人和朋友的震惊和反对，但是，他的决心很坚定，他的心现在知道自己要什么。2011 年底，他踏上了从墨尔本回国的航班，带着朋友们深深的祝福和隐隐的担忧，毅然地走上了休学回国创业的道路。

## ◎ 中国第一支 3D 打印笔

刚回国时，一切都很艰难。姜斐祚辍学回来，没有学历，很难找到其他方面的支持。当时他还曾靠翻译书赚钱，忙得要死，千字才三四十元。但与此同时，他已经开始着手实践梦想了。

姜斐祚在很短的时间内组建了一个小型的创客团队，只有五个人，但在当时的他看来，“那是配置最健全的一个团队了”。五人各司其职，分别负责底层软件、硬件、外观设计、上层软件和市场。他们最早做的是路由器，但不仅仅是路由器，而是在路由内部集成了高清视频的无线传输以及私有云存储的“超级路由器”。不过，后来因为团队分歧，还不到半年，那款路由器便死在了量产的前一步。

姜斐祚对团队人员的离开感到有些内疚，他经常反思，“是不是我对他不够好？”但这也是他创业过程中必须接受的磨炼。

姜斐祚很快振作了精神，和设计师一起开始做 3D 打印机。希望能在国内做出 3D 打印机并推广。因为当时 3D 打印机在国内还是非常罕见的。各方面条件有限，但他们只能自己摸索，研究了 1 个多星期，他们第一台 3D 打印机“独角兽”终于问世。

后来，有些 3D 打印的爱好者也加入进来。但他们只是喜欢用 3D 打印机打印些东西，对组装和开发 3D 打印机没兴趣。使用过程中，他们经常抱怨 3D 打印机组装费时费力，运输不方便，调试机器麻烦等。客户的需求就是设计者努力的方向。姜斐祚和设计师们很细心地把这些抱怨记在心里，并决心从最简便的傻瓜机开始做。

机会是留给有准备的人的。细心的观察让姜斐祚从一次偶然的小事中获得灵感。这样，最傻瓜的 3D 打印机——鸦鸦 3D 打印笔诞生了。

有一次，他们看到注塑厂的师傅用一根铜棒清理注塑机的料枪，觉得拿铜棒在料枪的枪头处卷废塑料就像缠棉花糖一样，很好玩。于是，他们回来后便拿了一个 3D 打印机的挤出头，不停地挤料来缠着玩。咦，这不也是一种 3D 打印吗？而且是极其方便快速的打印！为什么不把它变成一种便携的打印笔呢？有了灵感后要迅速抓住并付诸实践，于是大家开始寻找各种零配件，进行多方调适。在不懈努力下，这个可以拿在手上、直接模仿人工 3D 打印机的小玩意儿就被这些创客们创造出来了！

研发和生产的过程充满艰辛。为了安全，加热的部分他们采用的是陶瓷加热片。通过计算，他们决定把一片陶瓷掰成八片来用，每片只有指甲那么大，因为掰开后的尺寸组织和电流是最匹配的。当时真的是用手掰，因为那时工厂不会同意做这么小的，虽然现在可以做了。一开始只能自己掰，挺凄惨的，越小的越难掰。他们就这样靠手掰，做了一百支打印笔，并一个多星期就卖完了。

“3D 打印笔，的确是我们非常引以为豪的作品。”姜斐祚说。他很感激那几位陪着他手掰陶瓷片的资深创客，正因为大家的努力，才有了鸦鸦 3D 的今天。鸦鸦 3D 的价值并不仅仅是这支 3D 打印笔，而是创意，是富含在团队所有成员身上的那种精神。

## ◎ 创客到创业

姜斐祚是创客，也是创业者。由自己创造东西玩，到做产品，这个过程很难。最初产品量小，几乎没有工厂愿意帮助生产。

幸运的是，姜斐祚父亲的工厂基本所有注塑的零件都可以做。父亲也非常鼓励他做产品。“爸爸的工厂是我唯一的资源。”父亲在零件生产、供应链等方面都给予了他很大支持。当然，现在姜斐祚的公司也成了父亲工厂的重要客户。

2013 年成立公司后，姜斐祚的生活变得更加繁忙和充实起来。“天天熬夜，熬得都恶心了……这种节奏绝对是拿命换钱啊！”拼命赚钱，希望能给家里交一份好点的成绩单。其实那段时间很痛苦。但他知道，这是他自己的选择。

作为创业者的姜斐祚身兼数职。虽然自己更倾向于专注产品本身，但推广、社交、运输、产业链等方面都要考虑到。姜斐祚还是公司唯一的产品经理。他带领团队充分利用网络自媒体进行宣传，做免费试用活动，还拍摄了视频，请学播音主持的弟弟帮忙配音。姜斐祚觉得自己在推广方面做得还远远不够，他们团队的销售能力也不是很强，所以，他们更多的是靠自己的嗅觉，靠创客的敏锐和创新来寻找蓝海。

去年一年，姜斐祚上半年主要是做产品，下半年则主要是卖货。因为下半年电商渠道购物节比较多，3D 打印笔的礼品属性在购物节中就有凸显，大部分人都是买来送给 geek 作为礼物的。

和国外类似的3D打印笔相比，鸦鸦3D打印笔在价格上有很大的优势，因为他们用的元件是一个设备上的、工业级的东西，整套方案才10块钱，成本低，更容易产品化。

作为创业者，姜斐祚会在各方面考虑成本控制。比如，对花费巨大的国际展会，他们就会鼓动当地的代理商去参加，再送一些打印笔作为补偿。这样就可以省下昂贵的参展费和参展人员的机票钱等。再如，他们会在深圳找一些合作伙伴公司，而不是在深圳设点。他们也很少做外包，因为外包公司很贵，而且基本都是转包。他更相信自己的团队，做得更好，成本更低。

一直单打独斗的鸦鸦打印因为一次大会找到了组织。2013年，央视做了一个3D打印大会，会后创客空间的创始人过来找姜斐祚，他认为鸦鸦3D打印笔的表现力很强，而且不同于其他3D打印机，这个笔的打印速度很快。后来姜斐祚就经常来创客空间，发现和这么多创客在一起很好玩。创客空间里面的企业都非常有特色。能加入创客空间这个大家庭，姜斐祚感觉很幸运。“你要是自己玩的话可能也坚持不了多久，因为很孤独，你玩得好坏没人理你。”

在创客空间，大家不仅资源共享，还可以互相切磋、交流。孵化器带来很多资源，让姜斐祚认识了很多人，有设计师，有开发人员，有供应链上的，也有做推广和做平台的、媒体等。这些人脉对鸦鸦的发展起到了很大的推动作用。虽然鸦鸦的团队主要还在山东，但他们在北京设有一个点，这边有兼职的团队。当创客空间有重要活动时，姜斐祚都会来参加。他经常来北京，甚至还在央美做讲师。

公司初具规模，但姜斐祚并不急于从投资人那里拿钱。“你现在给我钱我也不知道做什么”。“钱是一个副产品，创业整个路上你肯定是要赚钱的，但大家投资还不如自己赚钱来得合适，我就是希望把产品做得好一些，把事做好，不以钱为目的。"

## ◎ 创业路上的小灰暗点

90 后的姜斐祚，虽然擅长技术又善于抓住机会，但公司经营、人情世故等方面还有很多要学。创业路上的小灰暗点，也是迫使他加速成长的点。

姜斐祚是公司名义上的老大，但早期自己花很多时间在外面奔波，和自己很要好的一个创业小伙伴儿却一直跟工人们在一起。后来工人们只认这位伙伴，完全不了解姜斐祚在外面奔波的辛苦。"一山不容二虎"，这种局面的出现让姜斐祚处于很尴尬的位置。最终那个小伙子走的时候，姜斐祚给了他十几万。这教训让姜斐祚在今后，更加认真地考虑与合伙人的关系，找到更适合的合伙人。

姜斐祚觉得，自己人生中的另一败笔，是"处处都是马后炮"。他想做智能冰桶，却发现 Kick Start 上已有智能冰桶项目，Coolest 上线差不多两周，就融了大概 400 万美金。这也许和老外的生活习惯有关。因为他们出门野餐喜欢带着冰桶，冰镇饮料。姜斐祚觉得，自己做 3D 打印笔被 3Doodler 抢先一步，做屏幕被 HDMIPI 抢先一脚，做智能冰桶又被 Coolest 抢得先机。"我瞬间觉得整个人生都不好了。"

当然，总被别人抢先的姜斐祚，其实是中国第一支 3D 打印笔的发明者。只是通过这些教训，他更加注意随时发现需求，抢占先机。比如，爱玩的姜斐祚发现，帮孩子打印玩具是个很大的市场。因为即使卖给孩子们打印机，他们也不一定会使。但如果帮孩子们打印玩具，如积木，设计好原型积木，只需按几个键，就可以自己把积木打印出来，这是很有市场的。迅速满足人们的真实需求最重要，而不在于你打印的东西是否高端。

鸦鸦3D打印笔第二代已经诞生。它们将给喜欢创造的人们带来更多惊喜，帮助更多的人用笔画出自己的世界。

未来，姜斐祚想把渠道都交给京东这样的大电商去做。而他们的团队就好好做内容，比如模板、模型、视频、微电影等更有创意的事情。“3Doodler的片子很有美感很棒，我也想做这样的片子。”他相信，会有更多的人参与到3D打印中来，他也知道辍学回来“just do it”是对的，因为自己创客梦想正在一步步实现。

“不管结果如何，我和我的伙伴们会始终保持着一颗创客之心来做事，不管是产品、营销、推广或者其他事情，我们都不想走前人走过的路。创客，关键在于把科技玩起来。”

## 08 姜小凡：来自云端的礼物

这是利国利民的事情，不能留退路。

"我不满意，我不想等待，我也不再推诿，我要站出来做点什么。我要做的事，就在此时，就在此刻，就在此地，就在此生。"这是柴静在纪录片《穹顶之下》结尾的深情表白。如果说这部纪录片启蒙了公众对雾霾的认知，唤醒了大家的环保意识，那么，姜小凡创办的小云科技，就正在"站出来做点什么"。

姜小凡，美国加州大学伯克利分校博士。曾任 Intel 物联技术研究院首席构架师，Intel 研究院的主任研究员。读书期间开始接触物联网，做了一些无线传感器网络和楼宇能源监测及管理的项目，读博期间还创办了能源控制公司。毕业后加入了微软亚洲研究院，主要研究移动互联网、利用物联网和大数据手段做空气质量检测等。

2014 年 4 月，姜小凡带领团队创办了小云科技，他们的主要产品 ATLAS 和 Mini ATLAS 是便携式可联网空气质量检测设备。放在家里或者办公室内等固定位置即可检测周围的 PM 2.5 指数，并能实时显示云服务器上测得并校准的数据，帮您轻松掌握身边更为精确的空气质量指数。

小云科技基于后台物联网云计算技术、结合廉价传感器组成的新型空气监测和分析系统，实时监测空气质量。2014 年底，小云科技已经在北京铺设了几千个空气监测点，未来在京津冀地区还会增加几万个点的部署。这些大数据信息将为政府、企业有效治理雾霾提供重要依据。

### ◎ 1 +1 >3

作为一个技术控，姜小凡喜欢做学术研究，所以毕业后曾在 Intel 物联技术研究院任首席架构师。能在顶级研究院做自己喜欢的工作，并且有稳定的高收入，这应该是很多人的理想了。但作为一个有野心的人，他不知足。“如果现在就可以预见未来 20 年的生活，那还有什么意思？我希望自己的研究成果可以被广泛使用，并且能够解决实际问题。如果仅仅发表几篇论文，影响力会有多大?”不甘于只发论文的姜小凡，在获得太太的支持后，放弃高薪工作，开始了每个月工资不定的创业生涯。

作为一个有野心的技术控，姜小凡带领团队很好地做到了学术和技术科研与解决实际问题相结合。小云科技虽然在做产品，但还是花了很多时间做下一步新技术的研究。姜小凡不久前又在国际顶级学术期刊上发表了论文，并刚从在美国召开的 Sensys 计算机界顶级会议回来。小云科技的员工中也有一部分以学术研究为主，很多人都有非常强的学术背景，不光能写代码，也能做研究。他们的研究并非纸上谈兵，而是用小云科技产品监测到的数据做别人做不了的研究。他们现有的数据是全世界密度最高的，研发的产品和分析技术都是国际领先的，这样就形成了良性循环。做学术，也做技术。当学术和技术结合去解决实际问题，就会实现 1 +1 >3 的效果。

## ◎“我相信这个人”

小云的诞生，离不开原物研院姜小凡带领的整个团队的支持。大家都非常看好空气监测仪这个项目，也非常看好姜小凡这个人，后来整个团队一起和姜小凡出来做小云科技，自始至终团结在一起。原来在物研院做行政的 Yuki，是现在小云科技的营运总监。问她为什么要加入这个创业团队，她说原因很简单：“从技术上我完全不能评估这个项目能否成功，但我相信姜小凡这个人。”看似随意的决定来自于她细心的观察。与姜小凡一起共事的时候，姜小凡的团队总能及时高效地完成任务，团队氛围很好，小凡本人又非常谦和有礼，这些都是 Yuki 加入小云的原因。

在采访中，Yuki 的话很少，多数时候都安静地坐在那儿，淡淡地笑看着说话的人，内敛而随和。但当久在美国生活的姜小凡为某个汉语词纠结时，Yuki 总能及时接上。如果没有对同伴的深刻了解，怎么能准确捕捉到对方想说的内容？不论是女人天生的敏感细心，还是后期的磨合培养，这样的伙伴，都是很多人梦寐以求的吧。

## ◎ 卖房子也要创业

另一位团队梦寐以求的伙伴，是李岩，现任小云科技 CEO。

看起来很年轻的他是团队中唯一的 70 后，前期一直做电子半导体行业，有着 15 年的市场运营经验，曾为中国最大电子半导体产品代理公司服务，懂战略，善实战。他加入这个团队，除了因为野心，更重要的是，“要卖自己的东西”。过去许多年，他一直跟原厂做市场策划，成功策划过许多产品，但都不是“自己的孩子”，这是他一直遗憾的地方。当他关注到当时还在物研院孵化的空气检测项目时，觉得“机会终于来了”。起初小云团队几乎都是研发人员，而产品需要与市场挂钩，自己的工作经历能够与技术人员的优势很好地结合。于是，在“喝了很多次咖啡后”，李岩加入小云创业团队，义无反顾。

对比其他成员，李岩不仅有稳定的工作，还有需要负责的家庭。但他却说“即使卖房子也要把这个事业做下去”。这是利国利民的事情，不能留退路，必须相信这个事业一定能做好。

20 世纪最伟大的灵性导师克里希那穆提曾说，“人们的恐惧并不是来源于未知，而是来源于对已拥有的失去”。李岩的勇气，让人肃然起敬。他的那句“变卖房子也要创业”，极大地鼓舞了整个团队，也给了姜小凡创业“最后的推力”。

## ◎“小云”的宠爱与希望

小云科技在成立初期获得了北京市政府、北京市海淀区和中关村管委会大力支持和帮助。政府立项推进这个项目，很多企业家也对公司十分关注。中海投提供了很多机会，如展会、政府资源等，还给予房租优惠，发展中遇到的问题，都会得到中海投的帮助。

中关村梦想实验室为小云的发展提供了重要的养分补给。在这里，一同创业的兄弟企业紧密沟通，互相启发。小云就曾经在“创客 48 小时”的活动中与兄弟企业碰撞出火花。在 200 多人参加的活动中，作为提供场地的主办方之一，小云仅提供了一个数据接口，就有人在此基础上开发出“空气表情”、“空气宠物”等 APP 小游戏。小云团队受到很多启发。原来，为空气做事，不仅十分必要，还可以十分有趣。

入驻中关村梦想实验室后，员工上班更近，在附近安装监测设备也更方便了，还可以充分利用周边丰富的高校人才资源。自身技术的核心竞争力，辅以良好的孵化环境，小云在孵化之初就得到了天使的垂青。现已完成产品批量生产、技术产品化改进，并组建了“五脏俱全”的团队，十八罗汉聚齐。目前团队正把市场提高到一个新的台阶，在产品功能和行业方面也会有所调整，小云正处在一个新阶段的关键时刻。

可以说，“小云”是个幸运的孩子，在出生之后得到了各方面的关爱。但天下没有“完美的父母”，中国目前整体创业环境对创业者非常有利，但仍有可以改进的地方。

姜小凡在美国待了16年，在美国也创办过公司。对比国内外的创业环境，他觉得在美国创业是比较简单的。当时他一边读博一边与导师和师兄弟做了一个小公司，一天就完成了注册，当天就可以开始工作。来到北京后，发现目前国内的启动过程相对还是很慢，有很多手续。在美国找风险投资也很方便，每个月学校里都会有顶级的VC来听创业者演讲，只要你有技术，尤其是再加上一个商学院的学生，就很容易被投资人选中，而中国这边找VC还是有比较长的磨合过程。此外，国内现在有些扶植创新创业企业的政策很难真正落实。比如，对创业企业的资金扶植要求企业有至少三年的经营资历，这是最需要钱的初创企业不可能达到的要求。

父母，总是在养育孩子的过程中学习如何爱。孩子，总是在爱与挑战中成长。

## ◎“小云”的成长计划

小云有明确的发展规划：先做政府和行业市场，然后做个人市场，后期做便携式设备。

净化空气首先要改善大环境，这需要国家和行业的支持。治理的前提是精准的监测，但国家现有的40个监测点远远不够。“我们希望做到每几百米或每个红灯处都有监测。”有了这样的密度后，就可以知道中关村哪几栋楼会产生PM 2.5，工业区里有哪些工业会产生PM 2.5，甚至知道炒菜是不是真的会产生PM 2.5。如果在北京有3000个监测点，就可以看到PM 2.5的热点变化图，从而发现问题并找出根源。例如，APEC会议前几天，北京空气本来非常好，但是某天PM 2.5突然上升到500！于是，姜小凡他们就真的开车过去看这个高点是怎么形成的。他们发现，是因为有工地在APEC会议前抢着施工。这种监测能够获得很多国家完全检测不到的信息，如扬尘的影响、风的作用等。

“我们把一个看似不起眼的‘铁盒子’装在到处可见的监视器上，就能从原本监视交通情况的监视器处获得监视区域的环境情况。如果发现污染现象，小云‘铁盒子’就能立即反应、留下画面数据并实时发送至云平台或者相关环保监督部门。比如餐饮企业未经处理直接向大气排放或者渣土车运送砂石料未遮盖造成空气污染等，这些现象都会被检测到。”李岩说。

小云研发的微环境监测设备能为改善空气提供重要依据，成本却仅为动辄几万、几十万元的进口监测设备的十分之一。

监测是空气治理的第一步。通过对大数据的分析，小云科技不只在做精度监测，他们真正要做的是找到污染源和污染物的漂移内容，找出到底哪些通道能够解决雾霾，明确到底哪些方法可以控制住扬尘，弄清如何用行政和其他可控手段解决问题。这些很有效的应用，是他们正在为空气做的。

与很多企业通常的发展思路不一样，小云科技并没有一上来就把盈利作为首要目标，他们先做量的积累。小云通过第一阶段与政府合作，已经完成了部分数据采集，这也是通过数据分析提供解决方案这项核心技术的重要前提。这个阶段，他们走了很长的路，已经完成了北京几千个点的铺设，未来在京津冀地区还会增加几万个点的部署。

量变到质变的过程非常难，能闯过来十分不易。李岩说，作为技术创业团队，他们并不想太商业化。企业是要赚钱，但是在做好技术的前提下，“钱用少一点，事做实一点”。现在，走完第一阶段的小云终于站在了第二个发展阶段的转折点，实现商业化并且盈利的关键节点：与企业合作。

站在这个新台阶上，小云面对着拓展市场的诸多挑战。不再是单一化的政府需求，这对产品功能、市场反应速度、成本控制等多方面都提出了新的要求。好在她已羽翼渐丰，不论在人才储备上，还是微环境改善的市场定位方面，甚至是详细的拓展方案及执行上都已经在有条不紊地进行着。未来，他们依然最欢迎天使投资，也希望对创新创业企业的扶植政策能真正落实，来自 VC、PE 等渠道的投资他们也会考虑。

当然会有竞争，但姜小凡等人并不为此担心。“与其担心被模仿，不如跑快点”。“所有的核心技术至少领先竞争对手半年”，经常参加顶级学术会议的姜小凡说。“我们的技术不仅是与国外同步，而且在国际上领先”。所有核心内容，对外公布的时候，他们不仅已经做了，而且已经领先竞争对手半年了。

治理雾霾是一项涉及方方面面的综合工作，庞大而复杂。京东上许多空气净化器还在脱销，淘宝上 3M 口罩也许还会涨价。治霾之路也许还很长，不过我们看到了希望。因为，政府在修订《大气污染防治法》；因为，越来越多的人不再等待推诿，而是“站出来做点什么”；因为，在中关村梦想实验室里，有人在努力把最前沿的科技用来解决我们每日的呼吸问题，有人宁愿变卖房子也要为蓝天事业奋斗到底。

“小云”，一个简单而亲切的名字，她的由来不仅因为公司的核心技术在云端，也是因为姜小凡的太太叫小云。姜小凡说，这是他送给太太的一份礼物。小云科技，也是送给每个渴望蓝天的人的一份大礼。

# 09　骆轶航：世界科技创新沟通桥梁的搭建者

有品好玩的科技，一切与你相关。

说起老北京胡同的四合院，大到紫禁城、中到恭王府、小到寻常百姓家，强烈的人文气息充斥着我们的大脑。说起科技创新创业，沸沸扬扬、热火朝天的"总理现身之处"——中关村创业大街必先浮入眼前。而让人文情怀渗入科技，让科技气息丰富人文，我想也就是选择在四合院安身立命的 Pingwest 品玩吧。

Pingwest 品玩是一家以有趣、通俗、易懂的语言讲述中西现代科技创新的网站。用幽默的文风来讲述科技，在中国也算是史无前例。其丰富独创的内容吸引了越来越多的读者，并逐渐向多元化发展。

骆轶航，那个创办了 Pingwest 品玩的 80 后男生，现人称托马斯骆，毕业于清华大学人文学院实验班，后在美国硅谷《环球企业家》、《第一财经》工作。也就是在那时，

他突发奇想，加之天时地利人和，创办了 Pingwest 品玩网。经过坎坎坷坷后，托马斯骆成为中美乃至世界之间的科技信息和科技创新沟通的桥梁和介质，帮助中国的科技创业公司走向世界。托马斯骆在逐步实现他的人生理想的同时，也为现在的创业者们提供了宝贵经验。

### ◎ 清华传统奠定基调

骆轶航高中毕业后顺利考入了清华大学人文学院。刚入学时是在中文系，后来因为成绩优异，被选拔到实验班。所谓实验班，还要追溯到 1920 年到 1930 年。当时清华有一个传统，要求学生古今贯通，中西贯通。恰逢清华大学要复兴这个传统的时期，所以当时就创办了这个实验班，由中国语言文学文化与西方语言文学文化联姻而成，希望能够培养出一些在视野上、格局上同时有中国和西方文学和文化素养的人才。虽然这个实验班本身不是很成功，到现在已经停办，但是在实验班的学习经历开拓了骆轶航的视野，让他能够用不同的视角去看待太平洋两岸的科技创新，为他创建品玩网奠定了基础。

### ◎ 硅谷实践火花闪现

清华大学毕业后，骆轶航先在国内一些大公司做了三年左右的公关，后来到美国硅谷开始做媒体。先是在《环球企业家杂志》，然后在《第一财经》，也就是这份工作让他有了建立这个平台的想法。起初是想有一个英文的站点，提供中国第一手的资讯，为海外的投资人、创业者、潜在客户提供信息，所以起名为“Pingeast”。实践之后发现这个事情是拧巴的，因为人在美国，母语是中文，却要用非母语来写远在千里之外“母语”的事情——拧巴，实在是拧巴。当机立断，又拧巴了回来，将国外的科技信息写给中国人看，所以改为“Pingwest”。

可见作为创业者的探路者都要经历不断调整、改进的过程。这也成为 Pingwest 的企业文化，就是鼓励大家不断地去尝试，不断地试错、改错，把很多想法快速落地。

## ◎ Pingwest 的建立

仅仅有一个想法还是远远不够的，还要有天时地利人和，Pingwest 的建立正是如此。

那是一个特殊的时间段，在 2011 年、2012 年中国掀起了硅谷热潮，国内互联网创业投资圈情绪高涨。当时骆轶航恰在美国硅谷工作，每次回国都会有很多人让他分享国外的所见所闻，这让他有了一种很强烈的感觉——应该做点儿啥。于是他决定把硅谷的科技创新创业传播到中国，这样既满足了国内的需求，而且事情本身也很有趣。

除了天时地利外，人和也是至关重要的。Pingwest 的创始人除了骆轶航外，还有“四大天王”——罗卫、赵舒、王天明、刘伟。

刘伟的加入是他们共同的朋友举荐的。当时北京这边需要负责人来做整个运营，就找到了刘伟。刘伟一看，觉得这件事能做成，就加入了。赵舒和骆轶航因为工作关系，相识于美国，并成为很好的朋友。她之所以加入，是因为赵舒的职业标签就是中美、科技、互联网、市场，她的这个职位像是为她量身制作的，所以她非常愿意加入到这个队伍中。而王天明和骆轶航很早就认识，这位资深工程师的加入原因很简单，就是不想在大公司干了，想选择技术比较开放的公司。

虽然这几个人长相多元，性格不一，喜好各异，加入团队的原因看似也是各不相同，但是他们对于新鲜事物的好奇心、对这件事情的坚信不疑使他们凑到一起。骆轶航更幽默地说：“我后来才发现，原来这波人都比我相信这件事，我是一开始最不相信这件事的。”而且他们思维方式是非常一致的，比如一天早上骆铁航发现雅虎北京研发中心裁员，想马上做一个招聘专题页面，当在办公室跟别人讲这件事时，发现刘伟已在群里吼上了，他们可是完全没有打过招呼的。

### ◎ 从创新谷到山水间

入驻孵化器对于初创业的互联网公司来讲，无疑是最好的选择。品玩网之所以一开始选择入住厚德创新谷，除了厚德创新谷创始人也是清华背景外，还有一个很简单的原因，就是想找一个便宜点儿的办公场所，当时厚德也是刚刚成立，所以更优惠一些。在入驻孵化器后，它不仅提供了场地，更是提供了一些资源。而且厚德一个很大的特点是他们不会要求你做任何事情，只是在你决定要做一件事情后，想方设法支持你，往你这边添一把柴火。例如，品玩网跟另外一个机构合作关于智能城市创业大赛的商业项目，厚德那边马上就输送了很多相关的资源。这对于一个初创业的公司来讲，真可谓是雪中送炭。

随着公司的不断扩大，选择自己的办公场地已是必然。可是骆铁航并没有选择“high 起”的中关村创业大街，而是别出心裁地来到了这个四合院中，并不是一时的头脑发热，也不是为了追求个性，而是经过了一番深思熟虑后的最终决定，下面听听骆铁航自己的见解：“毫无疑问，大家太喜欢四合院了，准确的说是我自己太喜欢这儿了。”当租一个四合院作为办公地点的念头从大脑沟壑的夹缝里蹦出来之后，整个核心管理团队都 high 了。甚至有一个美籍员工，觉得在四合院办公实现了他一个“中国梦”。

### ◎ Pingwest 的未来

在谈到未来发展方向的时候，骆铁航更是信心满满，想法多多，侃侃而谈。

他认为，科技本身将是生活方式和价值观的一部分，而且是最好的一部分，它总是能帮助人们通向一个更自由、便捷和快乐的生活方式，这是网站最想传递的东西。当你需要去连接科技和消费方式、生活方式的时候，你一定会做出很多更新的尝试，会有很多更好玩的东西出来，不仅是文章。

而且“媒体不一定只有你自己掌控这个平台才是一个媒体，你在别人的平台上也能成为一个独立的板块”。因此，Pingwest 慢慢地会往里边灌各种各样的东西，如图片、视频、音频等。现在在喜马拉雅上专门有一个音频频道，以后在优酷上也会有一个单独的频道，专门放自己的内容。而且不会像一般运营社交媒体仅仅依靠微博和微信，Pingwest 会做得更疯狂一点，会在 in、nice 这种图片频道上也做自己的板块。

品玩网将会推出一个叫品玩实验室的项目，致力于怎么跟传统的行业合作，召集一些科技达人做一些更好玩的事情。比如去征集聪明的房子，让智能家居帮助你解决生活中的一些问题，或者改善你生活中的一些方面。比如在人不在家的时候怎么收快递，早上一起床就想先喝一杯咖啡，有没有机器能帮我做好。

## ◎ 骆轶航谈创业

1. 信托

“对于创业来讲，就不能像打工时那样想干就干、不想干就不干，因为背后有信托机制推动着你，支撑着你走下去。这个信托是三方面的信托：第一个信托是你对股东的信托，要让别人看到事情是继续发展的，不是看到这件事情做着做着就没了，而且好的声誉会给你带来越来越多的回报。第二个信托就是对员工的信托，虽然这些人不是没有我就找不到工作，甚至很多人能找到更好的机会，但问题是员工相信这件事，相信我本身，所以要对他们负责。第三个信托实际上是你的受众，就是一个内容读着读着突然没了，这个事不太好。”

2. 如何克服困难

“我印象最深刻的是招不到人或者人员流失的时候。在 2013 年 10 月份到 12 月份有一个比较难的阶段，当时内容总监走了，而我管理内容的风格给很多人很大的压力，所以很多人就走了，新的人员又没法很快招进来，招人的压力很大。后来我发现了几点招人的窍门：第一个就是招人从粉丝里边招，本身他就是你的用户，沟通起来成本相对比较低；第二个特别重要，就是招人的时候要讲故事，要用大的一个长远的规划和你的人格魅力去打动他；第三个就是答应别人的事做到，别忽悠人家。”

3. 对创业者的建议

“现在全国上下掀起了创业高潮，但不乏很多人可能就是为了创业而创业，每天奔波于找投资人，找点子等，一年可能换八个方向。对于这些人，我对他们没什么建议——赶快回家歇着去吧。创业的前提首先是要相信一件事，要相信这件事本身能成，要自己的基础素质和技能与这件事相差的都不太远才靠谱。”

## 10　邵立、商仁震：用数据说爱

体育数据不只是数字，更是一种表达方式。

邵立和商仁震都是中国最早的移动互联网开发弄潮儿，曾分别担任高级研发经理和资深架构师。二人共同开发了多款 Android 早期热门应用，领导过新一代大数据处理精准营销 DMP 从选型到实现的相关工作，他们对大数据环境下的数据建模与执行、结构化与非结构化数据的融合与价值挖掘、整体工程化都有一定认识。两人在 AdMaster 主导研发的移动互联网营销数据监测 SDK（MMA SDK），已经变成移动营销行业标准，在全国范围内推行。他们也是第一批比特币爱好者，业余时间参与互联网创业多年。

除了工作，生活中二人也是好友。对技术和数据分析的热爱使他们成为最好的合作伙伴。2013 年的一次饭后闲聊，使他们决心走出舒适区，放弃公司内部创业的机会，毅然走上了自主创业的道路。

“就是很想尝试一下自己主导的创业。”两人决心通过分析历史数据和球员能力等，为客户提供体育彩票方面的服务，让买彩票不再是缴智商税，而成为一项不错的长期投资。他们的目标不仅仅是赚钱，更是释放体育数据的力量。

2014 年 7 月，二人参加了天使汇 100x 活动并成功突围。获得投资后，他们迅速组建团队，在紧张和期待中，河马体育诞生了。

目前国内做体育数据分析的还很少，专注于数据的分析和预测的河马体育优势明显。未来，他们希望有机会改进 CBA 以及我国体育项目的基础数据采集、分析方法，使其更专业化。河马体育，会更好地推广以数据说话的思维方式，将体育数据的力量释放得更完美。

## ◎ 躺出来的代码

2013 年 3 月，邵立和商仁震饭后的一次闲聊，迸发出了一个利用统计学习的方法论来预测篮球赛事，并以互联网彩票为载体而盈利的想法。其实两人都不是篮球迷，而是足球迷，以前基本不看篮球。但是他们发现篮球的数据是最全面的，数据的准确性也高，而足球的数据太乱。早在这个想法之前，这对相识已久的双核组合就对技术和数据挖掘方面有深厚的兴趣，曾经基于中国足球球员的新浪微博数据挖掘分析，挖出许多不为人知的秘密，后来被足坛反腐风暴的结果所印证。

和“晚上想来千条路，早上起来走原路”一族不同，邵立和商仁震都有着极强的行动力。“有了想法就立即实现的习惯”，让两人迅速调整了精神状态，兵分两路全力向着他们的新目标奔跑。邵立着手建模算法工作，商仁震则负责系统搭建。两台银色笔记本成了他们形影不离的好伙伴。为了在下一个 NBA 赛季之前把东西做出来，两人几乎是没日没夜地工作着。在最后联调的一个周末，两人在一个茶馆里调试系统，突然商仁震对邵立说：“我坐着时好像屁股有点疼”。大家也没有理会这事，到了深夜，商仁震实在受不了了，只能躺在长椅上写代码，后来被确诊为腰椎间盘突出，得躺一个月。为了不影响进度，商仁震网购了一个躺着也能写代码的装置。后来那段代码被大家称为“躺出来的代码”。

在那段日子里，邵立也正好为结婚装修房子，经常只能坐在工地上和工人一起开工，他对此自嘲“真正体验了一把 IT 民工”。经过两人两个多月没日没夜的辛勤劳作，一个以美职篮 NBA 为突破点的最小核心模型终于完成。在模型回测性能的日子里，模型的误差和回报率成了他们唯一追求的目标。他们会为一个新的思路不生效而难过一下午，也会为一个 bug 引起的指标大跃进而白开心半天。

新赛季开始的前一天，两人根据系统的预测分析，合买了第一张体育彩票，金额不大，却对两人来说有着很大的意义。那天，很幸运，他们猜中了。

也许，当他们通过“躺出来的代码”猜中第一张彩票时，他们想到了后来河马团队十分受用的一句话：“你在夜里独自工作，反复思考你所设计和制造的东西，为之花费的每一分钟都是值得的。我敢肯定地告诉你，你的付出是值得的。”

## ◎ 情感震颤之际

在第一个月里，模型表现非常可靠，但是邵立和商仁震却知道，赚钱不是他们的唯一目的，释放体育数据的力量才是。他们打算垂直深耕于体育数据领域，用数据表达他们对体育的爱。

当时二人所在的公司做广告监测，公司老板也鼓励内部创业。但商仁震不甘心，“就是很想尝试一下自己主导的创业。”虽然是拿自己的真金白银去尝试，虽然开始时很紧张，但他知道，一定要尝试一下。

2013 年 12 月，两人脱下在互联网公司光鲜亮丽的外衣，离职单干，低调地蜗居在一个迷你办公室里，模型在体育彩票上的收益回报就是生活费。虽然有点踉踉跄跄，但也算是起步了。他们此时更加关注统计分析的精确度和实时性，脚踏实地地一步步前进。当然，他们也曾幻想有一天能像 NBA 的数据分析师一样，为 CBA 俱乐部做分析。当时看到一则姚明 CBA 的数据不完整的新闻，他们也能高兴好一阵子。

然而好景不长，次年一月，寒风瑟瑟，收益有了很大的回撤。辞职了没收入，唯一经济来源又有了波动，“模型到底行不行”的想法回荡在这间 9 平方米的办公室里。想过是不是建模的问题，也想过是不是系统逻辑问题，却不曾想过放弃。他们相互打气，坚持风控纪律，坚持量化交易，最终坚持了下来并收复失地，改进了模型的性能，收获了购彩经验，得到了一笔可观的收益。

卡瓦菲斯说，情感震颤之际，只要倾听，毋需如懦夫般哀求怨叹。邵立和商仁震有过怀疑，却始终互相鼓励。他们想尽各种方法解决问题，却从没有想过放弃，因为他们敢于聆听自己的恐惧，知道困难总会过去。正是因为有了这样的团队，这样的信念，才有了后来的河马体育。

2014 年 4 月，NBA 常规赛结束了，这笔可观的收益足以让他们休息多年，但他们却没有停下脚步，继续将这台被他们称为“赚钱机器”的系统高度工程化。同年 7 月，他们从上海赶往北京参加了天使汇 100x 活动并成功突围。当天有十几个投资人面试，当晚就确定了投资意见书。刚签订完投资协议的两人异常兴奋，那是晚上 11 点，从天使汇的办公楼到酒店有 7 公里多的路程，两人一边步行一边畅想，也许是为了不破坏气氛，没人提出要打车，就这么凭感觉走回酒店，不知绕了多少路。一路的畅想让他们更坚信，这种力量可以应用在更多的场景之下。回到上海，他们迅速搭建起团队，取了彩票合买的谐音：“河马体育”，作为自己的第一个产品的名称。

## ◎ 释放体育数据的力量

受到天使汇投资人的认可，两人异常兴奋，这不仅是因为得到了投资，更是因为得到这些重量级投资人的认可，是对河马体育这个新颖的项目和独特领域的认可，是对他们团队及之前数据分析经验的认可。

成功突围进入天使汇的河马体育终于找到了组织。虽然河马体育团队在上海，和在北京天使汇里的团队多是网上交流，但这还是让"相依为命"的邵立和商仁震没有了孤独感，并学到了很多东西。另外，天使汇也提供了很多媒体资源，如在中关村放了一块大屏幕，河马体育可以在上面投放宣传海报。这种宣传对提高浏览量很有帮助。在投资方面，天使汇帮助团队找到了投资人，并且天使汇本身也投了一部分钱。

有了孵化器的帮助，两人的创业步伐更快了。2014 年 10 月，河马体育正式上线，提供体育数据分析可视化和体育彩票推荐，同时提升了模型的自由度并公开在互联网上。也许是工程师痕迹太深，产品起初并没有得到很多网民的关注。同时他们也发现，彩民的购彩思路和他们之前想用技术统计数据来预测体育彩票的想法相差甚远。彩民购买彩票并不是为了长期获利，更多的是一种放大快乐和痛苦的手段。

随着时间不断流逝，如何推广"以数据说话的思维方式"成为摆在邵立和商仁震面前的难题。两人本身是工程师，对于互联网的推广并不在行。但自主创业就是突破自己的好机会，在当今这个酒香也怕巷子深的互联网时代，必须走出自己的舒适区，是时候主动出击了！于是，他们做了产品视频，打印产品二维码和吉祥物，并借助微信公众服务平台，将整套服务搬上了移动设备，同时建立了客服团队，在 QQ 和微信上与彩民实时交流，不断普及用数据说话的思维方式。再加上天使汇大屏幕上的宣传，河马体育的流量开始不断提高。

随着流量不断上升，彩票的回报率越来越高，但河马团队并没有放慢脚步，他们坚信这不是顶峰，于 2015 年 1 月推出了实时比赛预测服务，并推送每天的比赛可视化报告，他们坚信在快速迭代和精益创业的理念下，能够将体育数据的力量释放得更完美。

目前，体育数据分析在国内还很少。邵立和商仁震参加过一次CBA的统计师培训，发现国内只有六家俱乐部有自己专门的统计师。而且很多俱乐部只提供基础数据，对数据的分析还很少，河马体育专注于数据的分析和预测，有很强的优势。在这个领域，大家都在摸着石头过河，只有快速灵活应变，才能在不断摸索的过程中前进。

未来，邵立和商仁震想把这套方法论运用到CBA比赛之中。国内职业体育俱乐部在如何使用数据上还停留在表面，对基础数据的采集和重视程度与国外有较大差距。众所周知，NBA对数据的重视程度非常之高，如运用STATS SportsVU来采集动态数据等。邵立和商仁震希望有机会改进CBA以及我国体育项目的基础数据采集、分析方法，使其更专业化。正如互联网广告界就有第三方独立的数据监测方，监测各项广告数据、协调广告主、广告平台，运用数据的力量规范整个生态环境，体育数据可挖掘的潜力同样非常巨大。

从饭后闲聊时的一个想法，到成立一家公司，这背后是“一定要尝试自己主导创业”的决心，是无数个日夜躺在床上写代码的孤军奋战，是不被一时输赢干扰的平静，是理性分析下对体育的热爱，“享受创业过程，随变化进步。”

河马体育，用数据说出你的爱。

# 11 黄自力：沉淀之美

有条不紊的创业之路。

成都贝思达光电科技有限公司位于成都市高新区，主要从事高新技术产品开发、生产、销售与服务，以及科技成果的推广应用，在光、机、电等方面具有较强的研究、开发和生产实力。黄自立作为贝思达的创始人，工作时间已经超过30年，在国家单位和外企分别工作了十几年。在工作中，黄自立积累了丰富的技术、产品、市场及人脉资源，然后刚好碰到一个好的机会，就出来创业了。

## ◎ 顺势而为的“创业之道”

黄自立之所以选择创业，主要因为他发现，当前在中国的大部分外资企业会进行比较大的调整，这一过程中会有比较好的机会。黄自立在富士通工作时，负责管理集成电路中国区市场，富士通作为一家日企，受日本经济发展停滞影响，最近几年公司经营发展受阻，已经开始调整，主要就是把有些盈利能力较差、技术落后的产品淘汰掉，对公司进行重组，但实际上日本企业有很多技术确实是领先国内很多的，正是因为有这种重组的机会，黄自立才有机会寻找一下自己的方向。

正好在这个时候，黄自立遇到了一个好的项目，很看好项目前景和团队，就加入创业的大军了。黄自立认为年纪大的人去创业，会对各种条件去评估，创业的决定比较成熟；年轻人创业有一种冲动，或者说是冲劲，会去试验做比较新颖的东西，这其实是创业的两个方向，都有成功的可能性。

黄自立认为在外企工作过的人会养成一种习惯，“做事情可能比较实在，比较认真”，他本人在日企的工作经历就让他养成了“做事情认真，做什么事情都一板一眼”的习惯，这种习惯在他创业的过程当中对他还是有帮助的，比如他们现在做产品肯定要做最好的，从电路原理等的设计，一直到外观与包装，甚至今后客户怎么使用，怎么服务，这些方面他都会想得比较深入一点，每个细节都会考虑到。

## ◎ 三位一体的“智能眼镜”

黄自立是通信专业出身，一直从事集成电路方面的工作，目前专注于“智能眼镜”项目。智能眼镜的范围很大，前三年开始火热起来，从谷歌开始推出智能眼镜以后，整个市场的热度一直到今年还没有减退。

谷歌推出的智能眼镜称为“增强现实”，英文简称“Eaze”。Eaze眼镜利用谷歌在云端上的一些内容优势，联网到谷歌的网站，然后通过它的一个小反射镜，把你想要的内容投射到眼睛可以看到的地方。

另外一种应用是可以通过互联网做3D虚拟社区，把全球各地连在一个网站上，把各地的情况进行分享，中间可能会有一些在应用软件上做的很多虚拟的东西，这个叫“虚拟现实”。

黄自立将自己做的项目定义为“智能眼镜”。因为不管是“增强现实”，还是“虚拟现实”，都存在自身缺陷。前者透射式眼镜的缺点是屏幕很小，因为它把内容反射到眼角那部分，用眼睛去瞄，屏幕很小清晰度就不会很高，所以佩戴者只能看一些文字，或者一些简单的图片；后者的缺点是整个头罩戴起来比较笨重，并且它的视角比较宽，可以看到 110 度左右，人的眼睛正常视角是 45 度左右，人们平时把头转来转去可能能看到 100 度，但人们在头罩里不能转头，眼镜一戴上去，就用计算机模拟人们转头，在技术还没进步到一定程度的条件下，人们容易觉得头晕，许多人戴五分钟头就晕了。

针对上述两种缺点，黄自立做的智能眼镜有三大部分：一是微型显示器。在眼镜里头装一个显示器，可以呈现现实图像，而且是高清的。目前，全球能做微型显示器的只有几家公司。

二是微型光学系统。显示器上要有一个光学系统，就是把它放大成你眼镜一戴上去就感觉你在看 60 寸电视一样那么大的，类似于望远镜，实际上它的光学系统要复杂得多。后来他们设计的光学系统可以不用玻璃的，可以用塑料来做，而且是可以调近视眼的，不同的人戴上去只要旋钮旋一下调到最清晰就可以了，这方面黄自立团队已经获得多项专利。

三是控制电路。黄自立对电路很熟悉，就把电路加进去，做成显示、光学和电路一体化。黄自立想把这款“智能眼镜”做成一体化体积最小、成本最低，并且能配给任何做眼镜的东西。

## ◎ 便携式的 3D 显示器

黄自立现在做的眼镜，可以适应从 45 度到 110 度不同视角、不同应用，可以做专业的模组，就是配给一个眼镜厂家，同时他们也会生产出一些整机，但是目前还没有推向民用，只做专业的应用。比如电视台录制 3D 节目，用监视器是不能看 3D 的，带了智能眼镜就能把 3D 的效果都看出来；也可以给一些医疗设备进行配套；同时他们在为眼镜厂商做配套。下一步的计划是，把产品成本做到最低，面向普通消费者，可以把眼镜变成手机或者 Pad 配件。你坐车的时候可以插一个到手机上，往眼镜上一戴，便可以看很大屏幕、很舒服的视频。

黄自立想把自己的智能眼镜定位成真正的 3D 显示器，而且是便携式的，头盔式或折叠式眼镜的也可以。消费者可以揣在口袋中带出去，不仅能匹配手机，还能匹配别的设备。未来，黄自立还想在这款产品中加上一些内容，比如消费者戴上眼镜，可能就有一段房地产商推送的广告，效果跟实际去看一样，节省消费者的时间成本和交通成本；比如说装修，去居然之家买一个沙发，装修出来的效果怎么样，通过眼镜把 3D 效果展示出来。

## ◎ 创业成功的三大要素

黄自立认为当前形势下，具备三大要素，创业成功的可能性会很大。

第一是有技术，如果有区别于别人的特殊技术，那么创业就容易成功，因为中国现在拿投资的钱相对容易，但是一定要有特别的技术，因为那些风投去评估技术的时候，也会请很内行的人来评估，如果只有一个概念是没有用的，必须有好的技术，这样别人短期模仿不了，或者有专利，这是风投最喜欢的。

第二是必须要有行业经验，要特别了解这个行业，有经验，做的东西才能按照计划，在出入不太大的情况下做出来，这样创业的过程、成果、困难等都会提前预料到，在真正展开计划时就会事半功倍。

第三是要养成好的工作习惯，因为创业者必须有好的习惯和严谨的工作步骤，这样做项目才能按部就班，慢慢走向成功，只要你方向是对的。很多投资团队最初来谈投资的时候并不一定看公司有什么人，技术怎么样，主要是看带头的这个人，投资人如果觉得这个人可靠，就会投资。就是说投资团队会考虑项目带头人是不是一门心思要把这个产品做出来，一旦下定决心一定要把这个东西做出来，团队会跟你配合，成功的概率就很大。

# 12　王盛林：有了想法就去做

实现从 0 到 1 的不断突破与创新。

北京创客空间位于中关村梦想实验室 4 层，拥有超过 1000 平方米的活动场地和 300 平方米的原型加工基地，以及完备的加工设施与设备，是亚洲规模最大的创客空间。作为创始人、CEO 的王盛林，为一群有想法的创客们提供了一个汇聚的平台，用实际行动阐释着“创客运动”的精神所在，他希望通过创客空间这个平台，为具有创新精神的人提供实实在在的帮助，推动中国的创新文化，培养中国人创新的自信。

## ◎ 有了想法就去做

作为一个 80 后年轻创业者，王盛林是国内最早的一批“创客”，他本身就是一个既有想法又有行动力的人。他个人经历非常丰富，不论是设计服装、教授英语还是电影后期制作，每一项新奇有趣的工作他都愿意尝试。王盛林说，自己从来都不缺乏想法和行动力，只要是自己感兴趣的，就一定会去尝试。

2004 年到 2006 年期间，知识共享渐成潮流，将创意点子从脑子“搬上”桌子不再只是几个原创者的专利，越来越多的原创者愿意通过网络公开的方式分享创意，创客运动开始走向世界。创客倡导的“开源合作，把想法变成现实”的理念，和王盛林的性格不谋而合。他表示：“我在高中时就一直希望有一个开放的平台能让大家实现自己的想法。”

## ◎ 用开源的思维突破每一道关卡

王盛林希望通过开源的方式，即技术、资源共享的方式，为个人、企业和创业者提供不同类型的帮助，从简单的提供工具和场地，到设计、技术、市场和生产等各方面协助，帮助创客们做出心目中理想的产品。

王盛林表示，有些创客创作的初期产品，功能上已经成型，但苦于没有很好的外形设计，无法将作品推向大众市场，或是作为开源硬件被更多的企业所利用。在开放平台上，大家会帮助他设计产品外观，甚至开发出丰富多彩的、好玩的应用。就像个人使用的笔记本，一定要够轻薄、接口够丰富才能满足个人移动办公和不同办公场景的需求。同样的，一个开源硬件作品也要内外兼修，能够支撑足够多好玩的应用，才能成为一款社区化的产品。

## ◎ 从 0 到 1 的过程

2011 年，王盛林和几个志同道合的朋友在北京宣武门附近租了一间 20 平方米的房子，这是北京创客空间的前身。通过 BBS 发帖，他们每周都会召集一些同样爱好设计制作的人，享受动手创造的乐趣。

王盛林认为，任何事情都是一个从 0 到 1 的过程，创业也是如此。当人们踏出第一步，习惯了从 0 到 1 的过程，创业就会变得很简单，这与出去旅游的道理是一样的。

创客空间在很长一段时间内一直没有找到自己的商业模式，创客的产品也多是出于自身爱好兴趣生产的，商业价值较少；与此同时，创客空间遇到了所有初创公司都会遇到的难题——资金缺乏；雪上加霜的是，创始团队中的一些成员也因为各种原因陆陆续续退出空间的运营管理，创客空间的发展陷入困境。

## ◎“一根筋”打破困局

2011 年下半年，王盛林为了改善创客空间的经营现状，想到要办一场大型的创客活动。为此，王盛林带领团队，找寻格式方式，联系世界各国的创客，邀请他们来参展；最后一个月王盛林每天都只睡三个小时，甚至几天不睡觉，终于找到了七八十个项目；最后拉赞助、找媒体，结果在资金上又遇到了坎，还差五六十万元，王盛林就把父母准备给他买房的 60 万元拿了出来。

60 万元对于当时的王盛林来说不是个小数目，而那时对于创客活动的结果完全是一件未知的事情，王盛林现在回忆起当时的情形，表示自己真的是没想那么多。他觉得很多创业的人都挺一条筋的，或者是挺没心没肺的，或者什么都不想。有的时候当你真的想多了，问题太多了，你总是有一堆问题。而当时的王盛林就属于什么都没想，然后运气很好的那种，就像《阿甘正传》的主人公一样，他觉得办一场创客活动好就做了，最后还没有特别赔钱，结局算是圆满的。

2012 年 4 月，“创客嘉年华”在北京世纪坛数字艺术馆拉开序幕，3 天的嘉年华中，吸引了 17 个国家的创客参加。这场嘉年华不仅让更多的创客相互结识，也让“创客”的概念第一次为大众所认知。这一活动令包括北京市科协、教委等在内的政府机构注意到这样一群有创意、爱硬件的年轻人，并纷纷提供经费资助。

有了资金、场地和关注度的创客空间，它的商业模式也逐渐清晰起来：组织创客群体做活动、做孵化和做教育。现在北京创客空间除了沙龙和固定活动之外，日常的一大部分工作就是接待各种各样对创客感兴趣的群体，包括很多地方来的政府官员。王盛林说。政府部门的人对于科技、创新的态度比他们预计的要积极很多。

## ◎ 继续创造全民创客的氛围

为创客们搭建创意思想碰撞交流的平台只是第一步。为了更好地服务创客群体、满足其个性化需求，在提升硬件设备的同时，北京创客空间不断拓展开放式活动——产品设计辅导、创客小聚、创客工作坊、创意教育、创客学院。截至目前，他们先后举办了“创客马拉松”、“创客嘉年华”以及创客行业沙龙与培训 109 场，为上万人次提供创新创业服务。

“让每个创客都可以站在巨人的肩膀上继续创新。”王盛林说。

这是北京创客空间的梦想，他们也在持之以恒地为之努力着。2015 年，王盛林着手调研成立创客未来学院的可能性。他表示，随着时间的推移与经验的累积，创客空间会变得越来越标准化，“研究什么才是更好的创客思维，怎样才能形成一套标准化的空间运营、活动、培训体系”。

创客空间将在深圳、香港多处布局设点，希望通过一套体系把它们都关联起来，增加相互间的联动。此外，为了营造全民创客的氛围，创客空间的课程和教育也会陆续展开。无论是只做一名普通的创客享受简单的快乐，还是怀揣着创业的“野心”，都可以像北京创客空间的口号那样：想法当实现。

# 13　王世栋、张建：青春由我创

别人没有，我们为什么不自己做一台呢？

3D 打印，早已不再是高深玄幻、遥不可及的高科技概念，它正在走入人们的日常生活。有人说，3D 打印的未来就像今天的互联网一样。紫晶立方的创始人兼 CEO 王世栋也相信，在未来两年到三年，3D 打印就会走入普通人的家庭。

王世栋，清华大学汽车工程系在读研究生，好钻研，喜设计。本科期间就曾在全国机械设计大赛获得二等奖，本科毕业时就独立完成了基于 32 位单片机的缸压闭环燃烧控制系统。研究生阶段，王世栋基于开源机型开发出第一代桌面级 3D 打印机，并进行了多项改进。改进机型的打印质量达到了 FDM 型 3D 打印机的顶尖水平。

2014 年 3 月，一直怀揣创业梦想的王世栋和师弟张建（清华核科学与技术专业在读博士）等人一起创办了北京紫晶立方科技有限公司，主攻桌面级 3D 打印机，为教育应用、家庭应用、艺术设计、快速原型

开发等领域提供3D打印技术解决方案。

紫晶立方团队由清华大学博士、硕士、学士组成，其中众多成员均具有海外求学经历。不仅有极高的技术水平，还善于将国外先进科技、工业管理理念与自身的经营特点相结合。

“公司已申请9项专利和1项软件著作权，其中8项专利已受理。”凭借先进的技术和低廉的价格，紫晶立方团队在“全国创业大赛”等比赛中多次斩获金奖。公司成立6个月，已成功销售3D打印机600余台，其中20%远销海外。淘宝网上销量始终保持前三，全好评。Facebook创始人扎克伯格收到紫晶立方的礼物“私人订制的扎克伯格3D打印头像”时，赞不绝口，对紫晶立方以几百美元的价格制作出匹敌欧美数千美元级别的3D打印机表示惊叹。清华x－lab孵化器、启迪孵化器和学校都给予了他们很大支持。投资机构也被紫晶立方的出色表现吸引，首个200万元风险投资已经到位。

作为大学生创业典型，紫晶立方团队目前已推出了两款3D打印机产品，打印质量在行业内堪称一流，并在研发第四代打印机且向3D打印平台转型。王世栋表示，紫晶立方力争在三到五年内，创立可与国际巨头抗衡的民族3D打印企业，物化每个人的3D创想。

## ◎ 买不起，就自己做一台

王世栋对3D打印的兴趣始于2012年。当时，王世栋在德国交流，在一次展会上，他看到了工业级的3D打印机。当时他想，既然这些打印机完全能满足工业上的需求，那么如果在文化创意产业推广3D打印会怎样呢？应该也很有市场吧？回来后他立即查阅大量资料，对3D打印有了更多了解。

自己做3D打印机，最直接的导火索是一件“小事”。当时他们研究新能源汽车，需要打印零部件，于是到处找3D打印机，却发现好的太贵，买不起，而便宜的根本打印不了。后来想找个能3D打印的地方，把他们需要的零部件打印出来就行，却发现连这样的地方也没有。

办法总比困难多，别人没有，我们为什么不自己做一台呢？

其实3D打印机与汽车本质上类似，都是集成产品，具有机械运动、机械结构、电子控制等共同点。强大的工科大脑开始迅速运转起来，他们平时积累的软件设计、硬件设计等知识都派上了用场。王世栋和同伴们用一周时间就画出了“技术路线图”，包括需要哪些零件，使用什么样的控制器和打印机械结构等。他们选择了熔融沉积式打印技术，并从网上采购所需零件。很快，一台3D打印机装配成功！

这台机器用半小时打印出了一只5厘米大小的章鱼模型，虽然打印温度和速度并不稳定，但成果足以让他们欣喜。

和小伙伴们一起组装的打印机，成本很低，一般家庭都可以承受。那为什么不尝试去淘宝上销售一下呢？很多机遇就是在“尝试一下”中抓到的。出乎意料，刚挂到淘宝上一晚的3D打印机，就被一位在北京的南美留学生以3000元的价格买走了！扣除成本，兄弟们一个多星期的奋战赚了几百元！

这几百元，让他们感觉比捡到金元宝还开心，这开心源于他们的付出得到了认可，源于他们看到了平民3D打印机的市场……

早就有创业想法的王世栋心潮澎湃，他和几个要好的师兄弟们几经商量，确立了创业目标：开发质优价廉的3D打印机，使其走入千家万户。

### ◎ 鱼与熊掌兼得，学业创业不纠结

有了明确可行的创业目标，是不是就要在兴奋中马上辍学，仿效乔

帮主、比尔·盖茨这些人呢？王世栋和张建等人的选择是冷静的。清华是多少学子的梦啊！而且，不是所有创业者都能成为比尔·盖茨。最重要的是，学业和创业就一定不可兼得吗？他们决定挑战一下：鱼，我所欲也；熊掌，亦我所欲也。二者可以兼得，只要吾辈更努力也！

于是，他们偷偷利用课余时间搞研究。很快，第二代、第三代产品就研发出来了。打印机的关键组件他们都严格把控质量关，在原来的基础上不断改进。机器性能越发稳定，喷头从0.4毫米的精准度提升到0.1毫米的打印精度。小模具、工艺品、盘子、花瓶都能在短时间内精准完成。

他们研发的质优价廉的3D打印机申请了很多专利。有了自己的核心技术，加上很多营销点，产品在淘宝上销量很快达到了前三名，好评不断。

他们的产品受到很多媒体关注，创业团队也越来越忙碌。由学校内的锻炼到真正成立公司，由学生的创业实践转变为创业者，王世栋和张建等人都经受着各方面的考验。能花在学业上的时间越来越少。

于是，他们和导师进行了深入沟通。王世栋和张建等都感觉很幸运，因为他们的导师都非常开明，只要求他们做和自己课题相关的事情，以腾出更多时间创业。

当记者问张建清华的学业重要还是创业重要时，他表示都非常重要。记者问如果必须二选一呢？他立刻显得很纠结，久久不肯做出选择。最后，他说很庆幸自己不用做这样的选择，很感谢导师的支持。

让一个人在自己挚爱的两样事物中做出选择，真的很残忍。还好，生活不总是单选题，也可以是多选题、综合题、创新题。在王世栋和张建等人看来，他们有无穷的选择，青春任我创！

青春自信的王世栋和张建是有智慧和勇气的。同时，他们也很幸运。做3D打印机亏钱倒闭的很多，紫晶立方之所以能生存下来并盈利，靠的不仅仅是他们个人的努力。紫晶立方在创业之初一穷二白的时候就进入了清华大学x-lab孵化器。x-lab免费为他们提供了10平方米的办公室。这对初创企业是莫大的帮助。同时，在这里他们有机会和众多学生创业团体互相学习、鼓励。x-lab免费提供的工商、税务、管理等公司基础知识培训讲座，都对这些本不懂经营的学生创业者有很大帮助。更重要的是，在这里，他们有机会结识了后来的投资人。

当一个人真心想做好一件事情时，全世界都会帮你。现在，国家政策更好了，大学生可以休学创业，推迟毕业时间。更多怀揣梦想的大学生不用再做单选题了。越努力，越幸运，当努力撞上幸运，鱼和熊掌亦可兼得！

## ◎ 不打价格战，转型做服务平台

起初，价格优势对销量很有帮助。但后来淘宝上出现了更便宜的3D打印机，紫晶立方的销量略有下降。王世栋团队敏锐地判断：3D打印机的价格会越来越低，这样的价格战打下去，盈利空间会越来越小，而且质量难以保证。

他们发现，实际上，很多人并不想自己买一台3D打印机，因为他们只是偶尔需要打印3D作品，量不大，或者设计要求很复杂，需求各不相同，但目前提供这样的3D打印服务的机构还很少。谁说做3D打印就只能卖打印机？于是，紫晶立方团队迅速做出决定：逐渐向3D打印服务转型，做服务平台。

这需要研发出更高端、功能更强的3D打印机，以满足不同的客户需求。当然也需要更大的资金投入，这时启迪孵化器的投资无疑是雪中送炭。启迪不但投入资金还给团队带来很多商业资源、合作伙伴、教育教学的课程等。清华 x－lab 和启迪孵化器之间一脉相承的帮助，让紫晶立方走得又稳又快。

跟中粮合作3D打印巧克力项目马上要开始实施了，以后孩子们爱吃的巧克力，形状会是喜羊羊还是灰太狼？情人节收到的巧克力又会是怎样的“别具爱心”？更多的合作，更多的创意，3D打印带给我们无限的畅想和可能。

在这些创意项目的背后，是王世栋和张建等人不停的思索。国内做3D打印的越来越多，我们怎样才能跑得更快？4个创始人都是技术出身，这奠定了整个公司极强的技术优势。张建说，未来他们还会非常专注于技术，因为只有有了核心技术，才有说话的资本。但头脑灵活的清华才子们很清楚，没有技术是不行的，只有技术也是不够的，要保证公司的长远发展，他们就要快速做技术拓展，让更多人，不买3D打印机，也可以轻松拥有自己的作品，打造一个真正的3D打印平台。

“平台”二字，说易行难。公司目前已经着手开发装有LED显示屏的第四代3D打印机，并从产品与渠道两方面进行积极的准备。开始了教育版3D打印机及配套教材的设计，与一些教育企业签订了长期战略合作协议。2014年，紫晶立方和南极熊签订了《中小学3D打印科技教育战略合作协议》，希望为现代的中小学带去好玩、潮流又可以帮助他们理解物理、化学、数学各种概念和知识点的科技元素。紫晶立方会充分发挥在硬件研发上的优势，开发设计与3D打印机配套的远程打印套件，建立以创客为核心的生态圈等，为长期竞争做好准备。

从第一天在淘宝店卖打印机起，紫晶立方就坚持“对顾客负责任，对自己负责任”的态度。发出去的机器，不管已经过了几个月，如果出现问题，团队都会帮忙处理，直到顾客满意为止。“任凭时间流逝，我们一直在顾客身边。”这和淘宝上许多后期神龙见首不见尾的卖家形成了鲜明的对比。同时，顾客还可以加入“顾客群”，随时互相沟通信息，和卖家保持联系。在有新产品时，紫晶立方会邀请早期的核心顾客来做测试。正是这些以顾客为本的做法，帮助这个年轻的团队迅速赢得了顾客的信赖。

信赖是打造平台的基础。来自清华的紫晶立方团队，秉承清华“行胜于言”的传统，正在用行动，为顾客搭建一个令人放心的3D打印平台。

## ◎ 以感恩的心，面对不确定的未来

从开始创业，就再没有“玩”的时间了。每一代新产品的研发时间都不到一个星期，“客户有需求，我们就加班加点，那时我基本天天忙到后半夜，躺在实验室沙发上就睡着了，直到被太阳照醒，然后接着干。”王世栋说。很多人同时负责几方面的工作，晚上想公司发展想得睡不着觉……张建说，“有时也会怀念只做学生的简单日子。”但若让他们重新选择，他们还会选择创业。为什么？因为“就是觉得给自己打工，人生才有意义，苦也心甘。”王世栋说。

没有人会忘记，第一台机器的成功研发和销售，第一个打印出来小章鱼模型，第一个专利的申请成功，公司拿到的1号营业执照，各方面领导的关心，媒体的大量报道……特别是国务委员王勇来公司做指导。当时谁都没想到，这么大的人物会来这么小的公司视察。这件事对公司每个人的鼓励都非常大。

张建说，现在公司还不算大，也不算成功，但一路走来，受到了各方面的帮助和支持，他们心理充满感恩。感谢学校、导师、x－lab孵化器、启迪孵化器、各方领导、合作伙伴和所有的淘宝买家。

整个团队都更加努力，他们希望帮助每个人物化自己的3D梦想，他们希望把公司做到国内同行业里的前三名，将来可以上市。当然，“上市”只是一个衡量指标。面对高科技产业的风云变幻，曾经习惯了标准答案的优等生们，已经做好了充分准备，来面对未来的“不确定性”。

创业的过程让他们看到了另外一个世界。在这个世界里，没有标准答案，一切都要靠自己去探索，前途未知，“生死未卜”。但他们并不害怕，反而充满感恩。王世栋和张建等人，在看书、写论文、见导师和出差谈合作见投资人的过程中，早就培养了两个自己：一个可以像科学家那样探寻唯一确定的真相，另一个可以像企业家那样随时调整方向。他们不确定什么一定会成功，但确定的是，这个不行，他们就会换其他项目重新挑战。

这才是青春，由我创造的青春。

# 14　熊家煜：写游戏比玩游戏更有意思

学习或做事的效率不是个人能力问题，很多时候是想不想做的问题。

史蒂夫·乔布斯说："我很幸运，因为我很早（20 岁）就找到了自己爱做的事。"

十二引擎的创始人兼 CEO 熊家煜也很幸运，因为他爱做的、擅长做的和能赚钱的事合而为一：写游戏。

因爱玩游戏进入游戏行业，没想到在写程序的过程中，他发现写游戏竟然比玩游戏更有意思。疯狂地爱上了写代码的熊家煜，尽量减少与人打交道的时间，一个人憋在屋里痴迷地"做游戏"。这种痴迷让他在游戏引擎领域迅速成了高手。在大小游戏公司负责引擎模块工作时，他发现了游戏行业对一套跨平台整体解决方案的巨大需求。一直有创业想法的熊家煜没有错过引擎市场重新洗牌的机会，果断辞职创办了十二引擎项目组。

十二引擎项目组是将技术作为产品的第三方支持公司。这项技术的最大特点是使引擎能够在页面上直接下载，并很好地解决了插件通过率的问题，大大减少了由于插件等安全问题造成的客户流失。

熊家煜早期和老外一起创业时，一个月就突破了英语口语，甚至还用英文写科技博客，介绍中国游戏引擎的情况。写游戏是他喜欢的，但作为创业者的他却说：“只做擅长和喜欢的，是对自己要求太低”。

## ◎ 引擎本身的实际价值

引擎是一套基础但难度非常高的技术方案，开发引擎需要大量的人力、物力、时间，对开发人员的要求很高。所以，很多游戏公司会选择业内比较成熟的技术解决方案以节省研发成本和开发时间。国外有很多成熟的引擎，但国内自主引擎一直没有做出来。因为市场本身前景不明显，虽然几乎每个公司都有引擎小组专门做自主引擎，但并没有将其商业化。大厂商觉得单靠引擎授权利润太少，不愿意冒险。

然而，对写程序情有独钟的熊家煜却看到了引擎的广阔市场。在工作中，他经常使用和修改第三方商业引擎、自源引擎和自主研发引擎，对引擎的实际应用非常了解。他发现，自主引擎和商业引擎都有各自的缺点，在实际应用中有各种各样的问题。大公司当时没有看到引擎本身的实际价值，以为引擎只是技术授权这样简单。实际上引擎涉及整个研发生态，比如国外最成熟的引擎 Unity，不仅以技术和价格取胜，最主要的是有一个生态圈，很多人使用它，有很多资源，这是它的巨大优势。后来触控科技做的“开明”引擎，在国内推广很容易就是因为做出了生态圈，不仅仅解决了技术问题，还解决了使用这款引擎的产品问题，甚至还帮忙负责发行。这正是熊家煜看重的引擎带来的生态效应。

行家看门道。长期在引擎领域的浸润让熊家煜看得更远。加上自己做的一些“开源”项目反响很好，熊家煜更坚信市场对引擎的需求，也相信自己是满足此需求的合适人选。不仅是因为自己的专业技术，更是因为“哪怕赚得再少，我也愿意，因为写游戏是最好玩的！”

熊家煜创办的十二引擎项目组，核心竞争力在技术。使用十二引擎技术，用户通过合法的白名单网页就可以直接安装进入游戏，很方便，也十分有利于游戏的市场推广。

## ◎ 技术+艺术

在越来越多工种被机器取代的今天，艺术创意正变得更为稀缺重要。

熊家煜的第一个合伙人，是能力和人品都非常优秀的美术人才。不要以为引擎只是纯程序员的工作。实际上，引擎需要大量的美工支持。产品样本需要非常专业的美术制作，需要大量次时代的美术。此外，美术在评估引擎到底好不好用、工作流到底合不合适方面也至关重要。

深谙引擎制作的熊家煜对美术非常重视。目前公司近二十人中，美术和技术约各占一半。更有特色的是技术美工，这类跨学科人才对美术制作和程序实现都有所了解，能回答同时涉及程序和美术的问题，而纯粹的程序员或者美术人员往往说不清楚。这样的人才很难招到，都是十二引擎组自己培养的。培养他们的老师就是熊家煜，他发挥自己超强的自学能力，由程序员变为技术美工，然后又成了“老师”。

相比之下，很多国外公司并不特别重视美术，也不知道中国美术的大概流程。国外和国内引擎在开发流程方面也有很大差异，所以国外引擎到中国一般都有水土不服的情况，学习成本非常高。十二引擎组充分发挥本土优势，花了很多工夫保证引擎学习成本低，容易上手，在每个环节上控制质量，做出好的效果。

好的产品来自优秀的人才。要想在一个领域表现卓越，必须要有扎实的基本功。招人时，熊家煜十分看重基本功。他并不指望新员工一个月内就能上手。不管美术还是程序，他都会考察应聘者程序的、技术的一些基础知识。如果应聘者之前没做过引擎，但是会C++，那么熊家煜会考察他C++的知识。如果是美术人员就会考察建模的基础知识，如果之前没接触过次时代的技术，熊家煜会检查他画的第一个图，布线是否科学，整个工作流有没有思路等。因为熊家煜相信，基本功好的人很难走弯路。对引擎感兴趣、基础好、做事踏实的人，进步非常快。

一旦有机会融入这个由技术大牛＋美术大腕们组成的团队，你就会发现，公司氛围绝非人们印象中的技术公司那样沉闷枯燥。熊家煜的合伙人是很讲哥们儿义气的东北人。于是，大家生活中的交流“很东北”，甚至还夹杂着“匪气”。聚餐时，大伙买上几十斤肉，在会议室里做菜，大碗喝酒，大口吃肉。吃完了、喝完了，就高高兴兴地开始工作了。

“匪气”的公司，规则很简单：第一，对自己的事情负责；第二，对团队其他人负责。任何事情不能光想着自己，还要想对团队的其他人是不是有影响。除此两条外，其他的要求都比较低，工作时间很自由，只要保证按时完成任务，不影响他人的进度即可。

现在熊家煜管程序，另一位合伙人管美术。两人风格不同，但目标一致，性格互补。有任何事情都一起商量。“再小的公司也要有自己的文化”，熊家煜也一直思考着，如何让技术和艺术在游戏和现实中都能碰撞出智慧和快乐。

## ◎ 不建议屌丝员工创业

投资者说，创业者本身比他们提出的创业想法更重要。如果创业团队拥有与成功密不可分的品质，那么再简陋的想法配上这只强大的团队也会让人刮目相看。究竟具备什么条件的人适合创业？熊家煜说：“如果工作时你就一直都是小员工，不建议你去做创业。”

一般来说，工资非常低的“屌丝员工”去创业，成功率是比较低的。如果作为一个程序员，别的程序员都拿两三万的时候，你还拿七八千，你去创业其实不靠谱，因为低工资说明或者你本身技术能力有问题，或者方向选择有问题，或者团队合作能力有问题。“最好先让自己成为能够拿两三万工资的人，成为团队不可或缺的人，再去考虑创业的事情。因为在技术领域，工资基本上可以看作个人技术能力的客观衡量指标。”

熊家煜也不建议频繁跳槽。每个企业、每个团队都有各种各样的问题，只要这些问题不影响你做最需要做的事情就可以了。熊家煜离职时，一定是工作完成了一个阶段，或者真正到了一个瓶颈。

辞职创业时，熊家煜想了非常久，不是犹豫了非常久，而是准备了非常久，“跟媳妇做好了思想工作”。创业不是简单的写写代码、管几个人就完事了，可能涉及很多其他的问题。所以，不能因为简单的工作不顺就去创业。创业之前，先问自己，我是一个怎样的员工？

## ◎ 只做擅长和喜欢的，是对自己要求太低

早在 2008 年，熊家煜便和一个美国人一起做过一个工作室，主要是给国外平台做技术支持。当时他的心态非常好：“花一两年时间试试。”虽然后来因为金融危机等原因公司被“暂停”，但这个过程让熊家煜更加了解客户到底需要什么，也全方位地锻炼了自己。

从未留过学的熊家煜和美国人合作并没有语言障碍。他的英语很好，“多和老外聊，大概一个月英语就能练出来了”，“我平常比较喜欢看美剧”。他的英文科技博客也非常受欢迎，还做过一些科技文章翻译工作。

熊家煜大学期间已经开始实习工作了，在外地一家小的创业公司。“很多方面都很不正规，一个人可能要做四五个岗位的事情，而且这些事情都非常重要。这也是小公司最锻炼人的地方。”当时作为程序员，熊家煜有时还得当翻译，跟老外客户交流，做服务器的管理，甚至还做

办公室的杂事、网建等。从那时起，熊家煜养成了一个习惯，不管这个事情该不该你做，只要给你安排了，就必须完成。

在熊家煜看来，学习或做事的效率不是个人能力问题，很多时候是想不想做的问题。不管是创业还是在公司做管理者，很多事情都是你不擅长但必须做的，这时就得硬着头皮上。什么事情都挑自己最擅长、最喜欢的，实际上是对自己要求太低了一点，对个人成长没有帮助。

很多技术人员想创业，但又局限于工作养成的思维习惯，“老实本分”，顾虑很多，有些程序员比较腼腆，不善于和人打交道。所以，程序员要创业，首先要有决心迈出第一步，对自己要求多一点，多锻炼自己的交际能力。

作为“非典型程序员”，熊家煜一直和业内的很多人保持联系。有机会来到石谷轻文化孵化器，也是因为得到业内有名的趣游李威的推荐。每天都有新机会，但你首先得有信息渠道和人脉才能抓住。

创业是全面的修炼过程。由做技术转为创业，也要在心态上做好调整。作为打工者，可能不太理解老板是什么想法。作为老板，需要理解每个人的心理。熊家煜在打工时，也觉得我做好这块东西就应该差不多了，顶多更加负责一点，把相关的东西也解决好。但现在不一样了，整个团队每个人都要考虑到。每做一个决定、每做一件事，都要对每个人负责，对整个团队负责。

新角色带来的新挑战并没有让熊家煜退却，因为他从不“对自己要求太低”。

## ◎ 未来的无限可能

越努力，越幸运。对自己严格要求的熊家煜，一直说自己很幸运。找到了最想做、能做好又能赚钱的事，而且，在恰当的时间，遇到了

“对的人”——石谷轻文化。

如果没有石谷轻文化孵化器，十二引擎项目组不会接触到那么多开发商。“我们接触了 360 等公司。通过石谷轻文化，基本上大半个中国的开发商都能接触到”。孵化器提供开发商的信息，有时甚至会直接安排一些会面。如 2014 年就被直接安排去 360 总部做引擎的宣讲。当时在场的有二十多家开发商，会后有四五家企业直接跟十二引擎谈深度合作。有了大公司的推荐，线下推广也更容易获得认可了。如果没有进入孵化器，作为一家初创企业根本没有能力争取这么多机会。

公司发展过程中也遇到很多困难，如海外授权关税过高、退税等问题。对此，孵化器也在帮助协调。

虽然十二引擎项目启动不久，但现在已经在和很多企业谈合作，如 360、中国台湾的游戏橘子、日本索尼和福州的一些游戏公司等。目前，十二引擎还在评估各项目背后的商业利润是否匹配他们现阶段的能力。公司的发展充满了各种可能，因为现在用户对他们的引擎很认可，不管是技术方面、效果方面、还是授权的友好程度上。国内专门做引擎的公司还很少，十二引擎又解决了插件通过率问题，整体上很有竞争力。

未来，十二引擎希望能做到类似 Unity 这样的引擎公司。用户广泛，团队强大而完善；采用免费提供技术支持，在游戏产品上线后分成的商业模式。长远来讲，熊家煜希望能做发行、做平台。现在，十二引擎正在迈出第一步。

“成就一番伟业的唯一途径就是热爱自己的事业。如果你还没能找到让自己热爱的事业，继续寻找，不要放弃。跟随自己的心，总有一天你会找到的。”乔帮主的鼓励不断在耳边回响。如果有一天，你发现一件事情比玩游戏还有意思，请千万珍惜。也许，你的幸运来了。

# 15　肖鹏飞：实验展琴心 创业舒剑胆

改变命运的机会，也许就在你洗的杯子里。

1988年出生的肖鹏飞是清华大学医学部研三的在读学生。2013年，在一次常规实验结束后洗杯子时，他注意到了不寻常现象，“改变命运的机会，往往就在一瞬间”。一直有创业想法的肖鹏飞牢牢抓住了幸运女神的手臂，他连夜对这种玻璃不沾水的现象进行了反复研究和实验，并由此研发出一种新型强力清洁剂。

命运由此改变。

2014年3月，还未毕业的肖鹏飞创办了易净星科技有限公司，致力于新材料领域的研究与服务，现已推出“玻璃隐形防护剂”、“车漆隐形防护剂”以及“自清洁镀膜剂”等安全、环保、高效的新型材料产品。

易净星“生得恰逢其时”，创业之初就得到了成立不久的清华x-lab孵化器的大力支持，赶上首届清华大学“校长杯”创新挑战赛并斩获首枚金奖，引起了投资人的关注。2014 年 7 月，硕士毕业的肖鹏飞放弃了直博资格，也没有追求“北京户口”带来的稳定，而是开始了全职创业。创业的风险他很清楚，但“即使失败了，也要尝试”，爷爷的教诲也是肖鹏飞的信念。现在，他正带领易净星团队一边研发新产品，一边让产品从实验室走向大众市场。

## ◎ 洗杯子洗出的创业点子

“易净星”一款主打产品玻璃隐形防护剂，起源于肖鹏飞的一次常规实验。肖鹏飞在医学院读研三时，一次有机实验中，为合成一种药物，需要为小分子加上保护基团。实验完成后，小分子溶解，保护基团留在玻璃壁上。

他在洗杯子时发现，不同于以往，此次使用的保护基团竟然滴水不沾，反而快速促成水流形成水滴，从杯壁上滚落下来。刚刚经过的每一项操作一下子清晰地浮现在他脑海里。这几乎是本能了：大三保送研究生进入实验室后，他接受的训练里，就包括留意实验时的每一个细致的动作、试剂颜色的深浅。当天深夜，肖鹏飞再次复制白天记住的那个组合过程。几次试验之后，肖鹏飞确定自己发现了一种强力清洁剂。激动的他上网查证后发现，美国汽车行业已有类似的产品，但国内市场还是空白。

肖鹏飞觉得这是命运打开的一扇门，他一直希望做出点自己的事业。很快，他从清华、北大、中科院召集人员组织了一个小团队，经过一年半的不断思考和反复试验，终于研发出适用于汽车的隐形镀膜材料，只需将清洁剂轻轻喷到车窗玻璃表面，就可形成一层透明不可见、不反光的镀膜，起到防雨、自洁、防冻霜等作用，并且不会因为雨刷等外力而失效。

2014 年 5 月，肖鹏飞带领他的易净星团队参加了清华大学首届“校长杯”创新挑战赛，凭借着“玻璃隐形镀膜剂”贴近生活、绿色环保等优势，易净星团队在大赛中摘下桂冠，成为清华大学“校长杯”创新挑战赛的首支金奖团队。这不仅证明他的发明得到了认可，更给了他巨大的鼓励和创业的动力。

获奖之后，易净星团队和他们的创新产品“玻璃隐形镀膜剂”引起了投资人和商家的浓厚兴趣。2014 年 7 月，肖鹏飞顺利毕业，并决心全职创业。

在顺利拿到投资以后，他一边吸收清华、北大和中科院的精英，继续研发新产品，另一边和有工作经验的同学着手开拓市场。

易净星的诞生看似偶然，实则必然。一心想创业的肖鹏飞，执行力强，敢于挑战，更有着不忽略别人忽略的东西的细心和执着。

开普勒没有忽略第谷观测记录火星轨道 8’ 的误差，得出了行星轨道不是正圆而是椭圆的猜想。牛顿没有把掉在头上的苹果捡起来就吃掉，后发现了万有引力定律。

肖鹏飞当时研究的是药，能在洗杯时发现玻璃杯不沾水，这是多么细致的观察！通过玻璃杯不沾水，能想到研发针对玻璃材质的除水产品，这是

多么敏捷的联想力！由想到研发产品，到“一年半的不断思考和反复试验”，最终做出新型防水清洁剂，这是多么强大的行动力。

史迈尔说，对事物的仔细观察，是事业、艺术、科学及生命各方面的成功秘诀。肖鹏飞掌握了这个秘诀，更把“一闪的灵光”化为了实实在在的产品。

## ◎ 从“实验室”走向“大市场”

2014 年下半年，结合研发能力和市场需求，易净星团队开始将防雾技术融入眼镜布中，并于 2015 年年初推出了新产品——“朗视星防雾型眼镜布”。这款眼镜布含有特殊表面活性成分，用它擦拭眼镜镜片后，可以在表面形成一层亲水纳米膜。这层特殊的纳米膜可以使水汽在表面形成均匀的薄膜，而不是阻碍视线的微小水滴，起到防雾的效果。

这款产品的研发过程并非一帆风顺。特别是在准备投入市场生产时，发现产品在某些眼镜上不起作用。通过多次研究论证，团队发现一些高级眼镜上面涂有含氟的镀膜，导致材料无法附着，从而造成防雾功能失效。在接受挫败之后，肖鹏飞和他的团队伙伴们一起努力，经过反复实验，终于攻克了这一难题。于是，朗视星防雾型眼镜布也具有了独特的优势：安全可靠，适用于各类眼镜镜片和光学镜头。

目前，新产品 Lucesion 朗视星防雾型毛巾也已上市。只需轻轻一擦，洗澡时镜子就没有雾了，帮助我们随时随地看清自己。

在肖鹏飞看来，从“实验室”走向“大市场”是所有产品的必经之路，两者均必不可少。要成为一家具有自主创新与研发能力的高新技术企业，必须具备强大的科研实力。易净星作为一家创业公司，最大的优势也在于此：公司集结了中国最好的研究机构清华、北大、中科院的优秀学子，科研实力不容小觑。此外，市场需求决定了企业存亡，在市场经济条件下，要将市场开发作为企业发展的第一要务。易净星公司的创业项目为玻璃隐形镀膜剂和车漆镀膜材料，这一项目以强大的汽车后市场作为支撑，潜力巨大，公司也在积极拓展和汽车等行业的合作。

## ◎ 创业路上的荆棘与收获

对于一个刚刚走出象牙塔的学霸型创业者而言，肖鹏飞的创业路并不比做学术轻松，他要面对来自于产品研发、市场开拓、团队建设等各方面的难题。

从发明易净星玻璃隐形防护剂到申请专利，到研发新产品防雾眼镜布、防雾毛巾系列，到技术产业化、找工厂、设计制作包装、找各方面相关企业合作……这对于清一色理工科背景的创业团队来说，真是全方位的挑战。选择商业模式、产品推广与营销都不是他们的长项，缺乏相应的社会经验和资源，也往往影响项目进度。

作为清华学生的他们是幸运的，创业后不久，他们就进入了清华 x－lab孵化器。作为重点扶植清华学生创业的孵化器，清华 x－lab 在企业从 0 到 1 的过程中起着非常重要的作用。这里，易净星在公司战略、公司运营、产品销售、推广宣传等方面都获得了大量的支持。团队人员通过各种途径恶补商业知识，在 x－lab 这个创业大家庭里，肖鹏飞从孵化器提供的导师和已经创业成功的师兄前辈那里学到不少实用的经验，慢慢从学生转变成了企业家的角色。也正是清华 x－lab 举办的清华大学“校长杯”创新挑战赛，让易净星团队的“点子”没有一闪而过，而是一步一步被引导扶持、教育辅导，并顺利走到了现在。

肖鹏飞对此非常感恩。他知道有些朋友在外面创业，没进任何孵化器，完全靠自己摸索，往往是一段时间后就坚持不下去了。资金紧缺、知识欠缺、办公室场地等问题都困扰着很多“草根”创业者们。很多初创企业都面临注册公司程序烦琐，巨大税收压力，因户口留不住人才等问题。在清华硕士毕业时，肖鹏飞因为对创业和梦想的执着，选择了放弃北京户口直接创业。但是，在理想和现实的抉择中，很多人还是会向现实妥协。

国家政策的调整需要时间。在整体创业环境大好的形势下，想“放手一搏”的勇士们，既要充满信心，也要准备好面对荆棘与坎坷。困难，从不是创业者放弃的理由。

从做技术到管理公司，肖鹏飞在不断调整着自己的角色定位。创业初期，团队权力过于分散，导致很多事情执行很慢，他很快意识到这些问题，及时进行了人事调整，最终收获了整个团队的信赖。在他看来，创始人发现问题并及时修正的能力，决定了一个公司的命运。

肖鹏飞认为团队最好的配合方式是高度互补。合伙人王同舟、武远泉和自己对公司的发展目标是一致的，但看问题的角度却又能和他互补，这样他们在公司重大决策上考虑得就能更全面。创业以来，他们遇到困难相互鼓励，一起讨论研究解决之道，在遇到分歧时，三个人一起坐下来，把各种利弊逐条讲清楚、分析透再最终决定。

易净星团队也在不断寻找产品研发和市场开拓方面的结合点。研发出真正具有市场价值的高科技产品，不仅是企业发展的首要条件，更是企业的社会责任。肖鹏飞认为，企业不仅仅是谋取自身利益最大化的经济体。作为社会的细胞，企业还是社会整体财富积累、社会文明进步和环境可持续发展的重要推动者。因此，肖鹏飞和他的易净星团队立志要将前沿科技产业化，创造出更加安全、环保、高效的新型材料产品，创造出提高人们生活水平的产品。在后续发展中，公司将积极开拓材料科学领域的前沿技术，并将业务范围拓展到其他新材料领域，努力发展成为一家世界领先的新材料公司。

### ◎ 哪怕失败了，也要尝试

易净星并不是肖鹏飞第一次创业尝试。他创业之梦的萌芽，要追溯到他20岁那年。那一年，肖鹏飞有机会参观了杜邦集团旗下的一家小公司。至今，他依然清晰地记得当时内心的震撼：一家包括生产工人在内不到10人的小公司，年产值达10亿元人民币！而中国许多劳动密集型企业，一年最多挣几千万。那一刻，肖鹏飞真切地体会到高科技的力量，他的心中也有了一个梦想：有一天，他也要创立一家这样的高科技企业。

漫漫求学路上，肖鹏飞开始了一系列的创业尝试。本科阶段，他带领团队荣获2010年“全国挑战杯创新创业科技竞赛”广东省银奖。硕士期间，凭借扎实的高分子材料和有机合成专业知识，他与同学一起创建了一款全新的化学试剂管理、查询软件Chemical seeker。这是一个拥有45万条化学小分子的数据库，其中的结构式搜索可以实现运用分子结构式对目标分子进行检索，当画出一个分子结构时，可以精确检索到和这个结构所有相关的化合物，以及与之相关的所有信息和所有厂商。这款软件已经广泛运用于清华、北大、中科院等高校和研究机构的相关实验室中，并已经给相关的试剂厂家提供了相关技术，现阶段免费向科研用户开放，肖鹏飞想把它做成一个公益事业。

早期的创业经历让肖鹏飞更懂得如何抓住机会。他勇于尝试的心态和做法则是受到爷爷的影响。肖鹏飞说：“爷爷在我21岁时，给我讲了他21岁时的故事。他当时有一些机会没有抓住，一些事情没有做成，在晚年一直很遗憾。爷爷告诉我，年轻时要勇于尝试。人生遗憾的不是你做失败了什么，而是你根本没做过这件事情。”爷爷已经去世了，但他的人生态度给予肖鹏飞无限启迪，“所以无论chemical seeker还是‘易净星’，我一定会坚持做下去，哪怕失败了，也要尝试。”

在尝试中细心观察，观察中发现，发现后立即行动，行动中坚持，坚持中，世界已然不同。

## 16　肖恒：感动自己 感动客户

创业，是自我发现、自我挑战、自信重建的过程。

内聘网的创始人和掌舵者肖恒，是个怀有 90 后情怀的 80 后。1999 年考入武汉大学就读计算机专业，2003 年毕业后进入北京大学读研，专攻软件与微电子。研究生毕业后，独立好强的肖恒借着外企在国内招工的机会到了日本。

在日本摸爬滚打的四年，肖恒不仅学好了日语，做好了本职工作，还敏锐地发现了日本人才派遣的巨大市场，在东京开始了第一次创业。起初比较赚钱，后来受全球经济危机的影响，公司最终在 2009 年 7 月失败。这次“创业小败局”甚至让肖恒对自己产生了怀疑，“因为当时在关键时刻我没能顶上去”。回国后，他进入华为负责海外项目拓展，但不服输的性格让肖恒总想再次挑战，“职来职趣”网站就是他再次挑战自己的一次尝试。自胜者强，在肖恒不断地自我挑战和试错下，内聘网诞生了。

内聘网为提高互联网

人才的求职和招聘效率而生。线上创新知识图谱的精准匹配＋线下招聘顾问极速推荐的流程产品化，打造最高效的在线招聘服务平台。内聘网推荐的人面试率超过50%，求职者真正做到了极速高效求职，HR工作量也大大减少。已三次成功融资的内聘网平台，上线不到一年企业用户超过12000家，个人用户突破20万，是互联网垂直招聘领域增速最快的平台。

肖恒说，2012年后的创业过程，他最大的收获是找回了自信。

## ◎“一不小心”成了“人贩子”

关于如何会想到做招聘，肖恒的回答是“一不小心”。2005年，日本人力派遣行业非常火。在做松下和索尼等项目的过程中，肖恒结识了许多日本中高层管理人员，发现他们的公司有大量招聘需求。同时，通过周末聚会等，肖恒也认识了许多技术出身、想找工作的中国人。有了双方的资源后，很自然地，2007年7月，肖恒创办了第一家公司，对接日企和有求职需求的人，开始了“人贩子”生涯。

肖恒口中的“一不小心”，其实却是“处处留心”。技术≠宅，技术男不等于不善于社交。也许，正是他积极阳光的个性，始终挂在脸上的笑容，主动与人交往的热情和多方共赢的心态，为他赢来了第一次宝贵的、影响深远的创业机会。

肖恒在日本的经历中，有个不得不提的小插曲。去日本前他只参加了一个月日语集训。在除了自己都是日本人的工作环境中，肖恒只能要求自己迅速掌握日语。当时有日本人给他反复讲了好几次专业知识他也听不懂，“我汗都出来了，还是不懂。但幸好，我能看懂代码，一边看代码，一边猜老师的意思，但这浪费了很多时间，走了很多弯路。”所以每天回家后，他就马上打开电视，看字幕，用电子词典学日语，白天在地铁上戴着耳机听日语。因为地铁上很吵，他把声音放得很大。大约一年后，他发现自己突然耳鸣了，后来经常出现，至今已有 8 年。虽试过各种方法，但还是未能根治。

当然，很快，工作中他已经能用日语流利交流了。他的勤奋令人感动，更重要的是让他自己感动。有人说，“如果一生中，没有一些自己感动自己的日子，那么你的人生将会多么苍白！”

记者曾问他是否后悔，因拼命学习日语而患上耳鸣，值得吗？也许，肖恒 14 年与内聘人共勉的话可以代他回答这个问题：你想过普通的生活，就会遇到普通的挫折。你想过最好的生活，就一定会遇上最强的伤害。这世界很公平，你想要最好，就一定会给你最痛。

## ◎ 大胜在德，小胜在智

目前，内聘网团队的核心成员都和肖恒有着极深的渊源，有认识十年的朋友，也有师弟。在寻找骨干人员时，肖恒很注重人品。“大胜在德，小胜在智”，这是肖恒做事和为人的准则。“内聘网目前三次成功融资，主要都是因为团队的人品没有问题。”

当然，他现在也意识到，在“人品”有保证的前提下，对性格不要太介意。肖恒非常欣赏的一个合作伙伴不久前离开了团队，这引起他深刻的反思。这位年轻伙伴离开的原因是：他觉得这个团队所有人身上都可以看到创始人的影子。他感觉有些压抑。他想跟着心走，不想承载过多创始人的东西。

肖恒认识到，也许创业前期，更需要整个团队步调一致，能迅速一起往前冲。所以前期招人时，比较看重这个人能否跟上大家的步调。但长期这样，会磨掉团队成员的个性。创业后期需要有更多的多样性，吸纳更多有独立思想的人。创业后期找合伙人，只要人品和能力过关，性格上一定要放开。

## ◎ 从单打独斗到找到组织

最初的职来职趣是肖恒和几个兄弟窝在民居里做的。后来项目失败下线。要坚持下去，就迫切需要找到更便宜的办公场地。肖恒在团队的厚望下四处找外援，但都是无果而终。走投无路时，柳暗花明又一村，他们幸运地找到了创客总部孵化器，并顺利成为第一批入孵企业。

入孵后，不仅在场地租金方面得到了优惠，更重要的是大家感到氛围完全不同了。之前团队几个人在一个屋子里单打独斗，很封闭，不仅封闭了身体，也封闭了心灵。现在，有很多机会与人交流。孵化器内部有许多课程和讲座，有不懂的地方可以随时向人请教。漂泊已久的肖恒团队终于找到了组织，找到了归属感。看到不同的团队都在拼，大家就更加动力十足了。内聘网团队还被评为创客总部 2014 年度"最玩命创业团队"。

很多时候，我们感觉自己一个人在黑暗中孤独地前行，也许，是因为我们还没有找到那个属于我们的组织。相信世界上总有一群人和你一样。不要封闭自己，勇敢地去探索，去寻找，你会发现，有那么多同伴，愿意与你并肩。

## ◎ 深受日本服务文化影响的企业 DNA

产品差异化从何而来？来自做产品的人。不同的人做产品，会给产品不同的 DNA。不同的团队，对产品的定位和运营都不同。就像咖啡馆的区别，绝不仅仅是咖啡的味道。那么肖恒给内聘网带来的 DNA 有何遗传特点呢？这要从一个故事讲起。

2008 年的一天傍晚，刚下班的肖恒去日本品川车站坐车回家。车站旁有一家眼镜店。这时，从眼镜店里走出一位中年男子，他略显疲惫，两手空空，看来是没买任何东西。当男子走出店门口 10 多米时，眼镜店的服务生站在门口，给这位顾客鞠了一个 90 度的躬。是的，正在走远的顾客是完全不会看到的，匆匆过往的行人也不会注意，巧的是正在等车的肖恒看到了。这无意间的一瞥成了他在日本感受最深的场景之一。也正是这个 90 度的鞠躬，让日本人的服务理念，深深地印在肖恒心中。

内聘网团队其他合伙人也多有在日留学或工作的经历。如王洪波，在日本待了三年。日本人的服务态度，对他们的影响非常大。所以，在创业过程中，他们每一步都会谨小慎微，每一个项目都会在技术上和细节上追求完美，让顾客有极致体验，超出预期。最重要的，是让顾客感受到服务的诚心。这一点，往往是其他出身的团队所欠缺的。

“感动自己，感动客户”的极致服务，就是内聘网团队的独特 DNA。

日本人的服务意识，如不是亲身经历，亲眼目睹，我们甚至觉得难以置信。虽然国内现在也大力提倡服务精神，但在很多行业中，“服务”做得还远远不够。比如，招聘行业。

2014 年在线招聘很活跃。但多数人都看到了“在线”，而忽略了

“招聘”。其实，在线招聘最终的落脚点在招聘，而招聘本质是一种服务，不只是信息。最终决定招聘网站能否胜出的，是能否做好服务。

肖恒钦佩的全方位服务好客户的典范，是日本做招聘起家的Recorder。Recorder一年的销售额达100亿元美金，而51job和智联招聘的销售额是十几亿元人民币。Recorder是怎么做到的？因为他们的投资有一条线，所有的投资都按照人一生的脉络来走，从小孩出生，到上学，到找工作，到结婚，甚至到最后殡葬，都会有所涉及。

肖恒希望他们的服务也像Recorder这样，不仅仅是一个找工作的平台，不仅仅通过大流量来解决概率问题，而是同时在在线流量和线下服务两方面努力，往下看，往深挖，重在服务。最终，肖恒想做一款这样的产品：如同现在人们的生活离不开微信一样，以后在谈到事业时，人们也离不开内聘网。

尽管在很多人看来这有些理想化，但这却是追求服务的内聘网的成长目标。

“感动自己，感动客户”，当这不仅仅是一句口号，而是融入企业每一位员工血液中的追求时，这家企业必将拥有极大的魅力和生命力。

## ◎ 找不到，就创造一个自己喜欢的工作！

记者好奇地问肖恒：“如果你去招聘网站找工作，会做什么？”

“我找不到。”肖恒毫不犹豫地回答。“我曾经试过，但找不到。我想做的事别人不让我干。别人给我干的事，我不想干。”

从华为出来后，肖恒也尝试过找工作。但因为自己曾经做的多是技术岗，很多公司看完履历后，都会让他做手机，或者是防火墙之类的，总之都是写代码。“我头疼得不得了，我真的不喜欢写代码。”

确实，工作几年后，人们往往会被“定型”，要转行是非常难的。

比如，要想从传统行业转入互联网行业，需要的不仅是专业知识和能力的提升，更是思维方式的转变，而后者是在一个领域工作多年后很难改变的。

对此，不同的人会有不同的选择。有人在认识到转行之难后直接打消念头；有人在屡屡碰壁后选择放弃，继续在熟悉但不喜欢的领域里“熬”；有人抱着总有一天会被某公司录取的希望，还在不断学习、找关系；还有一类人，像肖恒这样，说：既然找不到，就创造一个自己喜欢的工作！出来创业吧！做自己喜欢的事情，虽然很苦，但很快乐！

这也许是创业者和许多打工者的一个重要区别：创业者创造机会，将选择权牢牢握在自己手里，打工者等待机会，只期待着有人选择自己。

## ◎ 最大的收获，是找回了自信

很多人问他，既然一直想创业，为什么 2009 年回国后，2012 年才开始创业？肖恒的回答很干脆：“因为我怕。”

原来，在日本做“人贩子”时，由于自己对日本文化和商务交流细节了解不深，一直让一个日本人负责和企业谈合作。后来企业受全球经济危机影响艰难维持时，“我一直不敢跳出去，去做这块最困难的业务。”最终公司在 2009 年 7 月失败。这次失败让肖恒对自己产生了很深的怀疑。不知道在最困难的时候，自己敢不敢顶上去，所以纠结了很久。但肖恒终究不甘心，“如果我不做，将来一定会后悔，我必须要尝试一下！”行动会使猛狮般的恐惧减缓为蚂蚁般的平静。行动会让你找回自信。“2012 年以来不断解决困难的过程中，我发现自己还是可以顶上去的！找回了自信，是我最大的收获。”

几乎人人都会有自我怀疑的时候。突然发现自己根本不是想象的那般强大，是件很可怕的事情。自信的重建，不是靠心灵鸡汤，不是靠每天积极的自我暗示，不是靠亲朋好友的鼓励，而是要我们自己主动拔出身上的自贬之箭，然后带着伤口前行，去面对一个又一个的困难和挑战。每走一步，自信就会增加十分。

创业的过程，正是自我发现、自我挑战、自信重建的过程。在这“痛并快乐着”的修行中，我们感动自己，感动客户，这也许正是创业的乐趣所在吧。

## 17 杨亮：创业一定要做实践派

思维的束缚，是最大的束缚。

不纠结，不拖沓，有梦想就去行动。中融智信 CEO 杨亮是一个不折不扣的实践派。

清华经管学院流传着这样一句话，是第一任院长朱镕基说的：“作为经管学院的学生，将来你们每个人出去搞一个企业，中国的经济就有希望了。”

大家都想创业，可是在当今这样一个纠结反复、选择困难综合症盛行的时代，大多数人只是想想而已。一个学生却把这句话牢牢记在了心里，并付诸实践。“我在上大学时就曾有过创业的想法。在金融行业工作这么多年，其实心里一直希望自己能够真正去做些什么。”杨亮说。

杨亮，中融智信 CEO，曾先后就职于复星和中国平安，工商银行下属投资机构，作为核心成员参与过 Club Med、美的集团、绿能集团、万达商业地产、恒大地产、恒隆集团等融资类项目。2011 年，在女友即现妻子的“逼迫”和支持下，第一次突破被经济束

缚的思维，花费百万前往伦敦商学院攻读金融硕士。学有所成后回国，于2014年7月，创办中融智信投资管理有限公司。如今，中融智信旗下的投融资管理平台“乐投天下”发展迅速，先后在广东和湖北等地设立分公司，交易额度将达到15亿~20亿元。

## ◎ 当千里马遇上“爱的伯乐”

杨亮15岁之前没有离开过湖北农村，读高中时才来到城市，22岁清华大学毕业，工作4年，分别就职于复星和平安直投。当时金融业创业的机会并不多。做投资过程中，杨亮接触了很多企业，逐渐了解到这些企业是怎么发展的。看了很多人创业后，杨亮觉得创业虽然有风险和不确定性，但整体还是非常美好的，自己一直以来想创业的心更坚定了。

杨亮事业的一个转折点，是他出国留学的经历。2011年，26岁的杨亮辞职，自费60余万元赴伦敦商学院深造。

这是杨亮当时最大的一笔投入。要投入这么大一笔钱，放弃工作去读书，是很重大的决定。杨亮坦陈，在迈出这一步之前是很艰难的，但是在做出决定之后就觉得很轻松了。促使他下定决心的很重要的动力是女朋友（现妻子）的支持。她强烈鼓励甚至要求杨亮去国外读书。杨亮可以说是被她“逼着”上了飞机……最终靠着奖学金和贷款顺利完成了课程。

这次出国留学，是杨亮第一次以突破经济束缚的思维去决定一件事。要做成一件事，必须同时有梦想和勇气。“梦想我一直都有，但是勇气应该是从那个时候开始迈出第一步。”

有一篇文章说，一个人什么时候能算是有钱了呢？其实答案不是具体的数字，而是当你不再因为钱而不敢做决定的时候，是你潜意识里相信“自己很能赚钱”的时候。

帮助杨亮获得这种转变的，是在事业上对他影响最大的人——他的妻子。“她从来不算计小节，我每个月收入 1 万还是 5 万在她眼里没区别。”成功男人背后的女人，必有着常人没有的胸襟。

很多人遇到事情后都会非常纠结。杨亮很多清华同学也为是否要出国读书犹豫不决，很多人想了很久却没有行动。如果你真的决定做一件事，就勇敢地去做。你收获的，将不只是梦想，更是实践梦想的勇气。

出国留学是杨亮事业发展的催化剂。与来自世界 40 多个国家的同学共同学习交流，使他的思想进一步开放，思考问题更加全面，很多原来认为“匪夷所思”想法，后来也能认同了。更加国际化的杨亮，也看到了中国发展的迅速。一拿到伦敦商学院金融学硕士学位，杨亮马上归国，就职于工银国际，作为核心成员参与过 Club Med、美的集团等融资类项目，总投资金额超百亿。他表现优异，年薪数百万。

## ◎ 对成为一个高级中产阶级毫无兴趣

杨亮职业发展上了一个不小的台阶。但这些就是他想要的全部吗？

人和人最大的不同是价值观。在工银国际不菲的收入并不能让杨亮满足。“再做下去，顶多就是一个高级中产阶级，这不是我想要的。”杨亮在取舍后明确，自己想要的是影响力，也因此越来越不满足于投资人这一身份。“美的一个项目我参与主导投资了 70 亿进去，并跟进投后管理两年，可大家记住的只有何享健，谁知道工银国际是谁？”

再次放弃高薪工作，再次不顾众人的反对，再次给自己追求梦想的勇气。这一切，绝非轻而易举。但明确了自己真正想要什么后，杨亮做出了自己的选择：2014 年 7 月，他力排众议辞掉年薪百万的工作，开始了创业。

选择背后有纠结，也有充分的自信和理由：6年的工作经验使他非常熟悉中国金融市场，积累了丰富的股权和债权投资经验，也在消费行业、能源行业、地产行业积累了广泛资源。2014年，互联网金融大热，进入互联网金融领域甚至P2P领域的创业者越来越多，热闹非凡，杨亮意识到时机到了，再不行动恐怕要晚了。

## ◎“以快取胜”的秘诀

中融智信下的乐透天下投资网站起步于2014年，这不算早，但短短半年，设在北京的总部已经有30多人，并在湖北、广东设立了分公司。记者不禁好奇，怎么发展得这么快？杨亮谦虚地说，自己觉得公司的发展速度还不够快。“互联网时代讲究的就是快，像武术一样，唯快不破，快才是你很强的一个竞争优势。”确实，创业公司都极其重视效率，大家都很努力。你不快别人就快了，就会把你吃掉。

为了更快速的发展，中融智信创立之初就加入了清华x－lab和启迪孵化器。清华x－lab为他们提供了免费的办公场所，启迪也在招聘等方面给予了很多帮助。成长迅速的中融智信团队三个月后即“独立生存”了。

杨亮认为，要做到快速发展，不仅要“拼命努力”并获得帮助，更要自己有清晰的思路。当战略思路非常清晰的时候，才能更快速地行动。花些时间理清思路是值得的，思路不清晰的话，快速行动就会带来很大的问题，可能做了后还得再掉头，这对团队和公司都是伤害，也会造成巨大的时间浪费。

理清思路后，杨亮特别强调团队的执行力。他认为执行力一定要成为团队的优势。他希望每个加入团队的人，都是来共同创业的，都把它当自己的事情来做。他倾向于找有专业精神的人，因为有专业精神的人执行力更强，这样团队的战斗力就更强。公司管理非常重视以人为本，但平时晚上很多人都会加班，大家是自发的。

公司最初的合伙人，也都是执行力很强的人。杨亮和他们沟通想法后，大家觉得靠谱，很多人就马上辞去让人羡慕的工作，全身心投入到中融智信创业中来。

中融智信创始团队成员均毕业于清华、海外商学院等，拥有 5～10 年金融、互联网企业工作经验，都有豪华的职业背景。互联网金融平台所需要的各方面高手齐聚乐投天下，大家目标明确，行动迅速，注重创新，以快取胜。

值得一提的是，中融智信创业团队里有“美女”身处要职。其中就包括杨亮的爱人丰婧，就是那个鼓励他去伦敦商学院读 MBA 的智慧女人。杨亮坦言，在事业上丰婧给了他很大的支持，在很多问题的看法上有她独到的见解，而且女人毕竟比男人细腻，做金融是非常严肃认真的事情，女人的作用不可忽视。

## ◎ 创业一定要做实践派

外人看到的是乐投天下快速取得的成绩，而在成绩背后，是全体乐投人无数次的试错。杨亮说，实际创业和想象的创业有很大不同。想创业的时候有些事情会想象得比较美好。有些东西想时觉得完全可以做，做了肯定会被客户认可，但实际上不是这样，你的想法不一定抓到了客户真实的需求。比如，平台上线之前，他们乐观地认为，10% ~15% 的安全理财收益会受到很多投资人的认可，但后来发现实际上客户并不买账。也许有的客户会因为预期回报太高了，反而产生怀疑。

有时他们觉得某个渠道能够做出成绩来，但实际上不是。很多事情，做的过程不会像想的那么容易。如果执行力弱一点，想象力丰富一点，就会发现很多点子说起来好像很严密、很好，但是做出来都不行。所以创业一定要做实践派，一定要与实际结合，一定要始终站在客户的角度想问题。

乐投天下吸取经验，从客户的角度创新金融产品、创新业务。很多客户认为收益率越高，是陷阱的可能性越大，风险越大，他们更需要的是本金的安全。于是乐投天下在风控上做创新，制定出严谨的多重保障风控机制。在保证安全的前提下，乐投创新推出 1 元、100 元起投，年化收益高达 10% ~15% 的“人人乐”、“天天乐”、“月月乐”等产品，创造了注册用户数一夜翻倍的爆发式增长奇迹。

关于未来，乐投天下将继续加大在风控、资产开发等领域的投入。同时继续秉承安全可信赖、快乐、创新的公司发展理念，为客户创造更多价值。努力在 3 到 5 年内，保持在行业前 5 名，并成为行业龙头企业。

乐投天下是在互联网金融 P2P 的基础上的创新模式 P2B，主要服务于中国小微企业。大部分中小企业缺乏融资渠道，其中 30% ~40% 因为没有足够的抵押物而难以通过传统渠道获得融资，但是这些企业本身的运营都不错，并且它们和产业下游的大企业都有长期稳定的合作关系，所以通过供应链的方式为它们融资可以很好地帮助盘活中小企业的资金，提升它们的运营效率，具有很大的社会价值。通过创新，创造更大的社会价值和影响力，正是杨亮创业的初衷。

当年朱镕基院长的一句话，鼓舞了多少清华学子。秉承“行胜于言”信念的他们，和杨亮与他带领的中融智信一样，在不同领域创造着社会价值，创造着中国经济的希望。

# 18　袁大伟：未来的魅力

我真正想要的是改变未来。

近年来，创业如火如荼。无数青年才俊、有志之士投入了创业的大潮，憧憬着成为下一个京东、聚美、阿里巴巴……可实际上，创业并没有看起来那么容易，成功的概率非常小。据不完全统计，中国有将近6000万家企业，其中上市公司不到3000家。如果以上市作为衡量企业成功的标准，那成功率可能是万分之一，甚至是十万分之一。如果以市场占有率来衡量，这个概率会更小。它的常态是创始人在长达几年甚至十几年的时间内要为公司的房租、贷款、员工工资而负重。

为什么还是义无反顾地选择创业这条路呢？对于这一问题，每一个创业者都有着自己独特的答案。有的人是因为发现了一个发财的机会，有的人喜欢自己当家做主，有的人纯粹是因为手里有点闲钱，而有的人只想做出一番自己的事业……这一次的主角，奥德莱（AOD）3D打印的创始人袁大伟给出了他的答案：“我真正想要的是改变未来。”

袁大伟，80后，清华大学建筑系硕士毕业生，奥德莱（AOD）3D打印公司创始人和CEO。毕业后，他曾到北京市建筑设计研究院工作，成为一名建筑设计师。丰厚的薪水、体面的工作、良好的环境和发展平台，这样一份建筑系人梦寐以求的工作，却在一年后，被他弃之不顾。

究其原因，袁大伟的回答是，创业会给他带来更多的可能性和创造性。他说，在设计院里，我能知道明天要画什么图，而创业不知道明天要打什么“怪兽”。“一个工程师，他可能服务的只是一个业主，或者是一座城市；而一个优秀的科技产品可服务的人群更广，所以当时就想改变一下人生的方向。”或许对于袁大伟来说，一成不变的设计院工作实在难以满足其探索未知的欲望，创业反而是一种回归。

选择 3D 打印作为创业项目，纯粹是因为一次机缘。袁大伟在建筑设计研究所工作的时候，单位购买了国外的 3D 打印机，那是他第一次接触到 3D 打印机。“当时觉得很神奇，很高科技，它改变了原有的生产方式，一定会是未来技术发展的一大趋势。”就是这一次接触，在袁大伟的心里埋下了创业的种子。思索着 3D 打印对人们的工作、生活的诸多好处以及 3D 打印的未来，他兴奋得一夜未眠，随后不久，他便瞒着家人辞职，开始招兵买马，组建团队。

## ◎ 苦乐相伴，砥砺前行

选择 3D 打印之后，真正的创业之程却异常艰辛。谈及创业之初的难处，袁大伟说：“最难的地方就是创业的艰苦超出想象。我们经常开玩笑说的一句话就是‘如果当初知道这么艰苦，是万万不敢选择这条路的’。第一款产品 Artist 从研发到发布用了整整 8 个月的时间，大家天天跟机器打交道，也没有宣传的机会。饿了就去清华食堂吃一顿，回来继续摸索，困了就在桌子上趴一会儿，每天都得工作到凌晨。而做研发又像是一个无底洞，问题重重，烧钱不断。我们既没有做预算，更没有预算的概念，所以常常是缺钱了就去借，向同学借、向朋友借、向老师借，甚至去借高利贷，最后总算逼出了一台机器。”

正是这样一次次的历练和打磨，袁大伟和他的团队不断成长，不仅解决了传统3D打印机的精准性问题，还首创性地开发了3D打印机的智能操作系统，填补了国内3D打印的一个技术空白。“创业会遇到很多问题，没创过业的人完全想象不到。但正是在不断地解决这些问题的过程中，我们得到了成长。我感到很快乐，也很幸福。这种快乐也是在别处体会不到的。”

从2013年4月注册成立奥德莱公司，到12月首次召开Artist产品发布会，正式面向市场，袁大伟与他的小伙伴在创业路上一路狂奔。截至目前，其公司已研发并生产了5个系列的10余款机型，应用于教育、艺术、医疗等多个领域，申请近30项国家专利。尽管技术背后的磨砺是难以想象的，从最初的设计构想到现在的成品，袁大伟能想得起来的修改就有30余次。中间为了攻克设计难题，他们甚至通过各方渠道联系到了“嫦娥卫星”的研究人员为他们解决技术上的难题，整个团队苦乐相伴，砥砺前行。

不同于单独卖硬件的3D打印公司，现在奥德莱已经完全实现了自产自销，从设计到生产到销售一条龙，并有自己的教育体系，成为了全方位发展的综合体。奥德莱光环众多，荣获国家科技部中小企业创新基金、“中国3D打印机最具发展潜力企业”、新华都商学院创业大赛100万元奖金等多项荣誉，一年时间完成三轮融资，公司估值千万美金级别。

而似乎最让人津津乐道的，却是那个凭借微信众筹百万的神话。

2014年3月16日晚上九点，袁大伟在校友微信群发布一条消息，宣布进行众筹。消息一经发出，立即引起了热烈反响，3小时内认购金额达到120万元，一天之内认购额突破500万，创造了国内众筹多项纪录。“这个结果有点出乎我们的意料，做众筹其实是一个突然的念头。”袁大伟坦言，“我们创业以来，得到了很多前辈和老师的支持帮助，就想拿出一些股份，以众筹的形式来感谢回馈他们。取得这样的成绩也说明大家都看好3D打印的未来。我们会继续努力不辜负老师和学长们的期望。”

众筹虽然是突然的念头，但众筹百万的结果并非偶然。其背后有着袁大伟长期的积累。身为设计师的他低调、谦虚、沉稳、不张扬，但他骨子里有一股劲，有着让人信服的人格魅力和极强的资源整合能力。

作为最早入孵的企业，奥德莱获得了来自清华x-lab的很多帮助。如提供各方面的社会信息，如一些比赛信息，提供参观和与投资人接触的机会等，清华x-lab也介绍了很多清华校友，然后通过清华的人脉圈互相介绍。有了最初的人脉，奥德莱的业务才一点点展开。现在，袁大伟的创业进程已经步入了相对稳定的阶段。他还会时不时回x-lab转转。每次去，他都会看看大厅里的乔布斯画像，汲取力量。“乔布斯真的很伟大，创造了如此完美的产品，这种精神值得我去追随。”袁大伟说，“我也要创造一家像苹果公司一样伟大的3D打印公司。”说时他语气坚定，掷地有声。

## ◎“我真正想要的是改变未来”

“老大平常是个特别随和的人，对技术有极致的追求。但是别看他那么温和，其实他比任何人都喜欢冒险，而且总有一种心中有数的感觉。”AOD员工对于袁大伟的评价，道出了这位年轻CEO骨子里的精神。

在2014年12月第二届中国产业改革发展年会上，袁大伟谈到了自己对3D打印未来的构想。

“3D打印，起码在未来十年内，是一个辅助型的技术，是帮传统企业和企业家把原来的行业变得更好。”以医疗为例，医疗跟3D打印结合，可以带来很大的变化。目前，AOD 公司跟协和医院、北医三院等国内骨科顶级医院正在进行相关的课题研究。以往脊柱侧弯，要做矫正支架，都要个性化订制，资源却并不均衡，都要到协和就医。而现在，如果每个医院都有医疗的扫描仪，加上 CT 模型数据，地方的患者在地方直接通过扫描将信息传到北京，北京的专家给出一个诊断方案，然后通过 AOD 公司的软件算法，算出最适合的人体矫正支架，把支架在当地做出来，便可以省时、高效地解决患者的需求。

3D 打印对文创领域的影响将会更大。很多有才华的设计师，多年的设计理念，必须要中标，必须要创造出真正的产品，他们才能生活，如果都要花费上万去生产，明显是不现实的。而有了 3D 打印，可以提前变现，在产品设计师刚刚有创意，还没有生产之前，已经有人愿意付费了，这对整个文创领域的辅助和改革是非常巨大的。

教育领域的改革是袁大伟最为期待的。袁大伟的团队希望能做一些对国家有帮助的事情，来推动历史的车轮向前迈进一步。不久的将来，如果小学、初中、高中都普及了 3D 打印教育，等这一代成长起来我们的国民素质水平肯定会得到大幅提升，就像电脑的普及一样，对未来有着颠覆性的变革。

## ◎ 3D 打印行业的未来

十年前，阿里巴巴创始人马云到美国想募集几百万美金，困难重重；而今天，阿里巴巴敲响了在纽交所的钟声，想必也敲醒了所有曾经不相信互联网、不相信阿里巴巴的人。袁大伟坚信，“3D 打印行业的未来会像今天的互联网一样。”“工业 4.0 的概念已经在提了，而现在只是在提智能化生产去链接。将来肯定会有互联网和工业 4.0 更深度的结合，结合到 3D 打印上。对此，我们也会创造一个概念，工业 5.0——

每个家庭都是一个微型的工厂。有了这个概念，工业的结构和物流的结构都会相应调整。”

“中国3D打印行业不应该比互联网弱，它只是刚刚开始。”这是所有奥德莱人的共同信念。虽然现在大家都在摸着石头往前走，但不断尝试的过程，本身就是在推动历史车轮的前进。

也许，生活最大的魅力，在于永远的未知。当你改变心态，以“打怪”的心态来创业，随时准备好面对不知道何时以怎样的方式出现的“怪兽”，那么，就不会被极低的创业成功率吓到，而是在享受游戏的过程中不断升级。

“青春就是用来创造价值的”，“我真正想要的是改变未来”，创业之程中既充满了艰辛，又有着无限的可能。魅力未来，我们拭目以待。

# 19 张仕郎：老张回来报仇了！

他的创业经历，体现了去中心化时代的无限可能。

“找个老板给自己打工。”

“我没钱，但我创业了。”

“不要相信 loser 的话。”

“有困难的地方才是需要创业者的地方。”

……

这些让人耳目一新的“狂言”，皆出自一位准 90 后之口——1989 年出生的张仕郎。没有家庭背景，没有名校背景，没有钱，没有团队……

但是，他创业了！

故事要追溯到 2010 年。

大三学生张仕郎某日忽觉双眼异常不适，到医院检查，医生也觉得问题严重，甚至到了需要家属签字做进一步检查的地步。

检查结果却是喜忧参半：眼睛没有问题，是眼镜瞳距不准。这时候他才明白，不久前他在学校眼镜店配了一副超薄镜片的眼镜，而眼镜店老板私自修改了瞳距，然后将超薄镜片换成普通镜片，这样镜片看起来还是很薄。后来张仕郎去眼镜店拍桌子，但无果而终。

于是，张仕郎在心中刻下这样一句话：我会回来报仇的！

受骗后的张仕郎，成了一个立志“颠覆”传统眼镜行业的创业者。

他自学 VB 软件，研发出多项眼镜专利技术，放弃国企工作，到眼镜店打工积累经验，在地铁上唱歌找到了第一位合伙人，用手机录制创业脱口秀视频，在微博上宣传自己和创业理念。

在眼镜行业积累四年经验后，2014 年，张仕郎用 1 元钱注册成立了云视野（北京）科技有限公司。这是一家专注于互联网配镜的网上眼镜商城。使用云验光专利技术，让消费者足不出户，在家享受验光配镜服务，打破了传统眼镜行业暴利的惯例。

在天使汇路演的时候，云视野获得了七位天使投资人的认可。其中包括吴世春（梅花创投）和李一男（前百度 CTO、金沙江创投）等。张仕郎说：“目前，云视野已经覆盖多所高校，中期目标是拿下学生配镜市场的四到五成，后期会做白领市场，更大的目标是成为一家成功的 O2O 上市企业。”

## ◎ All－in：全力以赴，投资自己

决心颠覆传统眼镜行业的张仕郎，在做好技术准备后，认为在自己创业前最好到眼镜企业工作一年，“找个老板给自己打工”。大四毕业前夕，张仕郎就有心到学校附近的眼镜批发市场当业务员，了解眼镜行业。但是找工作时，由于专业限制，屡屡碰壁，只好退而求其次，选择

了去眼镜企业集中的上海做其他工作。从毕业到正式入职之前一个多月的时间，他又来到了东莞，在一家眼镜制造企业更深入地学习眼镜制作流程和行业现状。

要知道，张仕郎在上海可是一名国企员工，但国企给的安全感并没有消磨张仕郎坚持创业的决心。2012 年，在上海半年多的时间里，他拿着自己的专利继续到各大眼镜企业应聘，依然没有结果。不过这个互联网时代真的是一个最好的时代，在微博上很活跃的张仕郎被龚文祥推荐给了北京的酷镜网：一家当时尚未注册的眼镜电商。这被张仕郎视为一个为自己创业做准备的绝佳机会。放弃了上海的种种政策和生活福利，按张仕郎的说法，那叫“体制内的束缚”。2013 年 4 月，张仕郎来到了北京。

酷镜网那时规模很小，没有完备的组织制度，没有劳动合同，张仕郎在自己微博的个人资料页填写的酷镜网职位是“扫厕所”。就是在这样的环境下，对现在的云视野影响最深的创业课开始了。在酷镜网的这段时间，张仕郎用心总结眼镜电商的各种经验教训，比如今天云视野的零库存模式就得自当时；他有机会进入眼镜电商的圈子，积累人脉。张仕郎要做眼镜行业，要做云验光，但自己并不会验光，于是在这段时间自费学习验光，白天工作，晚上上课，有时上完课还要赶回公司工作，他就这样拿到了中级验光师资格证。

正如大三时花了一学期的生活费来申请专利，这次学习验光他也是花光了所有积蓄。张仕郎特别强调一个词“all - in”，即对认定的事情，投入全部的精力和财力，把全部的筹码都砸进去。你，敢吗？

“我们投入全部的青春、热情，去赌一把，赌的是：改变‘视界’。”张仕郎说。

## ◎ 不要相信 loser 的话

很多人也想像张仕郎这样痛快地赌一把，但他们害怕。因为周围总是有很多声音说：创业太冒险，大学刚毕业就创业根本不靠谱！对此，张仕郎的回答是："不要相信 loser 的话！创业本身就不是一件靠谱的事情，对任何人来讲都是如此。雷军当年也隐藏了一年，也不确定自己的项目会成功。那些总说大学生创业不靠谱的人，往往都是自己年轻时创业失败的人，往往都是 loser 而已。听 loser 的话，自己也只能成为 loser。听父母的话，自己也很难超越父母。"为了保护自己刚刚成型的宝贵的独立思想，他甚至一年半没回家。

除了要尽力避免他人的干扰，要想迈出创业第一步，更重要的是破除自己内心的恶魔。张仕郎很不理解那些为了户口等原因而犹豫不决、不敢挑战自己的人：你出来会死吗？你怕的是内心的恶魔，其实"鬼"在哪里呢？你的面子能卖几块钱啊？实在不行，你可不可以去擦皮鞋？去扫厕所又怎样！

他说："我彻底将自己杀死过很多次，杀死各种虚荣的自己，杀死没有安全感的自己，只有破除了自己内心的恶魔，才会发现，世界真大。"

张仕郎特别强调，现在是去中心化的时代。以前的创业者，靠的多是资源和关系，这需要长时间积累。但现在的互联网时代，你要有能力让目标客户喜欢你、爱你，他们才会花钱，这需要依靠的是人格魅力，而不是关系。现在，创业者需要从产品经理角度去做事，去打动客户。

中心化时代看起来很美好，但其实很残酷。因为你的晋升与否取决于上级。现在，大家同一时间盯着电视看《神雕侠侣》的时代已经一去不复返了。你可以选择在任何时间，以各种方式看任何你想看的内容。在绝非“谁有资源谁是老大”的去中心化时代，只要你有特色、有能力，就可以聚集一帮人，做一件事情。在这个时代，可能有更多的人成功，无关关系，无关年龄。

### ◎ 白手起家

张仕郎的创业经历，正典型地体现了去中心化时代带来的无限机遇和可能。2014 年初，张仕郎再也不想在酷镜网“扫厕所”了，他觉得自己已经准备好干自己的事业了。2014 年 3 月，已经从酷镜网离职的张仕郎在家门口的赤水河边录制了原创视频脱口秀节目《白手起家》第一集：“我没钱，但是我创业了”。手机拍摄，简单的后期，片长约 5 分钟，简单却充满激情。《白手起家》一共制作了 30 集，内容涉及自己的创业心路、招募团队、行业干货等。作为罗辑思维会员，张仕郎并不否认这部分是在模仿罗胖，但模仿的并不是形式，而是罗辑思维社群的“自由人的自由联合”的理念，以及对互联网思维的领悟。

张仕郎总说自己赶上了好时候，比如 2014 年 3 月，《公司法》改革，0 元可以注册公司。没钱的张仕郎在 4 月用 1 元钱注册了云视野（北京）科技有限公司。6 月，抱着“抓住一切机会”的心态，张仕郎参加了 100X 活动。经过重重面试和筛选，云视野突破重围，顺利在天使汇挂牌注册。在最后申请投资之前，天使汇提供了有针对性的辅导。7 月，云视野就顺利拿到了天使投资。当时张仕郎只想融 60 万元人民币，没想到，15 分钟的路演，最后有七位投资人被他吸引，以股权众筹的形式给了云视野共 180 万元人民币。这七位投资人就包括梅花天使合伙人吴世春，前百度 CTO、现金沙江创投合伙人李一男等。

张仕郎很庆幸能加入天使汇这么好的平台，“没有天使汇、100X 这种红娘，创业者是不了解不同投资人的风格的，有人喜欢纯互联网的，有人喜欢带些 O2O。如果你选错了投资人，就只是白白透露了信息。”天使汇引荐的一流投资人带来的不仅是资金，还有信用的背书和关键时刻对公司的点拨，后者也是非常重要的。

其实，事实并没有看上去这么势如破竹、一帆风顺。这是张仕郎在北京最困难的时期，没有钱，在双井租600 元一个月的床位，出门要犹豫坐公交还是坐地铁，在地铁唱自己改编的歌宣传创业想法，靠自己的力量在微博和微信上宣传产品。这段时间他见过很多投资人，甚至包括徐小平、雷军这样的大佬，最后得到的大多只是一句“保持联系”。虽然困难重重，但创业总是有惊喜。张仕郎是在地铁上唱歌时认识了他的第一个合伙人。那时没有固定的办公场所，两人住的地方又离得比较远，只能两地奔波或者远程协作。

那时的张仕郎还专注于移动验光，也就是验光师背着相对便携的验光设备和镜架镜片给用户上门验光。虽然便携验光设备比传统验光设备轻了许多，但还是不方便。目前，云视野已完全可以做到真正的“云验光”，即验光师通过视频等远程遥控验光过程。这种模式不仅方便，还极大地降低了成本。“验光师在北京，可以给全世界的人验光！其实，我们已悄无声息地创造了历史。”

## ◎ 起飞

2014 年 9 月，《白手起家》最后一期视频上线。张仕郎非常注重自媒体的宣传。“我们需要的是一种自媒体的品牌影响力，这种影响力是持续的。罗永浩做手机，一个人推广，就可以有这种效果。他当年砸西门子，买冰箱，这都是成本——但你以后再做什么都可以利用这个影响力。”

张仕郎又制作了几首歌曲，用作传播的素材：“歌曲的传播范围很广，和初期的市场定位又非常接近。你用百度去推广，成本会非常高，和传统店面就差不多了。现在花上十万元用来策划歌曲，基本能让全国高校的学生都认识我们。用硬广就没有这个效果。”

除了自媒体推广，利用app内置的社交功能做推广也是云视野的计划。消费者购买眼镜后，可以通过云视野app晒出来，这就同时宣传了云视野的时尚和品质：“买了一个眼镜之后我们就可以做活动，比如有条件的赠品，比如可以让男生出钱帮女生买。这些都能和线下活动结合，尤其是校园活动。这就能满足消费者的社交需求。”

准90后做的产品，就应该更好玩。在去中心化时代，就应该做出有自己特色的模式。

现在，云视野已经搬进了固定的办公地点，张仕郎又通过罗辑思维社群遇到了新的合伙人，销售团队也渐渐成型。张仕郎已经把市场精确地定位到大学生群体，为大学生提供上门验光服务，个性化地满足用户的需求。更重要的是，因为运营成本很低，所以学生能够以最接近成本价的价格买到眼镜。但移动验光是个新事物，更何况云验光。所以，既是为了让学生体验新的验光方式，更是为了宣扬颠覆眼镜暴利的姿态，张仕郎在北大、清华为学生免费验光配镜，之后又在其他若干所学校推出做兼职换眼镜服务，不仅把眼镜免费了，也是在利用互联网制造更广泛的连接，为寻找创业伙伴打基础。

张仕郎说自己最珍惜团队，钱是投资人的，只有团队是自己的。有一个小细节，他自己用的一直是不到千元的手机，而现在新人入职时，公司送的礼物都是iPhone plus。除了待遇，他对自己选择的人更是绝对信任，很少过问细节，只把握大方向。他说自己这是在践行“去中心化”，这是互联网时代不可阻挡的趋势，这也让云视野团队的每个成员都成了真正的创业者。

2014 年平安夜，云视野团队决定到积累了大量天使用户的中国地质大学给同学们送苹果，以答谢他们对这个年轻的团队的支持，也借此宣传自己。一位中国地质大学的男生，也是云视野的用户，同意把寝室借用给云视野当作活动场地。他们送出的苹果叫“非暴利苹果”，因为云视野卖的就是非暴利的眼镜。

那天有很多人被苹果吸引过来，但让云视野最为兴奋的是，有其他学校的同学因为对云视野和张仕郎的创业经历感兴趣专门赶来，有并不戴近视镜的同学因为长期关注云视野的服务号而来。对于一个尚不成熟的创业团队，这些小事足以让人感动。

张仕郎说自己是站在别人的肩膀上，硬件用的是平板电脑加外接键盘，通信软件用 YY 或者 QQ。但是为学生订制上门服务、远程验光绝对是张仕郎和云视野独家提供的体验。现在，云视野正在把市场逐步覆盖到北京所有高校，并招聘一批学生兼职配合验光，让学生也参与到创业当中。如果拿到 A 轮融资，那么把产品推向全国也就不远了。

## ◎ 有困难的地方才是需要创业者的地方

云视野的创业还算一帆风顺，赶上了好时机，一个月便拿到了天使投资，遇到了罗辑思维社群的合伙人，但其实天时地利往往需要先有人和。张仕郎为了云视野准备了四年，一天天地积累，初心不移。他特别欣赏阿甘。“一个呆呆傻傻的人，但他可以坚持去做一件事情。其实，很多事情，并不是需要聪明人去做，而是需要有人坚持去做。”聪明人有很多想法，但经常被周围的蝴蝶、蜻蜓、小花吸引，忘了自己最初的目的地。他觉得自己很像阿甘，不问为什么，不管下雨还是刮风，只会一直往前跑。

面对这样执着的“阿甘”，我不禁好奇：“在怎样的情况下你会放弃？”

“除非是这个行业彻底没有前途的时候，比如所有人吃一粒药丸近视就全治好了的时候。”

“特别大的困难会让你放弃吗?”

“有困难存在才是我们的价值所在。有困难的地方是权利和关系达不到的地方，才是需要创业者的地方。我们征服了所有的困难。他们做不了的事，我们做了。”

## 20 张天一：湖南人在北京的“霸蛮”

“我们是90后，在环球金融中心，为自己上班，用知识分子的良知，在他乡，还原家的味道。”

就如同当年的80后一样，现在的90后被社会无限的吐槽，拜金、坑爹、独生子、自私、不靠谱等等，他们被如潮水般的差评贴上了各种标签。但是不要紧，时间会证明90后是一群有思想、有态度的正能量有为好青年。

张天一就是其中之一。大学期间曾经从事过艺人经纪人、创业者（开连锁餐馆天一碗）、机关法律顾问、小摊贩、保险推销员、自由演讲人、专栏作者、文化公司营销总监等十个职业，在北大BBS论坛上引起了巨大争议，被网友称为“十业哥”。如今，他是北京伏牛堂餐饮文化有限公司CEO，北大1898咖啡联合创始人。

2015年5月，李克强总理考察中关村创业大街，来到北京大学创业训练营，正巧碰到了穿着标有“霸蛮”二字工作服的张天一，便问他这两个字的含义。张天一当时解释说：“湖南有一句话叫‘吃得苦、耐得烦、霸得蛮’。这也是我们创业团队的精神。”这个回答得到了总理的赞许。

### ◎ 我是要成为“寿司之神”的男人

在湖南常德，有这样的一句话，它与老北京人常说的“您吃了吗?”一样流行，那就是“走，嗦碗粉儿去!”对于不少的湖南人来说，天天吃，甚至顿顿吃米粉都是再正常不过的事情了，米粉之于常德人就像炸酱面之于老北京。

伏牛堂是北京第一家正宗的常德市牛肉米粉，是由张天一牵头，北京外国语大学法学硕士柳啸、放弃了美国高校 MBA 全额奖学金的宋硕以及在深圳早已有稳定工作的周全共同发起的餐饮创业项目。目前被视为与黄太吉、雕爷牛腩等齐名的互联网餐饮品牌，并获得险峰华兴、IDG、真格基金的投资。

因为他不想朝九晚五的上班，也不愿意做大公司背后的一颗螺丝钉，最后与许多创业者最开始的创业原因一样，没有自己喜欢的职位那就自己创造一个。张天一在大学期间就开过饺子馆，最终将创业项目锁定在餐饮行业。他想到了常德牛肉米粉，一来北京没有一家非常正宗的常德米粉，这部分市场是空白的；二来米粉准备工作主要在前期，牛骨汤需要提前十小时熬制，而真正操作的时候，从煮粉到出餐，全部过程不超过 30 秒，具备了标准化操作的可能性。

发粉、烧水、炒牛肉，并且研究汤底的配方，越研究越有意思。多一点中药是这个味道，少一点中药是那个味道。每天在那儿研究配方，搞搞牛肉，包括到外面做服务员，跟客人聊天，张天一觉得这是他目前想要的生活。

这样的事事亲力亲为，对牛肉和粉的质量要求非常的严格，这不禁让我想起之前看的一部优秀的纪录片《寿司之神》。一间只有 10 个餐位，连洗手间都在店外面的小小寿司店，居然被评为米其林三星餐厅，笔者被纪录片的主人公小野二郎的专业与敬业所感动，一直认为那是厨师的最高境界。

闲聊之中发现，张天一本人也很喜欢《寿司之神》，居然看了十遍有余，他是立志要做“寿司之神”的男人。张天一总是以“要更好玩儿”的心态经营自己的米粉店。用一碗米粉起到连接的作用，希望将北京的湖南人连接起来。同时，它还可以是一个游戏，你来吃米粉，可以跟店员掰腕子，赢了免费，输了你双倍付费，多收的钱捐给公益组织等。王府井新店开张他则推出了世上最强的“黑暗料理”——藿香正气鱼腥草米粉，吃之前那都是要签生死状的（据说只有 129 人连汤带粉全部吃完了）。

2015 年 2 月伏牛堂公司团队整体入孵北京大学创业训练营海淀基地。张天一来到北京大学创业训练营孵化器也是机缘巧合：“它最大的意义在于能够让创业者把精力都放在业务上，其他都不用你操心。包括你要创业的什么政策信息、法律信息、投资信息，孵化器都会给你提供，并且还不定期举办很多讲座，请来的都是非常成功的北大校友，分享交流自己创业的经验。相当于你会有一个导师一样，这就是北大创业训练营让我感觉非常舒服的地方。”

## ◎ 将餐饮业做成受人尊敬的行业

与张天一接触过会发现，他并不是网上了解到的那样年少轻狂的 90 后，而是一个很踏实的人，只是想踏踏实实地做好每一天的米粉，开好每一家米粉店，坚持合法“卖粉”，并且立志要将中国的餐饮业做成一个受人尊敬的行业。

“今天中国有三亿人在从事服务行业，传统的服务行业没有受到应有的尊重，伏牛堂的企业使命，今天我的理解，我的企业使命，在于我们要做成这点的标杆，让所有人觉得伏牛堂是一个值得尊重的企业，从而让这三亿人感到自豪。”

“你看快递小哥，工资不低，但是他真的是一个很受尊重的行业吗？不是。厨师，都在给社会创造价值，工资也不低，但是为什么得不到别人的尊重呢？我希望我们伏牛堂在未来的某一天能做到这一点，让三亿人为我们自豪，今天我能做到我老家的人很为我自豪。做到这样我觉得就叫企业有使命感，企业有了使命，你才谈战略，有了战略再谈战术，肯定是这样的。包括我不是卖的一碗粉，它就是湖南的常德牛肉粉，我们真正卖的是什么你知道吗？我们真正卖的是中国这个城镇化大背景下的商机，一切跟漂泊这两个字相关的主题，因为中国未来适应的主题就是城镇化，而城镇化意味着背井离乡，现在人们最怀念的也就是小时候的味道，家乡的味道。”

“因为饮食是一个人的文化背景最好的体验，我们讲未来中国城镇化至少六亿人会被城镇化掉，背井离乡，未来的伏牛堂不仅是给湖南人提供服务的，我们提供的主题不是叫湖南米粉，我们提供的主题是为所有漂泊的游子提供一种家的感觉。因为每一个人的家乡都有这样的东西。这样的感觉是要提供的，不然肯德基就是个炸鸡，就是卖一个鸡肉，他为什么卖到全世界，他卖的是美国的文化。很多人在北京的归属感是很差的，也有些人说伏牛堂这个地方能给我归属感，这种归属感不仅提供给我的顾客，我要提供给员工，提供给所有的人。这是我的核心价值观，这样我才能把一个地域的食品卖到全国，卖到全世界，否则是不可能的。”

## ◎ 湖南人在北京的“霸蛮”

伏牛堂出名的除了正宗的常德米粉还有霸蛮衫。“霸蛮”其实是湖南的方言，也是湖南人一直秉承的一种精神，意思为吃的苦、霸得蛮、不怕死、耐得烦。

张天一把霸蛮作为企业的精神，他认为那是一股劲儿，是与他整个人喜欢的性格特质相同的一股劲儿，那就是面对所有压力的时候我就是不信这些邪。而且这是创业必须要有的一股劲，因为创业在做的就是一个创造规则的事。

“绝大部分大学应届毕业生，进社会第一件事情不是学创造规则，而是我怎么去服从规则。各种各样的规则，迎面而来，大家要服从规则。现在我在做伏牛堂，不仅仅拒不服从，而且还要创造，这个难度是很大的，那是因为必须要有自己的一套价值观，自己的一套逻辑，还有一股比较狠的劲儿，霸蛮这个精神很重要。”

对于创业，他有着自己的理解：“古人就是知行合一，合没合一不知道，但是我观念就是人生还是在于体验，创业不在乎成功不成功，今天很多人创业的观念是错的。我当时毕业的时候，有人劝我要不要工作三年再创业？我想这个是错的。因为创业不管怎么靠谱，它始终是一个大概率的失败事件。你可能刚毕业的时候失败率是99%，可能我工作了三年，失败率降低到95%，你觉得这个降低有意义吗？没任何意义。还不如在试错成本低的时候干这个风险失败概率高的事情，所以一定要毕业的时候创业。很多人意识不到这一点，大家都想当马云，很多人把创业成功当成要追求的东西，每天都看成功学，这是不对的。真正成功的就是那些心态好的，创业比的就是心态。我觉得真正成功的人都是把创业当体验，火了是种体验，死了也是一种体验。

我每天都在问，伏牛堂死了我能不能接受，我想能接受，我的伏牛堂怎么会死呢？我一想大概可能明天，或者下个月我估计我就会有点问题了，我能接受吗？能接受，好，干。反正我觉得这个心态是很重要的，如果我能够始终保持这个心态，我跟我的合伙人就不会出问题了，因为大家的心态是一样的。其次，我的商业节奏不会出问题，这样你很清楚你到底是谁，你在干什么样的事情，这两点我把住了，创业真的就成功一大半了。看我能不能保持一个最好的心态很关键，这也是对我最大的挑战。”

# 21　祝凌云：我从来不觉得在创业

*因为它好玩，所以我要去玩。*

凌云智能创始人兼 CEO 祝凌云是一个爱玩的人。在玩的过程中，他做出了最轻巧、最强大的强光手电，做出了配有每分钟 12000 转喷气发动机的自行车，还做出了回头率 100% 的独轮电动车。毕业于北京航空航天大学机械专业，他既懂做产品，又懂编程。这让他玩起来如鱼得水。不管是在爱尔威智能做首席技术顾问，还是现在自己创业，不管是做机械工程师，还是程序员，“是否好玩”都是他判断做或不做的重要标准。

目前，祝凌云正在“玩”具备纯正互联网血统的自动平衡两轮纯电动汽车。

祝凌云在 2014 年 2 月创办了凌云智能，专注于两轮纯电动汽车的研发。目前已解决了两轮汽车的核心技术，并申请了多项核心发明专利。今后将融入和整合自动驾驶、车联网应用、云以及大数据等前沿科技，目前公司已获 A

轮1000万美元融资。

在凌云智能的办公室里，记者看到了他们的产品——凌云两轮电动汽车。第一感觉：哇，帅呆了！太酷了！好像突然置身于未来世界一样。这车看上去像小型飞机，可以像陀螺一样保持高速稳定行驶，零半径转弯，怎么也撞不翻，电池可插拔，能耗只有Tesla的1/3，以后还可以实现全自动驾驶、自动探索最佳路径、自动转弯等。

于是，记者兴奋地问道：“你的创业灵感来自哪里？怎么会想到做这么酷的车？”

## ◎ 酷车的由来

“2012年有人找我设计电动独轮车，解决人类出行最后一公里问题。通过这个项目，我积累了一些平衡控制方面的相关经验。但这种方式还不是特别完美，我相信一定还有更好的出行方式。衣食住行是生活的基本需求，‘行’对人类生活影响很大。我想，在‘行’的方面突破是很有意义的。”

在大城市出行，是件非常令人头疼的事。汽车是当今最重要的出行方式，每辆车平均重量1.4吨到1.5吨，大多数车里有四到五个座位，但多数时候只坐一个人，这造成了严重的浪费和污染。

有没有更好的出行解决方案呢？

想象一下，如果每天都能看到蓝天，不用担心雾霾，不用考虑停车和堵车的问题，那生活多美好。所以，祝凌云想，如何在不牺牲开车体验（能遮风挡雨），也不影响已有驾驶习惯的前提下，设计出一种小而轻的汽车？

其实轻型自动电动汽车的概念已经出现100年了。但是以前，没有像今天这样严重的大气污染、交通拥堵等问题。车少人少，人们没有

PM 2.5 的概念，也就没有对这种轻型环保汽车的绝对需求。再加上以前技术也不成熟，这种车没办法实现商业化和产业化。但是今天，技术比较成熟，这种两轮电动汽车很有需求也是可能的了。

2013 年底，爱玩、爱挑战、爱设计的祝凌云开始带领团队落实设计电动两轮车的计划，2014 年春节后开始做，到 9 月已经做出了样车。

这种两轮车效率非常高，可以坐两个人。祝凌云说，将来自动驾驶技术成熟后，就不需要司机了，如果一辆车从 A 地到 B 地过程中，稍微拐弯就可以省时间，那就可以通过大数据调度，帮助车辆自动选择最优路线。现在开车很多时间和能量消耗在等红灯上了，以后通过大数据，完全可以自动驾驶，自动调速，就可以一直走，也就不需要红灯了。想象一下未来路上的场景吧！而且，这种车的价格甚至比现在的汽车还便宜。

谁不希望有这样一台智能、帅气、方便又节能环保的超级酷车呢？据了解，目前国内还没有和凌云智能类似的公司。投资人和凌云团队都非常看好这个项目的前景。

祝凌云说，推动他做这件事情最大的动力，除了这种车实用，更重要的是，好玩。

## ◎ 不危险的东西不好玩

整个采访过程中，祝凌云反复强调“兴趣”。

他说：“我只做设计，只做自己感兴趣的、觉得好玩的东西。比如电动独轮车，别人找我设计时，我觉得这个东西很有意义，很好玩，所以才做。如果是我觉得没有意义或不好玩的，我是不会去做的。”

“我特别喜欢玩手电，越亮越好，所以我也设计手电。我办公室里还有一辆喷气式自行车，可以骑到 100 公里每小时，只要你胆大就可以。它没有任何商业价值，纯粹是消遣，但是因为它好玩，所以我要去玩。好玩的东西就危险，不危险的东西不好玩。”

后来在他的办公室里，我们看到了这辆“好玩”的喷气式自行车：与普通自行车类似，但有专门的喷气设备，车身上放了一大瓶橙黄色液体。记者问：“您会骑着这辆车来上班吗?”祝凌云大笑，说：“这哪儿行！这个车很耗油，声音也很大，骑在路上太拉风!”原来，那瓶记者以为是饮料的黄色液体，竟然是一大瓶汽油！

## ◎ 了解的过程，就是享受的过程

祝凌云从小就喜欢电脑等高科技的产品。虽然学的是机械工程，但他根据自己的爱好从机械跨到软件、硬件。他现在很多工作是写软件，画电路板，所用的很多技能都不是上学时学的。

转行的过程很漫长，但对他来说并不痛苦。

从 2001 年毕业到现在做两轮汽车，13 年间，出于对高科技、自然科学的强烈兴趣，祝凌云坚持每天学一点，长期积累下来，学了很多东西。他成功转行也是自己长期坚持自学软件的结果。对他来说，也许不用“坚持”。因为，兴趣是最好的老师，他只要一有空就想研究这些东西。即使现在创业更忙了，他仍然对黑洞、反引力、星系的形成等非常感兴趣。一有空就会找相关资料看。他知道也许这辈子也不可能真的去做这些事情，但有兴趣就去研究。即使完全是天方夜谭，他也有兴趣去了解。“因为了解的过程，本身就是自我享受的过程。”

## ◎ 我就想把一件事情做好

凌云汽车团队的四个人中，除了 1978 年的祝凌云，其他多为 80 后，应该也算是年轻的团队吧。但祝凌云说：“相对于一般的创业者，我们算是高龄创业了，心态是不一样的。我们做事情，一定要求很稳，哪怕是做上 5 年、10 年也要坚持。不会是二十几岁时的心态，总想很快把一件事情做成。”

最初选办公地点时，云基地孵化器说可以选择上地或亦庄。很多人会选择上地，因为那里相对繁华，但祝凌云选择了郊区亦庄，因为这里人很少，很安静，可以安心做事。

他说：“我在附近租房，一租就是 20 年，因为我就打算把一件事情做好。我有同事，举家从外地迁过来，全力投入。这和二十几岁时的心态完全不同，和那些高中甚至初中就开始创业的人的心态完全不同。”

“我是这样的人，看准一件事情，只要是自己真的喜欢，就愿意搭上 5 年、10 年，甚至 20 年来做。”

在目前浮躁的社会，像祝凌云团队这样做好 20 年创业准备的，有多少？

## ◎ 创业是很自然的过程

“我喜欢解决交通出行问题，但是一个人的力量不够，所以需要找团队一起来做。做到一定程度，产品要细化、要升级，需要钱，我就去找钱。团队发展到一定程度，需要有人来管理，需要财务、人力等，我就去找这些专业人才。每一步都水到渠成。”

祝凌云不会提前考虑太多问题，他只是遇到问题后就去解决问题。“我兜里揣 10 块钱，就不会觉得自己穷，我就敢去闯天下。我不会顾虑太多，这是天生的。”

微博上，朋友说祝凌云的心理年龄刚满 18 岁。他自嘲说长得这样蛮对不起父母和国家的。也许，正因为只专注于自己的爱好，正因为没有太多顾虑，所以才不会被自己“预想的困难”吓倒，才可以更集中精力解决眼前的问题，才敢于迎接其他人望而却步的挑战。

## ◎ 我不需要说服他们

“你最初是如何找到并说服伙伴们加入的？”

祝凌云说：“有些是同学、同事，还有我原来做培训时的学员。还有我做手电时认识的朋友。我不需要说服他们，因为他们本身就觉得这件事靠谱，而且我从来不忽悠人。

当然，找人仍是我目前最大的挑战。碰到合适的人很不容易。因为我要找的，是认同、想做这件事情的人，而不是只希望拿到高薪的人。不管是招行政、人力，我第一看重的不是专长，而是人品和对这份事业的认同。因为工作时的氛围非常重要。所有人都要抱着阳光、向上的心态做事。任何一个消极情绪都会影响整个团队。我们现在选人可以慢一些，一年后搭建成团队也可以。因为时代变了，不是公司人数越多，越成功。比如，苹果操作系统，最初只有十几个人，安卓系统最初只有两个研发人员。重要的是团队要保持一定的活力。人多时，很多事情都要按流程去做，浪费很多时间。30 到 50 人时，效率最高，开个会就能解决问题。我希望将来公司规模在 30 到 50 人左右，我们要打造一个非常精简化的团队，每个人都很重要。”

当然，祝凌云本人也在由技术人员向管理人员转变。这对他是个很大的挑战。不管做技术还是做管理，他的动力都是一样的：兴趣。有兴趣，就去做。他也希望找专业的人做专业的事情，包括人力、法务、财务等专业人才。云基地孵化器在场地、财务、人力等方面都给了凌云智能很多帮助，消除了他们的后顾之忧，让他们能更专心地“玩儿好自己的游戏”。

凌云智能团队目前只有四个人，四个沉稳、踏实的人，在一间不大屋子里，做着一件可能会改变整个人类出行方式的事。

## ◎ 我从来不觉得在创业

祝凌云认为创业需要多方面的权衡。如果考虑稳定、不想冒险，就不要去创业。很多投资人不建议年轻人创业，因为刚毕业就创业成功率太低，会浪费很多钱，有时还会给自己留下一个很深的烙印。人到30多岁后，一般来说，最基本的生存应该不是问题，而且人脉和资源也相对较多。所以，他不建议刚从学校出来就创业，尤其不要为了创业而创业。

谈到自己现在做的，他说："在别人看来是创业，在我看来这不算什么创业，我从来不觉得我在创业，只是我看好这件事情，我就去做，仅此而已。就这么简单。我不是拿投资去创业，我是做我喜欢做的事情，是做我的梦想。"

幸运的是，这样有梦想的团队，也遇到了有梦想的投资人。项目启动后，经朋友介绍，祝凌云接触到了云基地孵化器。云基地的田总是一个有梦想的投资人，给予了凌云智能大量的支持。还有徐小平，他和祝凌云聊了15分钟后就决定投资。祝凌云说："因为他们不完全是为商业利益，真正赚钱的伟大的投资人，都是在投梦想。"

"当你不要的那一刻，就发生了。"当你不觉得自己在创业时，别人才会真正看到你的梦想，你离创业成功就更近了。

## ◎ 睡在车里的日子

作为公司创始人兼CEO，祝凌云对很多事情不会考虑太多细节，但团队中有人会考虑得比较细。比如签投资协议，有时祝凌云都不会仔细看，团队其他成员会很认真地去找律师分析。

作为领导者，祝凌云愿意相信任何一个人，不会因噎废食。在他的影响下，团队形成了一种踏实肯干又很团结的文化。

原本计划2014年底做出样车，但9月份就做出来了。祝凌云说提前完成任务也没什么秘诀，关键是有动力去做。在生产样车的阶段，最后两周他们四个人几乎都没怎么睡觉，一直在不断改进，一直盯着，实在太累了，就在车里睡一会儿。

让他记忆犹新的是，生产样车前，他们在解决传感器工艺和相关配件的选择方面遇到了很大的困难。当时已经6月份了，开始研发3个月后，车还站不起来。他们尝试了各种方法都不行，没想到，最后竟然用很古老的方式解决了这个问题。“这就如同1999年南联盟打下了美国的117飞机，是因为南联盟太落后了，用的是古老的雷达技术，波段很长，用现在很先进的技术是侦测不到的。”

可以想象他们最后解决问题时幸福又惊讶的表情。这也许是老天爷和他们开的一个小玩笑吧，奖励并启发一下这些勤奋执着的开发者们。

## ◎ 不久的将来

凌云智能两轮电动汽车还在试验研究阶段，希望五年后实现批量生产。祝凌云对这款车有很高的期望，希望还能更智能化、更科技化。“它可以彻底摆脱充电装置的束缚，如果将来实现产品化，我希望高配版本能够实现如下性能：真正百公里三秒的加速性，最高时速超过两百公里，以及一千公里以上的续航能力，并且具备强劲的越野能力。”

在一次演讲中，祝凌云说：“我相信所有人都对这个有兴趣，因为汽车行业的变革具有无限想象空间。预计2016年中期打造出真正实用的车，我相信两轮汽车解决方案，相信国产汽车的潜力，相信国产汽车未来，相信中国！”

相信在不久的将来，饱受堵车和PM 2.5之苦的我们，都能在蓝天白云下，开着这辆“梦想之车”，在没有红灯的路上，自由驰骋。

# 附录 1

# 中关村创新型孵化器概览

D

# 中关村梦想实验室

中关村梦想实验室（注册名为北京中关村国际数字设计中心有限公司）设立于2012年，作为曾经的全国首家高新区办公总部以及新时期的首批国家级创新型孵化器，它承载了中关村“敢为人先”的创新精神，继续在中关村国家自主创新示范区核心区建设中发挥着引领示范作用。

中关村梦想实验室以顶层设计、整体布局、链条格局、精准孵化为孵化格局，以搭建平台、聚集要素、对接资源、比肩成长、跨界融合、协同创新、血脉相连、携手共赢为孵化理念，探索创新模式并取得一定的成就，分别荣获国家、北京市、海淀区众创空间、中关村创新型孵化器、智能硬件孵化器、新兴产业孵化器。

孵化器通过整合创新资源，搭建创业平台，与企业共同成长，已累计孵化企业46家，成功上市企业1家，准上市企业2家。在孵化创业项目的同时，还孵化了如天使茶馆、创客空间、智能硬件梦工场、文创聚场、机器人开放空间等创业服务功能平台，可谓硕果累累。

## 一、基本概况

中关村梦想实验室位于海淀大街一号，建筑面积10000平方米，办公场地环境优美、价格低廉，紧邻地铁中关村站，毗邻海龙、鼎好、E世界，曾经是国家首家高新区办公总部，是中关村创新发展的策源地。它是一家专注于投资智能硬件、移动互联、文化创意产业种子期企业，并为之提供全方位服务的国企创新型孵化器。

办公大楼自1992年启用以来，随着中关村发展时代的变迁，先后用于政府办公、电子商城及创新型孵化器。作为中关村的地标式建筑，大楼三次功能的更迭，见证了中关村科技产业的潮起潮落，体现了其作为引领者和风向标的功能特征，承载和折射着中关村“敢为人先”的创新精神。我们植根于中关村这片土壤，与之共同成长，熟知、亲历、受益于这段历史，有责任、有义务将这段历史及“敢为人先”的创新精神传承下去。

## 二、孵化理念

中关村梦想实验室拥有最完善的创业服务产业链，集政、产、学、研、用、融六位孵化服务于一体，以顶层设计、整体布局、链条格局、精准孵化为孵化格局，以搭建平台、聚集要素、对接资源、比肩成长、跨界融合、协同创新、血脉相连、携手共赢为孵化理念，以“五众”为孵化理念，发挥中关村科技创新源头的优势，引领国家战略性新兴产业发展，成就创业者的中国梦。

## 三、孵化服务

1. 物业服务、前台统一接待等；

2. “海淀区综合服务—中关村国际数字设计中心站”可加快创业个人及团队办理工商注册手续，从原来1个月的时间缩短到4天时间；

3. 中海投资可运用政府投资引导基金和自有投资基金对初创期具有潜在价值的项目进行股权投资；

4. 楼梯东侧面向中关村大街的巨型LED广告屏免费为在孵企业提供宣传服务；

5. 首都科技创新券推荐单位资格，对小微企业或团队指定实验室围绕科技创新创业开展的测试检测、合作研发、委托开发、研发设计、技术解决方案或购买新技术新产品（服务）等科研活动给予资助；

6. 实时推送企业可享受优惠政策信息，按需求不定期举办政策解读培训会，择优推荐在孵企业申请政府资助奖励；

7. 签约外包的为在孵企业服务的机构包含知识产权代理、律师事务所、会计师事务所、项目评估、政策申报、营销策划等。

项目征集：

领域：智能硬件、移动互联、文化创意产业的小微企业（创新性强的项目领域不限）。

联系电话：010－62613178　邮箱：zgciddc@163.com

## 四、孵化成果

中关村梦想实验室成立四周年以来，在孵化创业项目的同时，还孵化了如天使茶馆、创客空间、智能硬件梦工场、文创聚场、机器人开放空间等创业服务功能平台，可谓是硕果累累。中关村梦想实验室的成功孵化案例和先进的孵化运营模式受到中央电视台的多次报道，2015 年登陆美国时代广场纳斯达克广告屏，孵化品牌享誉国内外。

## 五、荣誉资质

中关村梦想实验室品牌知名度的提高受到了国家有关领导的重视，北京市委书记郭金龙、科技部部长万钢、政协副主席韩启德等领导纷纷到梦想实验室实地考察。

中关村梦想实验室被科技部火炬中心授予北京市众创空间；被中关村管委会授予中关村创新型孵化器、智能硬件孵化器；被海淀园管委会授予新兴产业孵化器，并被纳入国家级孵化器管理体系。

## 六、媒体报道

2015 年 1 月，中央一套《新闻联播》；

2015 年 5 月，中央四套《中国创新力——中关村梦想实验室》；

2016 年 3 月，北京电视台生活频道《生活 2016》；

2016 年 4 月，北京电视台财经频道《数说北京》；

海淀电视台对中关村梦想实验室重要活动的常态新闻报道等；

2015 年 5 月登上美国时代广场达斯纳克广告屏。

## 七、来访接待

中关村梦想实验室具有最前沿的创新理念、炫目的高科技产品，富有历史人文情怀的绘画长廊，自 2012 年孵化器成立以来，接待国内外学者、专家、领导千余人次。梦想实验室的先进理念和高科技项目给来访者留下了深刻的印象，来访者纷纷表示梦想实验室是一个充满惊喜的地方，希望未来可以建立长期友好合作关系。

中关村梦想实验室是科技领域的延安宝塔，是一个可以体验高科技产品、了解中关村历史、传承中关村创新精神的圣地，中关村梦想实验室——播种理想，成就梦想，欢迎国内外友人来这里参观学习。

扫二维码关注中关村梦想实验室

# 36氪

36氪（北京协力筑成金融信息服务股份有限公司）创办于2011年7月，专注于创业服务，经过5年多的发展，已成长为一家科技创新企业综合服务集团，同时也是国内规模最大、产业链覆盖最完善、理念最先进、综合实力最强的科技创新创业生态服务平台。

2015年10月，36氪作为全国双创周四家创业企业代表之一，受到了李克强总理的接见。在最近两年里，国务院副总理刘延东，科技部部长万钢，中央政治局委员、北京市委书记郭金龙，河北省委书记赵克志，国家发改委副主任林念修，北京市副市长隋振江，国家统计局书记宁吉喆以及北京市委常委、常务副市长李士祥等各级领导，先后来36氪进行实地调研，对36氪在"双创"的大背景下，在创业服务上所做的探索，以及所取得的初步成绩，给予了充分认可。

目前，36氪由36氪媒体、36氪创投、36氪金融以及氪空间四大业务板块构成。通过上述业务，可以为中国无数创业者以及广大中小企业提供全方位的系统服务，从资讯信息到帮助对接融资渠道、直接获得资金，到解决办公场地以及相关的配套孵化服务。36氪希望成为带动中国创新创业的基础设施平台，为创业者乃至中小微企业提供如水、电、煤一样无处不在的服务。

在过去的五年间，36 氪服务了超过 11600 多家创业企业，并帮助了 2000 多家公司完成下一轮融资，而且整个服务过程是全部免费，尽最大可能帮助创业企业走出宝贵的第一步。目前，36 氪线上平台已经汇集了 75000 多个创业项目；整个市场上八成的优质创业项目都可以在这里找到。同时，我们还建立了由国内排名前 15 的顶级投资机构组成的联盟，从而为这些优质创业者的成长提供最好的融资支持。

正是由于对这一愿景的认同，2015 年，36 氪还得到了国内最大的科技金融公司蚂蚁金融服务集团（以下简称蚂蚁金服）的投资，以便更好地为中小微企业提供服务。除此之外，全球知名风投机构经纬中国、有传统金融背景的国内领先券商华泰证券等也都是 36 氪的股东；下一步，36 氪还将引入具有雄厚实力的国有股东、央企，以便进一步增强自己的服务能力。

36 氪之所以能够取得上述成绩，是因为创新性地构建了服务全国的创业者发现机制，公司业务涵盖了众创、众包、众扶和众筹四个方面，从而也成为中国唯一一个“四众”平台。具体业务内容包括以下方面：

## 一、36 氪媒体

2010 年 10 月，36 氪媒体正式上线，开始全面记录中国乃至全球的互联网创业生态。迄今为止，已让 11600 多家初创业者在全球 8000 万受众面前曝光，其中有 90% 的初创项目是首次曝光；有八成获得报道的公司反馈 36 氪媒体平台给他们带去了巨大流量，并且为进一步融资打开了新的通道。

由于集合了大量的资讯，早期创业者在决定是否创业时，可以通过 36 氪平台，查询是否有同类项目，以及相应的进展。同时，众多国内主流的优秀投资机构和投资人，也将36氪媒体平台视为发现和筛选融资项目的重要渠道。36氪媒体平台正逐渐成为国内流量最大、影响力最大、最专业的一站式创业资讯平台。

2016年7月，36氪媒体业务拆分独立运营。除继续夯实创业公司报道、扮演好新生代发现者的角色之外，36氪媒体还从创投视角加大对中后期创业公司乃至大公司的报道，从而逐步拓展到全商业、全财经领域，传递商业价值和趋势。围绕这一理念，36氪媒体新成立了特稿部门和要闻部门，前者专注于有洞察力的商业深度报道，后者则致力于提供及时、全方位的商业新闻和资讯。

目前，36氪媒体拥有Web主站、APP客户端、微信公众号、官方微博、视频直播和数十个主流渠道的顶级合作资源。此外，大量线下活动每次都是行业内的盛典，我们的研究报告也在不断向行业输出观点；在视频、直播乃至网剧等方面，我们也都在积极尝试。

未来，36氪媒体将不断壮大自身的服务能力，丰富媒体产品线，全方位记录中国商业和中国公司的成长史，成为中国最主流、权威和影响力最大的商业媒体。同时，也将通过孵化或投资更多垂直媒体，形成强大的媒体产业集团，继续为我们的用户提供最好的信息、知识、观点、趋势和服务。

## 二、36氪创投

在多年开展媒体业务、对国内创业者以及投资机构的需求有深刻了解的基础上，36氪创投也有着更加宏大的愿景，那就是成为中国一级市场的领先资讯对接服务平台，也是唯一一家专注于以创业公司为核心的数据平台。

我们希望为投资机构提供国内及时、完整、准确的以创业公司数据为核心的金融和财经数据仓库，这些数据内容将涵盖创业公司的人事、领域方向、融资动态、核心优势、用户数据、行业分析报告以及新闻动态等诸多领域；同时，新的信息内容还会及时进行更新，以满足投资者的最新需求。

概括地说，我们希望为中国不断成长、壮大的创业公司，绘制一幅立足现在、面向未来的“清明上河图”，也为整个“双创”时代寻找到新的“基因图谱”。这项工作一旦完成，必将极大地解决创业公司乃至中小微企业信息不对称的问题，降低融资成本，提高融资效率，同时也能为国家相关政策的制定和出台提供坚实的数据基础和决策参考。

目前，36氪创投拥有早期项目发现平台“36氪创投助手”、深度投融资顾问服务“琢玉资本”、一级市场创投行业研究机构“36氪研究院”、公司投资指数分析专业工具“36氪指数”以及反映中国334个城市创业现状的“中国创新创业指数”五大产品。

其中，“36氪创投助手”是36氪创投旗下的在线早期项目发现平台，解决了早期创业者“缺失与投资人直接对接渠道”“不善与投资人沟通”“创业早期缺少曝光”的三大痛点，同时也解决了投资人“发现项目难”“筛选项目难”和“触达项目难”的三大难题，提高创业者与资本的直接对接效率。

在全新改版之后，36氪创投助手APP的功能已经越来越完善，日渐成为众多投资人对接创业者的首选渠道。未来，36氪创投助手将致力于打造创业项目最全、更新最快、对接效率最高的平台，让创业者和投资人真正实现及时、有效、无缝对接，从而彻底改变现有的创投生态。

“琢玉资本”作为36氪创投旗下的线下深度投融资顾问服务团队，专注于挖掘“小而美”的创业公司，促进产业链整合。琢玉资本基于

36氪入口触达海量创业公司，通过对行业进行深度研究，充分发掘优质项目，精准对接投资人与创业者，为创业公司的融资环节提供专业的财务顾问服务，提高投融资效率。

“36氪研究院”则专注于中国一级市场创投行业研究，提前把脉行业风向和梳理创业赛道，帮助创业者把握创业热点。36氪研究院将量化投资理念引入创投行业，通过基于用户资产定价的估值模型对创业企业进行筛选估值，以帮助投资机构更快地发现优质“独角兽”，让创业和投资更简单高效。旗下包括行业内首个基于用户数据量化估值模型——氪估值、行业报告、企业调研等产品。

“36氪指数”则是国内首款分析公司投资指数的专业工具，于2015年7月发布，可对创业公司基本面及细分领域发展趋势进行多维度分析。迄今为止，已对国内近100000家互联网公司做了数据跟踪，涵盖了电商、社交、智能硬件、汽车、旅游等各类细分领域；每家公司都有一个对应的36氪指数，用来反映公司的成长趋势。36氪指数旨在帮助国内投资人降低投资风险，发现更多的优质公司，为创业行业建立专业的评价体系。

中国创新创业指数（“双创”指数）由36氪于2015年12月正式发布，也是目前中国覆盖范围最广、城市最多的双创指数，同时也是全球唯一的实时动态更新的创新指数。2016年10月，2.0版本发布。

该指数主要由环境、人才、资本、活跃度、健康度五部分组成，能更加直接客观地度量全国各地的投资环境，动态实时监测创业公司的投融资金额。该指数收集了全国334个地级市、超过100000家优质创业公司的数据，意在为创业者找到合适的地点落地创业，为投资人找到合理的投资区域，为政府创新创业决策提供依据。和传统的指数一样，中国创新创业指数也将采集政府公布的数据，并通过自己的模型得到相应的指数。

由于这一指数的创新性，目前36氪也在和国家信息中心、国家发展和改革委员会宏观经济研究院等机构开展紧密合作，以便共同为“双创”政府宏观决策、产业政策制定提供更多的支持维度。

未来，36氪创投将成为中国科技创新领域早期项目的首选融资对接入口，覆盖全国主要城市的早期优质项目，并且成为项目发布融资需求和信息的入口。在此基础上，我们也将覆盖国内大部分的主流机构投资人，成为投资人直接发现和触达优质项目的最重要入口。

## 三、36氪金融

除帮助创业公司提供融资服务之外，36氪也致力于为其提供互联网非公开股权融资服务。

目前，国内股权融资平台可谓层出不穷，但由于平台上项目判断的信息不足、项目量不丰富、交割过程不规范，大多存在先天不足的问题。但36氪平台却拥有得天独厚的条件：最丰富的项目信息、最优质的项目储备以及专业完善的线上投融平台，这些都极大地降低了交割的成本，从而也满足了创业者对资金、资源以及社群的直接需求。

36氪互联网非公开股权融资平台成立于2015年6月，采取“领投+跟投”的模式，通过专业的投资机构来判断项目的资质，对项目融资后进行辅导，最大限度地调动了社会资源。

2015年10月，在获得蚂蚁金服的投资之后，36氪也成为国内首家接入支付宝的股权融资平台，同时致力于共同打造中国最大、最专业、最规范的股权融资平台。

到2016年8月，36氪股权融资平台完成融资额突破5亿元人民币，帮助超过50个项目完成募款，已经成为科技创新领域创业公司的首选股权融资平台。此外，平台上也活跃着近60000名高净值理财人士，他们都选择通过36氪来投资最有前途的互联网企业，分享创业公司成长的收益。

作为国内领先的互联网非公开股权融资平台，除了将严格的风控架构贯穿业务始终，36氪也一直注重打造以优质项目、信息披露及投资人服务为主的全方位综合平台，在融资推介、信息披露及投资人的沟通机制等方面不断完善。

同时，为了在合规的前提下降低行业风险、提高投资效率、最大限度地保护投资人权益，36氪也一直坚持创新和突破的理念，在行业内首创互非领域的LP份额转让、线上视频路演等制度和机制，受到社会各界的广泛关注。

36氪互联网非公开股权融资平台致力于连接创业者和投资人，为中小型创业公司提供股权投资、品牌宣传、社会资源协调等服务，同时为广大投资人提供参与创投项目、挖掘“行业独角兽”的机会。借助36氪媒体、36氪创投等业务的协同效应，平台将让优秀的创业公司得到更快速的成长，也让广大投资人获益。

除股权融资业务之外，36氪还将通过和天津金融资产交易所等的合作，进一步丰富在金融、类金融领域的布局，逐步拓展LP份额转让、影视收益权交易等业务，让“金融服务创业创新”真正落到实处。

## 四、氪空间（众创空间）

不论项目好坏，在创业初期，创业者往往都需要花费30%以上的时间与投资人进行沟通。据统计，如果在3个月间不能达成投资意向，创业者很有可能就此丧失创业机会。

为了解决这一难题，2014年4月，36氪成立了自己的众创空间——氪空间，这也是最早一批中关村管委会认定的“创新型孵化器”，为全球的创业者提供高性价比的极致办公体验和全方位的深度创业服务，倡导共享的价值理念和开放的社群氛围，立志为创业者提供最好的产品和服务。

两年时间内，氪空间从10000多个项目中筛选了170个项目入驻孵化，并给予孵化项目专家级的指导和资源支持，融资成功率接近100%，其中60%的项目拿到了国内排名前15的顶级风投的投资，在业内拥有无与伦比的品牌号召力和企业资源。

2016年1月，氪空间独立拆分并完成A轮融资，国际著名地产私募基金大鳄柯罗尼新扬子基金领投，著名企业家冯仑、九合创投、戈壁投资等跟投，致力于搭建以联合办公为基础的企业服务平台。2016年一、二季度氪空间完成从起步到实现最大规模办公空间提供商的布局，能够提供“全生命周期”办公空间解决方案。

到2016年底，氪空间将在全国13个城市、40个社区完成布局；而到2017年，氪空间在全国开业的社区，更将达到60个。与很多热衷于变相“圈地”的所谓孵化器或者众创空间不同，氪空间始终致力于通过科学的管理与孵化方法，多层次营造健康良好的创业氛围，使得优秀的创业项目通过聚集能产生更好的规模效应。

在每个城市，氪空间的入驻率几乎都是最高的，孵化效率也是最好的，因为我们真正了解创业者的需求。

在上述四大板块之外，2016年3月，36氪还推出了企业服务平台（http：//qiye.36kr.com/），这也是36氪在创业生态服务上的又一新布局。

36氪企业服务平台包含九大类服务：行政、办公、人力、财务、法务、产品研发、金融服务、企业软件、营销推广，细分服务近50种。

在上线短短一个月的时间内，已有超过 1000 家企业服务商申请入驻，其中 432 家通过审核已经上线。而到 2016 年 8 月，使用企业服务平台的创业公司已经超过千家。

36 氪企业服务平台致力于服务下一个“万亿”市场，帮助中小企业对接企业服务商，让广大中小企业及渴望转型的传统企业一站式低成本获取各类服务和资源，让广大企业服务商有的放矢地对接目标企业，致力于“解困”中小微企业，助力我国企业的互联网转型。

扫描二维码关注 36 氪

服务万众　不忘初心

# 北京云基地云计算科技发展有限公司

云基地于2010年8月在北京创立，旨在以“基金＋基地”模式建立中国云计算的生态系统，成为全球领先的云计算产业企业群落。后上海云基地、中关村云基地、宁夏西部云基地、深圳盐田港云基地相继挂牌建成，此外，在全国14个省市，中国香港、中国台湾地区和美国硅谷等地设有分公司或办事处。云基地相继获得中关村创新型孵化器、北京市众创空间、国家级众创空间等重要资质并得到社会认可。同时，基地发起成立了中国云计算产业联盟，同时也是中关村大数据产业联盟的发起和理事长单位。

云基地创始人田溯宁博士是中国互联网事业的重要启蒙者，中科院研究生院硕士、美国得克萨斯科技大学博士。现任中国宽带资本基金董事长，亚信集团执行董事长，同时任联想集团独立非执行董事、美国哈佛商学院顾问委员会委员等。

田溯宁

## 一、云基地发展概况

云基地在北京布局南、北两家，分别

是于2010年在亦庄建立的亦庄云基地，以及于2012年在中关村软件园建立的云计算产业基地。北京云基地企业群落包含云计算产业链核心节点，汇聚软硬件研发、集成服务、高端制造、产业孵化、国际合作等产业内容，目前已有企业超80家，员工超过3000人。

上图为中关村云基地，下图为亦庄云基地

北京云基地企业业务涵盖了云计算产业链的主要环节，包括云服务器、瘦终端、模块化数据中心等硬件产品，云操作系统、云管理平台等基础软件，桌面云应用系统、智能知识库、大数据系统等应用软件，云应用、云系统集成及整体解决方案等，已初步建立起云计算产业核心生态系统。云基地企业生产了国内首台云服务器——超云服务器，提供了首套商用模块化数据中心——云箱，集成了首个园区公有云服务平台——浦东软件园云服务平台，研发了国际领先的自主产权云系统软件——友友云操作系统和天云云管理平台。

## 二、“基金+基地”的创新发展模式

北京云基地创立了“基金+基地”的创新发展模式：“基金+基地”作为一个商业实体，具有投资、孵化、服务、管理和拓展的功能，通过自有基金引导政府资金和风险资本，充分利用国家对战略性新兴产业的政策支持，吸纳云计算的前沿技术和人才，整合市场资源和品牌力量，创建和支持一系列创新型的创业公司，以建设完整的云计算产业链并形成经济聚合效益为目标，最终为技术创新、产业和自主品牌的发展开拓出一种新的商业与运营模式。云基地目前聚集孵化、天使、风险、股权等各类云计算产业投资基金总规模达50亿元。

## 三、入驻及毕业条件

云基地所关注的投资及孵化领域集中在两类项目，一类为数据基础设施，包括云计算、大数据、网络、存储、数据分析、IDC和基础设施及技术等，另一类为包括企业级应用服务或企业移动化在内的企业互联网相关项目。被孵化企业的毕业指标主要有团队规模、市场规模和投资回报。毕业没有严格的期限，但每个季度被孵企业都要进行检查测评。

截至2016年上半年，云基地直接投资及孵化的企业已有5家挂牌新三板。

## 四、合作及品牌构建

云基地的合作伙伴包括行业伙伴、产业链上下游企业、投资基金、政府、媒体及顶级国际互联网企业等。

云基地同时拥有两个重要的品牌活动，每年举办“中关村大数据日”和“产业互联网大会”两大国际化高峰论坛活动。大会汇聚了超过5000名关注互联网和传统产业发展的全球IT行业领袖和精英，探讨产业互联网时代的技术模式和业务创新。

“十二五”期间，云基地将配合各级政府云战略规划，如北京市“祥云计划”、上海市“云海计划”等，吸引高端人才。投资包括交换芯片等云核心技术项目及云技术与应用创业团队，力争形成2000亿元人民币产值，成为引领云计算产业稳健、快速发展的核心基地，为中国乃至全球云计算与信息技术发展做出应有的贡献！

扫描二维码关注云基地

创客空间
BEIJING MAKERSPACE
想法当实现
IDEA WORTH REALIZING

# 创客空间

北京创客空间成立于2011年，是中国第一家创客空间和最大的产业互联网众创平台。创客空间开放运营产业资产200亿元人民币，服务项目累计估值70亿元人民币，旗下项目包括智能制造孵化器、汽车产业共享平台、美食孵化共享平台、优质企业服务限时采购平台等。创客空间拥有的创客会员超过500人，影响人数超过15万人，拥有超过1000平方米的活动场地和300平方米的原型加工基地以及最完备的加工设施与设备。

北京创客空间拥有一个开放的实验室平台，可以让艺术家、设计师、软硬件高手、DIY达人甚至任何人都有机会提出他们的想法，认识志同道合的朋友，运用和发展现有的开源和学术研究成果来把这些想法变成现实，并开放成果供他人进一步研究，同时坚持不懈地尝试将创新成果运用到现实生活中。

创客空间在国内率先提出了“创客3.0”的概念，以“连接产业与大众”作为目标，开始发力创客与产业整合，打造产业共享经济，与三一、奇瑞、京东、TCL、长虹等众多产业巨头形成垂直孵化战略联盟，为孵化的创业团队提供众筹、销售、生产、大数据、投资、渠道等全方位的产业战略资源。

## 一、创始人

创客空间的创始人王盛林，1988 年出生，上海人，中国人民大学财务管理专业毕业。中国创客运动首批发起者之一，18Innovation 平台合伙人。他背包去过 30 多个国家，拍微电影，在巴黎和人做过秋冬系列服装，做过期货交易员，打过大学生网球板球联赛，在乌克兰教过 MBA 课，现着迷于开源精神，做社会企业。2011 年，王盛林和肖文鹏一起，在宣武门租了一间 20 平方米的小屋子，把北京创客空间变成了现实。

王盛林

肖文鹏，湖南人，北京创客空间的联合创始人，程序员出身，软件专业毕业。现在从事硬件工作，是一名硬件爱好者，喜欢一切新鲜有趣的事物，网络代号 FlamingoEDA。同时也是 Arduino 中国和电子积木创始人，希望借此简化电路设计让更多的人实现创客梦想。目前专注于开源硬件推广，是北京创客空间前身 Flamingo EDA 开放空间创立者。

创客代表了一群人和一种生活方式，创客空间让大家体验从 0 到 1 的过程并学习相关知识，通过跨领域协同合作完成各种酷炫的产品。

## 二、运营模式及服务

创客空间独创的经营模式为产品 2.0 管理，即小批量生产定制化产品的团队。产品 1.0 是以市场为导向的阶段，将重点放在“如何把产品卖出去”，而忽略了产品本身的性能。产品 2.0 则着重在产品本身，这就需要真正懂产品、懂设计的人。

北京创客空间的孵化服务主要致力于实体产品的孵化，而不仅仅是互联网上的融资。其主要的孵化产品为高科技联网实体产品，如游戏眼镜、智能首饰、杯子等。创客空间提出了发明创造的六阶段理论：①想法阶段；②最小功能原型阶段；③完整工作原型阶段；④可生产原型阶段；⑤小批量生产阶段；⑥大批量生产阶段。

创客空间致力于帮助那些缺少资源、没有成熟销售渠道的小团队。在社区与孵化器之外，北京创客空间还为这些小团队提供了一整套供应链和产业链的管理服务。一共有五阶段的服务，包括：场地服务、金融服务、供应链管理（研发到落地）、工艺设计师、品牌和销售。

在帮助企业融资方面，创客空间的服务对象多以生产硬件为主，这导致项目方需要更多的金融服务，而非单纯的投资，这也是创客空间的一大特点。

## 三、垂直产业孵化服务

2015 年，北京创客客空间率先提出了“创客 3.0”的概念，以“连接产业与大众”作为目标，开始发力创客与产业整合，打造产业共享经济。创客空间与京东、TCL、长虹、三一、奇瑞等多产业巨头形成了孵化器战略联盟，为孵化的创业团队提供众筹、销售、生产、大数据、投资、渠道等全方位的战略资源。

其中，由北京创客空间与三一重工联合成立的三一创客致力于打造出全球第一个工业 4.0 孵化器，将利用北京创客空间的全流程资源创业孵化体系，结合工业 4.0 产业研发突破体系，孵化出高度智能化、自动化、产业化的智能制造创新项目。

由北京创客空间联合奇瑞新能源共同发布的全球第一款开放车型共

享平台，将面向任何怀抱造车梦想的创业公司/创业者，全面开放奇瑞新能源汽车的开发、设计、制造过程，最终联合奇瑞新能源进行验证和测试，在达到国家安全法规的要求和批准后进行批量化定制产品的生产，从而大幅度降低造车成本，实现共赢。

## 四、创客分享活动

创客空间定时举办产业互联网大会、创客小聚、创客分享会、创客工作坊、联合主办方、创想 48 小时、创客嘉年华、“智造”工作坊等丰富多彩、充满趣味的活动。创客空间先后举办了“创客马拉松”“创客嘉年华”以及创客行业沙龙与培训 100 多场，为上万人次提供创新创业服务。

2016 年，创客空间还联合《哈佛商业评论》《财经》杂志共同举办“全球产业互联网大会”。年会吸引了三一集团、奇瑞汽车、西门子、SAP、雷克萨斯、戴姆勒、海尔等国内外顶尖企业的关注和参与，著名投资人 Steve Hoffman、李开复、盛希泰等 400 多位投资人与会，3000 多名听众参会。全球产业互联网大会将每年举办一届，聚焦关注“互联网 + 创客 + 产业”的生态化发展，致力于打造共赢共荣的产业共享经济时代。

对于各类活动，普通创客都可以申请成为会员参加，利用创客空间的工具和设备，既可以申请做活动讲师，也可以展示项目。“无论你是何种身份，什么年龄，只要你有想法，就可以理直气壮地走进来，这儿是你的梦想实验室。”

北京创客空间在早期项目中占有一定比例的股权，成立以来，孵化的项目累计融资额超过 3 亿元，销售额超过 2 亿元。目前，北京创客空间与风险投资合作建立了以产业链为支撑的孵化中心，利用专门的投资基金支持孵化器内创客项目。

2016 年北京创客空间将陆续链接家电、消费电子、时尚、广告、影视、体育、教育、健康、交通、零售、建筑、农业 12 个行业，打造“互联网 + 创客 + 产业”的新生态，通过与产业龙头公司合作促进更多的创业项目开花落地，掀起全民创客运动潮。

北京创客空间工作坊

## 五、项目举例

· 智能家居组合李韬曦参加了两次“创客马拉松”，一次跻身前十，一次位列全国 30 强。产品雏形被英特尔公司相中，已达成合作意向。

· Microduino（一款软硬件开发平台）王镇山成立美科科技（北京）有限公司。

· 酷玩实验室朱紫晖成立了一个面向技术玩家的分享和问答社区，目前主要专注于航模制造领域。

· “3D 打印机”“创客音响”“数音堂”“防盗保险箱”……在北

京创客空间的助力下，这些在开放实验室中成长起来的团队，正逐渐发展为具备商业运作能力的创业公司。

"连接产业与大众，让每个创客都可以站在巨人的肩膀上继续创新。"这是北京创客空间的梦想。希望更多的朋友成为创客群体的一分子。想法当实现！

扫描二维码关注北京创客空间

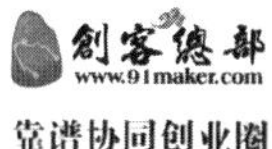


# 创客总部

## 一、创客总部简介

创客总部是北大校友、联想之星创业联盟成员企业于2013年发起，专注于实验室技术孵化的知识资本孵化器，专业孵化高校和科研院所的前沿技术与技术精英，提供项目孵化、技术转让、融资对接和办公场地等服务。现有北京中关村、东城区、天津、保定等场地，是将科技转化为资本和投资的开拓者，首创“靠谱协同创业圈”的理念，搭建了科研人员、创业者、从业者、大企业、投资人、行业上下游机构的沟通合作平台，立志于促进科技成果转化与科技创业者的能力成长和业务发展，孵化革命性的技术，推动我国的产业升级。

创客总部孵化专注于人工智能、新材料、医疗健康、消费升级等领域。创客总部搭建了包括自有产业链服务、精选专业中介服务机构、入孵校友互相帮助、投资联盟、对接大企业等组成的靠谱协同创业平台。其中50余家精选专业中介服务机构为创业者提供工商、税务、招聘、开发、服务器、营销等基础服务。创客总部重点聚焦产业链服务，通过创客总部有10余年创业经验的合伙人、实战经验丰富的创业导师和创业先锋团队以及线下沙龙、对接会等形式，帮助创业团队解决技术、产品、人才、市场、资金和法律等问题。创客总部联合联想之星、凯风创投、西科天使、虎童基金、北大明德、德沃基金、AA投资、峰瑞资本等形成投资联盟，整合更多资源投资优秀项目。同时，创客总部从成立开始就积极联络大企业，为创业者提供优质的合作伙伴和客户渠道，创客总部已经与中国移动、京东方等大企业形成了良好的合作共赢，共同支持创业者创新创业，促进产业升级。

## 孵化服务

1. 合伙人团队

陈荣根，北大校友创业联合会副会长，毕业于北京大学数学系，有十多年的移动互联网技术培训、开发运营和天使投资经验。历任互联网创业公司北京北大天正科技发展有限公司商务副总经理、北京悦成三际科技有限公司董事长、北京大学数学校友理事会理事、中国移动北京开发者俱乐部理事、山东理工大学兼职教授。

李建军，中国投资人中心的发起合伙人、联想之星创业联盟副理事长、共青团创业梦想导师、中关村高端领军人才（投资家）。有十余年的投资经验，专注于TMT领域早期天使投资。

尚冠军，北大教育经济博士，担任中国教育创新“20+”论坛副

秘书长，中关村互联网教育创新中心、北大1898咖啡、京师咖啡、清华X-LAB、创业公社等教育行业的创业导师。

周虹霞，北京大学国发院EMBA，1997年至2000年就职于某上市服装企业，负责政府公关和行业销售，2000年历任清华同方电脑、神州数码广告经理和市场部经理，2005年以合伙人身份加入汉扬广告公司，将单一的广告公司发展为涵盖广告、公关、互动科技的传播集团，其营业额从一两千万增长到近一亿，2011年被全球三大传播集团之一的WPP旗下全资子公司并购。

谭君，北京大学国发院MBA，美国福坦莫大学国际金融硕士，有十多年互联网行业管理经验，曾在金山、搜狐畅游等互联网公司担任重要管理岗位，经历了公司从初创几十人到上市几千人的全过程。参与众多公司重大项目：人才等级体系、公司文化体系、运营体系改革、美国纳斯达克上市、总经理能力培训中心等。2008 年底出任畅游北美分公司总经理组建公司第一个海外分公司。

姜凌云，北京师范大学心理学学士，国家二级人力资源管理师和国家二级心理咨询师。有 16 年人力资源管理的从业经验，涉及互联网、IT 服务、物流、医药、金融等行业，服务过的客户包括中信银行、LG、LOTTE、POSCO、MANDO、HYUNDAI、KOREAN AIR、WOORI BANK 等公司。

丁晓诚，2000 年北京大学计算机系人工智能专业硕士毕业，毕业后先后负责 IBM、中国移动、百度、Symbian、惠普等公司的技术研发与产品管理工作。2012 年联合创办“Face + +”人脸识别云引擎，研发出世界级的自然条件下照片/视频人脸识别云引擎。目前专注于智能服务与机器人产业的研究、咨询、教育、孵化、投资。

赵立久，毕业于北京大学，1998 年毕业后加入华为公司。历任开发工程师、项目经理、研究部经理、高端核心交换机开发代表、交换机产品领域总经理、华为企业 BG 中国区商业销售部产品与解决方案部部长等职务。

2. 孵化领域

创客总部致力于促进科技成果转化与科技创业者的能力成长和业务发展，吸纳来自清华院系、北大院系实验室、北航院系实验室、北理工、北邮、北科、北工大、中科院（自动化所、基因所、计算所、心理所、电子所、沈阳金属所等）、中国北方车辆研究院、中国兵器工业第 208 研究所等高校和科研院所的科技创新人员，建立科技创新成果数据库，储备、孵化具有转化价值的创新成果。

专注在四大领域：人工智能、新材料、医疗健康、消费升级领域。

3. 孵化周期

创客总部孵化周期原则上为 1 年，也可根据企业自身的发展情况申请提前毕业。

## 二、创新的协同创业孵化模式

创客总部协同创业孵化模式是以提升创业团队能力成长和业务发展为目标，以入孵创业团队为中心，将与创业团队相关的机构、资源有效地整合在一起，形成帮助初创企业创立和发展的合作交流平台，帮助创业者解决其创业初期的产品、市场、资金和人才等问题。

1. 协同创业氛围

创客总部一直认为打造创业者之间协同创业的氛围是我们的最高层次，其协同氛围的内涵是目标高远、意志坚定、玩命极致、互相帮助、互相感染。

2. 搭建靠谱协同创业平台

为了让创业者把精力集中在产品、人才、市场、资金等关键要素上，降低创业成本和创业门槛，创客总部一直致力于搭建由服务优秀和价格优惠的服务机构、创客总部自有产业链服务、入孵创业校友互相帮助、投资联盟和大企业对接等组成的靠谱协同创业平台。

3. 投资联盟

创客总部除自有的三期共计 1. 1 亿元基金为优秀创业团队提供早期投资之外，还与联想之星、西科天使、凯风创投、AA 投资、北大明德、峰瑞资本、德沃创业、泽厚资本等形成合投机制，整合更多资源支持创业者。

4. 重点聚焦产业链服务

创客总部通过有十余年创业经验的合伙人一对一提供创业建议和每月 20 多场七大类线下沙龙和对接会等形式，帮助创业团队解决产品、人才、市场、资金等问题。因为我们几个合伙人都有十余年的创业经验，因此能更好地提供产业链服务，我们可以根据自己的创业经验，抓住初创企业的关键点。

**重点在五个方面给创业者提供创业建议：**

（1）产品模式：做到锋利和极致。我们往往建议大家在开始创业时产品要锋利化，最好大处着眼小处着手，目标市场要大，切入点要小，这样容易做出特色，容易做到极致形成自己的竞争优势，容易在市场上推广开来。

（2）市场运营：怎么获取第一批用户，怎样通过最早的用户迭代产品形成口碑推广，整合中国移动互联网青年创新创业孵化基地等推广渠道。

（3）治理结构：创始人团队组建和股权结构、股权激励等，这个如大厦的地基，决定了未来大厦的高度。

（4）资本对接：包括创客总部直接投资、投资联盟、银行贷款、新四板上市等。

（5）创业方法论：帮助创业者完成角色转换，逐步历练成为优秀的创业者。

这些服务对创业者的能力提升和业务发展帮助非常大，目的就是大大提高创业者的创业速度和创业成功概率。

**其中，线下七大类活动，支撑对创业团队的专业孵化：**

**一是创客沙龙。**

我们围绕入孵团队，精心设计主题，邀请行业资深高手分享，目的是拓展视野，整合行业上下游的精英人脉，寻找合作计划。如创客总部邀请小桔科技市场总监南山分享滴滴打车市场案例与未来营销的探索，沙龙现场和创客总部的一个创业团队谈定合作，给我们创业团队 50 万元滴滴红包用于市场推广。

**二是主题聚餐。**

每次围绕一个主题，定向邀请本领域优秀的创业者或企业高管一起，边聚餐，边深入讨论，互相学习。如一次车联网主题聚餐，创客总部邀请中国领先的车载信息服务提供商远特科技白新平执行总经理参加，并与创客总部创业团队达成业务合作。

**三是创客私董会。**

邀请行业高手、行业投资人一起帮助优秀团队打磨产品、把握方向、梳理模式。创客总部邀请国内排名前三的动漫机构青青树创始人武寒青参加动漫创业团队的私董会，武寒青对行业的深刻理解对创业者优化产品和商业模式的帮助非常大，同时武寒青和创客总部手游创业者IP合作大大提升了产品高度。

**四是投资问道。**

邀请行业投资人，既有机会获得投资，也能站在投资人的角度，帮助创业团队梳理商业模式，把握行业方向。如创客总部邀请原IDG资本合伙人、现峰瑞资本创始合伙人李丰的投资问道为个性化服饰推荐创业团队提升产品提供了很好的建议。

**五是创客乐活。**

创业是长跑，创业者需要锻炼身体，在活动中相互交流，加深对彼此业务的了解，同时也能融洽感情。创客总部创业者之间不计报酬的开发、内测、市场推广、宣传报道、人才招聘每天都在发生，据不完全统计，其相互之间介绍业务金额已经达数千万元。

**六是老虎大讲堂。**

由北大校友望京老虎在创客总部创办的创业共赢培训，专注于创业培训以及培训后的落地实施。

**七是创业营。**

每次围绕一个领域，规划好系统的实战课程体系，实施封闭培训，定向邀请本领域优秀的创业者或企业高管给大家分享和培训，帮助创业者精准打磨产品，快速组合投资。这既是学习机会，也是挖掘和行业领先机构的合作机会。

**校友互动的形式有：**

1. 创始人畅谈

创始人之间分享创业经验、心得，互相帮忙提出公司发展、产品建议，大家积极贡献自己的智慧、资源、人脉圈等，为一起创业的创客总部校友提供帮助。

2. 创客总部优秀校友企业参观

邀请创始人去参观已经毕业的优秀创客总部校友的公司，有榜样和师兄师姐的力量鼓励新创业者，同时分享创业经验、教训和传递创业好运。

3. 创客总部创业大奖

每个月创客总部都会为优秀创业者评选出三大创客总部创业大奖：最受投资人欢迎团队、最协同创业团队、最玩命创业团队，以此鼓励为了创业梦想而努力协同拼搏的团队。

## 三、目前取得的部分成果

截至2015年底，通过评审入孵的项目有200多个，有100多个项目获得投资，共获得6.1亿元人民币投资，单个项目获得最高融资2200万美元。协助北大、清华、北航、中科院等技术成果转化项目微能、微跑小蛙等20多个项目孵化、融资，落户北京市中关村创新示范区；协助技术成果转化项目变胞机器人、惊帆科技等落户天津。培育新三板挂牌上市公司1家，被并购企业9家，北京四板挂牌企业40家，中关村金种子企业19家，中关村雏鹰人才企业10家，北京市新技术新产品（服务）认定项目7个，中关村高新技术企业56家，累计推荐百余家企业获得各级各类政府支持项目。

**明星项目：**

**极客学院：**中国最大的IT职业在线教育平台；

**大码美衣：**根据体型数据和偏好，给胖美妞定制的购衣神器；

**会分期：**专注于租房分期的互联网金融产品；

**康博嘉：**医院信息管理软件和云诊所平台；

**Dailycast：**海外版“今日头条”短视频；

**智能无人机：**北大科技成果项目，采用多远融合技术，可实现光学cm级定位、SLAM实时导航等；

**变胞机器人：**天大科技成果项目，变胞技术成果进行可变形、智能化、一体多能的机器人；

**微跑：**北航科技成果项目，识别人体动作进行游戏交互；

**图像搜索技术：**北大科技成果项目，推出低比特、低复杂度、高性能的视觉搜索引擎和开放平台；

**芯合科技：**北航科技成果项目，高效解决企业智能制造需求和推动机器人产业的发展；

**微能纳米发电：**北大科技成果项目，提供微型能量采集方案及低功耗自供电系统。

创客总部的高速发展获得了社会各界的大力支持和认可，《人民日报》专题报道了创客总部目标高远、玩命极致的孵化模式，被选为“京津科技金融创新载体联盟副理事长单位”；被共青团中央和中国移动联合授予“中国移动互联网青年创新创业孵化基地”；被中关村管委会认定为“创新型孵化器”；获得北京市科委首批授牌“众创空间”；获得首批授牌国家级“众创空间”；北京市经信委中小企业服务平台认证机构；中关村金种子企业优秀推荐单位。曾任北大校长的周其凤院士亲笔题写了创客总部的经营理念：靠谱协同创业圈。

扫描二维码关注创客

# 厚德创新谷

厚德创新谷是一家定位于移动互联网与文化创意的专业孵化器，专注于为移动互联网领域的早期创业项目提供投资和孵化服务。2012 年由清控科创股份有限公司与清华大学校友总会互联网与新媒体协会共同发起创立，创始人秦君与李竹分别拥有科技服务业和天使投资方面的丰富经验和资源。

地处“中国硅谷”北京中关村，厚德创新谷拥有 2300 余平方米的孵化面积。厚德创新谷建立了“导师制 + 种子投资 + 融资服务”的孵化模式，目前已聚集了近百名 TMT（科技、媒体和通信）行业创业导师资源，并设立了自有种子基金，为创业者对接广泛的天使投资资源，与科创资本、英诺天使基金等众多知名早期天使投资机构建立了良好的合作关系，为孵化企业提供早期融资服务。

专业、开放、国际化是厚德创新谷的特点。自成立至今，累计入驻企业已超过 200 家。其中，80% 以上为互联网及移动互联网领域的早期创业团队，而且还聚集了一批天使投资机构和企业服务机构。

厚德创新谷自成立以来先后被认定为国家级科技企业孵化器、首批众创空间、全国青年创业示范园区、北京市小企业创业基地、中关村创新型孵化器、北京首批青年就业创业见习基地、北京市高新技术产业专业孵化基地、海淀首批集中办公区、海淀创新型产业孵化器等。

## 厚德创新谷的运营与服务模式

1. 基础服务与增值服务相结合，构建持续成长的业务模式

目前，厚德创新谷的主要业务包括早期投资服务、企业孵化服务、行业服务输出及投资机构增值服务四个板块。

（1）早期投资服务

厚德创新谷利用自有资金对初创期的移动互联网企业进行种子投资，投资规模一般不超过 50 万元人民币，专注于移动游戏、在线教育、O2O、互联网金融、移动健康等领域，通过对投后企业开展系统的培训和指导，帮助其快速进入下一轮融资。

（2）企业孵化服务

主要包括工位出租、虚拟注册、封闭式培训、政策咨询服务及媒体推广服务等，在核心环节通过增值服务的导入帮助企业快速、低成本地解决问题。

（3）行业服务输出

面向各地政府和孵化器输出服务，提供创业服务解决方案。主要通过创业培训、资本对接、创业活动等形式，帮助北京以外的地区对接创业服务资源，提高创业服务能力。

（4）投资机构增值服务

主要帮助投资机构解决开展早期创业投资过程中面临的尽职调查、投后管理等问题，通过服务产品的复制开发，降低天使投资机构在时间成本和资金成本上的投入。

2. 全方位服务体系，帮助早期创业者快速成长

厚德创新谷采取“导师制 + 种子投资 + 融资服务”的孵化模式，

面向早期移动互联网创业企业，提供种子投资和孵化服务。

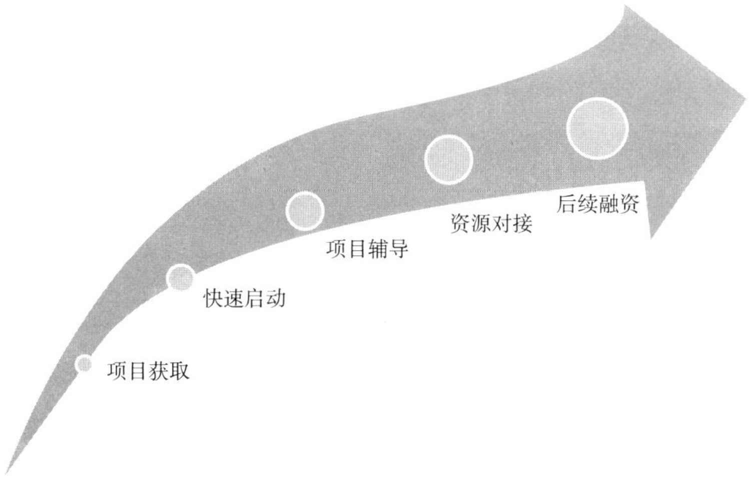

项目获取
快速启动
项目辅导
资源对接
后续融资

厚德创新谷服务体系

（1）公共孵化服务

主要包括公司快速启动、日常行政秘书、中介代理服务及资源对接服务等。

快速启动服务，为创业项目提供公司设立、工商、财务、法律等相关知识的初级指导及代办支持，快速启动项目的公司化运转。为创业团队提供国际流行的开放式办公工位、一定数量的小型办公室和大型办公场地。孵化器还配备活动区、会议室、洽谈室等公共服务空间，并提供电话、传真、网络接入，团队可提电脑入驻。

日常行政秘书服务，安排专职人员为驻场孵化的团队提供统发邮件、打印材料、制作名片、接待来访、会议室预订、IT 维护、入驻管理等相关服务。

中介服务机构，为创业团队提供专业咨询和服务，包括工商注册、人才服务、法律服务、财税服务、银行、云服务平台等，特别是在早期注册阶段，代理机构帮助厚德创新谷开放式办公工位企业快速完成注册，可以大大缩短企业的运营准备周期。

资源对接服务，包括行业资源、媒体资源、创业导师、投资机构、政府资源以及国际资源等，通过开展丰富多样的创业活动、集采服务、参与行业协会等形式，帮助企业对接资本、市场和人才，加速发展。

（2）投融资服务

2014 年，厚德创新谷募集 1000 万元成立直投种子基金，计划在未来一年内，投资 20～50 个移动互联网领域早期创业项目。

（3）创业辅导

近百名 TMT 行业优质创业导师资源，包括知名互联网公司中高层、成功的企业家、风险投资人、媒体人、服务机构负责人等，服务包括：导师一对一辅导，帮助创业项目优化商业模式，打磨修正产品，完善用户体验，对接市场推广资源。

定期开展面向所有创业者的创业公开课活动，并实行辅导员制度。此外，还尝试帮助孵化团队开展对外宣传、媒体关系建设。

（4）国际资源对接

在美国硅谷，厚德创新谷与清控科创旗下海外孵化平台——中关村科创硅谷孵化器开展中、美两地联动孵化服务，无缝对接两地服务资源，开展跨国创业交流活动。

在欧洲、南美地区，和西班牙电信集团下属孵化器 Wayra 达成合作联盟，共享 Wayra 全球孵化联盟下属的欧洲和拉美地区 12 个国家的 14 个孵化器资源。

在亚洲地区，与新加坡行动社群 ACE 蓝天节达成战略合作。此外，厚德创新谷还与韩国创业投资机构合作开展创业者交流活动。

未来，厚德创新谷将继续专注于以早期移动互联网企业投资和孵化业务模式为主线，不断拓展面向创业者的创业服务内容，不断探索创业孵化服务新模式，做中国最具有国际视野的专业高效、高成功率的早期孵化平台。

**附：厚德创新谷孵化企业（部分）**

| 项目 | 行业 | 孵化和投资成绩 |
| --- | --- | --- |
| 37 健康 | 移动健康 | 获得最新一轮融资额 1000 万元人民币 |
| 加速飞 | 手游孵化 | 投资 10 家手游公司，估值 1 亿元人民币 |
| OPENXLive | 手游平台 | A 轮融资进行中，融资额 200 万美元 |
| 看山科技 | 移动教育 | 获得天使轮融资，300 万元人民币 |
| 口碑旅行 | 移动旅游 | APP 下载量超 30 万，获得天使投资 200 万元人民币 |
| 蓝莓广播 | 移动广播 | 入选第四期微软云加速器 |
| IT 桔子 | 创业数据 | 获得天使投资 200 万元人民币 |

资料来源：清控科创，2014 年。

扫描二维码关注厚德创新谷

# 启迪创业孵化器

清华科技园启迪孵化器始建于1999年，并于2001年注册成立北京启迪创业孵化器有限公司，确立了“孵化器+种子投资”的发展模式和专业孵化器的发展方向，是火炬中心认定的国家级孵化器之一，2001年被科技部评定为国家高新技术创业服务中心、国家高新区先进孵化机构，曾被荷兰科学联盟组织的全球科技孵化器评选为“科学孵化器最佳实践奖”。启迪创业孵化器通过整合创新资源，搭建创业平台，与园区企业共同成长，已累计孵化企业超5000家，金种子工程企业45家，千人计划、海聚工程、高聚工程80余人，并已有29家培育企业成功上市。

## 一、启迪之星概况

在北京地区，截至2016年10月，启迪之星共有五个专业孵化基地，分别是：移动互联网专业孵化器、纳米专业孵化器、节能环保专业孵化器、互联网金融专业孵化器和互联网教育专业孵化器。专业基地各有产业方向侧重，或依托产业龙头企业，如华为、中国移动、亚都环保、清华阳光太阳能；或得到政府的指导支持，如北京市科委新材料新能源处；或联合学术研究机构，如清华大学五道口金融学院。

启迪之星专业孵化基地，希望能够借助政、产、学、研等要素资源，在某个行业领域，让创业企业能够“聚集、聚合”，通过清华科技园20年形成的服务体系，采用“孵化服务+创业培训+天使投资+开放平台”的培育方式，进行“聚焦”，进而“聚变”出一批业界优秀企业。

地址：北京·清华科技园　　总孵化面积：30000平方米

此外，在南京、潍坊、包头、天津、上海、苏州、盘锦、保定、菏泽、宁波等地区也设有孵化器。

## 二、孵化模式

**项目孵化流程：**

1. 入孵咨询

创业团队认可清华科技园启迪创业孵化器的品牌和服务，或者希望了解更多关于启迪创业孵化器的情况，可以直接来清华科技园参观了解或者联系客户经理给予解答。

2. 入孵申请

入驻清华科技园启迪创业孵化器，可以登录启迪之星官网（www. tusstar. com）点击项目入孵申请模块，进行项目入驻申请，或者通过联系客户经理进行入孵申请。

3. 项目入孵评审

通过以下几个方面考察项目，对项目进行打分：

（1）行业领域：符合国家、北京市、中关村等产业规划以及目前的新兴行业；

（2）技术先进性：项目技术门槛是否有壁垒；

（3）项目成长性：项目的发展空间与前景；

（4）创业团队：创始团队的成员构成。

4. 孵化周期

项目通过评审之后，可以获得孵化器提供孵化周期为1～3年的服务，每一年度结束，通过走访或项目再考核方式对入孵企业进行评审。不合格的企业不再续签合同提供孵化服务；符合毕业条件的项目及时毕业，进行资源再调配；而对于移动互联网项目，孵化周期会相应地缩短。

5. 孵化服务

启迪孵化器依托多年积累的创业孵化资源和经验，采用开放平台合作架构，为创业企业提供一站式的创业服务，打造“政产学研金介贸媒”等各种创新要素有效融合和互动的创新创业环境。

6. 毕业条件

（1）孵化周期：达到孵化周期时限；

（2）投资：获得投融资，企业快速扩张；

（3）并购：企业被并购，在更大的平台上发展壮大。

## 三、孵化成果

截至2014年底，孵化器累计在孵化企业达3000家，其中2014年，新入孵企业达300多家，企业获得投融资额超2.2亿元。培育了大批优秀企业，其中钻石企业45家，“金种子工程”企业45家，“千人计划”

“海聚工程”和“高聚工程”领军人才等80余人，并已有29家企业成功上市，北京中文在线教育科技发展有限公司在创业板已过会，40余家企业被并购。

扫描二维码关注启迪之星

Tsinghua X-lab

# 清华 x – lab

清华 x – lab（清华 x – 空间，清华大学创意创新创业教育平台）是新型的创意创新创业人才发现和培养的教育平台，于 2013 年 4 月 25 日正式启动。

x – lab 中的“x”寓意探索“未知”（Unknown）、学科“交叉”（Cross），lab 则体现体验式学习（Experiential – learning）和团队合作（Teamwork）。

清华 x – lab 独特的价值体现在三个方面：实现校内多学科合作，整合校外各种资源，提供商业模式和社会价值实现的方式和路径。

清华 x – lab 依托清华大学经济管理学院，由经济管理学院、机械工程学院、理学院、信息科学技术学院、美术学院、医学院、航天航空学院、环境学院、建筑学院、材料学院、公共管理学院、工程物理系、法学院、新闻与传播学院 14 个院系合作共建，并与清华科技园（TusPark）、清华企业家协会（TEEC）、清华控股（Tsinghua Holding）和盛景网联建立了战略合作伙伴关系。

清华 x – lab 是一个公益性的开放平台，面向清华所有院系的学生、校友和教师，并以学生为中心。

清华 x – lab 创办之后，被中关村管委会认定为第一个“中关村

(清华）梦想实验室”，并认定为“创新型孵化器”，给予了资金支持。x－lab陆续建立了硅谷工作站，与多个海外院校开展交流与合作，接待了来自国家部委、北京市、中关村、各大学的参观和调研，并受到国内重要媒体的关注和报道，还与清华控股、启迪控股、盛景网联、微软、罗斯、宜信、华创资本、华夏时代、网信金融、北极光、信中利、普华永道、硅谷银行、中国建设银行等国内外企业和投资机构建立了合作。

## 在x－lab可获得的支持与服务

### 场地

清华x－lab位于清华大学东门外的清华科技园（科技大厦B座B1层)，面向清华大学的在校生、校友和老师们开放，项目团队可在课余时间到场地工作，投资人与专家可到此为团队提供咨询指导，各院系学生和校友可到此参加多种多样的学习、交流活动。

### 三位一体的三创平台

清华x－lab围绕“教育的平台”“团队培育的平台”“学科交叉与资源聚集的生态平台”三个方面搭建三位一体的三创平台。

1. 教育的平台

清华x－lab充分发挥“教育平台”的功能，通过学分课、非学分课、模拟实践课、训练营等多种教育方式，为清华学生和校友全面提供创意创新创业知识，让他们可以用专业的思维和技能来武装自己。三年来，清华x－lab丰富了学校创新创业相关的教育资源，聚合了学校各个领域中对创新创业有涉猎、有想法的师资力量。

(1）开设清华（非经管学院）本科生管理学第二学位创新创业领导力方向

清华大学经济管理学院从2015年9月起在本科生管理学第二学士学

位中开设创新创业领导力方向，旨在培养具有全球视野、融合学科优势，能够创立、管理和发展创新型企业和社会组织的领导者。该选修方向由清华 x－lab 负责教学管理与实施，在本学年招收的 300 名管理学第二学位本科生中有69 人选修创新创业领导力方向，其中多数来自理工科院系。

（2）推出清华大学学生创新力提升证书项目

清华 x－lab 与清华大学研究生院合作，于 2015 年 1 月推出了“清华大学学生创新力提升证书”项目。课程分为思维与技能、跨界学习、实践交流三个模块，学生在清华大学在读期间达到各模块培养要求，即可获得证书。目前已有 340 多名研究生和本科生参加学习。

（3）启动清华 x－lab 创新创业跨界教师

2015 年秋季，清华 x－lab 启动创新创业跨界教师项目，已有 41 位教师参与，他们分别来自与清华 x－lab 有共建关系的美术学院、经济管理学院、公共管理学院、医学院、信息科学技术学院、新闻与传播学院、机械工程学院和环境学院等。创新创业跨界教师将把专业领域的技术、知识与创新创业相结合，并将在清华 x－lab 的组织下开设更多跨界课程，增强对学生的指导。

（4）建设新课程

三年来，清华 x－lab 开设了 13 门新课程。其中已经开发的学分课包括《新技术的商业化》《创业营销实务》《创业领导力》《互联网商业模式创新》《推动创新的知识产权战略》《专利创新与战略》《创新创业领导力》《创业 101：你的客户是谁》《社会创新与创业》；正在开发中的学分课包括《设计思维驱动商业创新》《创业金融》《技术创业》《创业决策模拟》。

（5）实践课程

三年来，清华 x－lab 持续重视实践课程的引入和开发，每学年组织5次设计思维工作坊，主题涉及“习得创新技巧，打磨你富有竞争力的产品”“以人为本快速原型开发法”“打造差异性的品牌”等；邀请人力资源和企业管理等方面的研究人员进行招聘和管理类工作；引入百森商学院 TechMark 管理实战模拟实践课，2.5天的课程有40位团队创始人参加，大家纷纷表示受益匪浅。

（6）创新创业专题讲座

三年间，清华 x－lab 共举办涉及医疗行业、互联网行业、教育行业、社会创新、设计思维、知识产权、市场营销、企业家分享等各类创新创业讲座150余场，拓展了学生们的视野和知识面，丰富了清华 x－lab平台的学习资源。

2. 团队培育的平台

在团队培育方面，清华 x－lab 保持了新接收项目团队数量的稳步增长，并梳理出团队接收、指导、多阶段训练与培育、提供服务等一系列流程，成立多个产业创新中心为团队提供培育帮助。

截至2016年10月底，清华 x－lab 累计共接收项目团队943个，融资总额超过10亿元人民币；建立了对创意创新创业团队进行筛选和早期指导体系，制定了多阶段训练与培育方法，每年举办各类培育活动40余场，与清华科技园启迪孵化器建立对接关系，免费提供帮助团队办理以科技园场地为公司注册地址的注册服务。同时为了帮助团队获得融资，清华 x－lab 定期举办 DEMO DAY 项目展示会；为了帮助团队更好地发现人才，举办创业团队专场招聘会、“合伙吧兄弟”、团队招募日等活动。

在这些培育服务下，清华 x－lab 涌现出诸多发展比较突出的优秀团队，其中有由热能系在读本科生刘一锋发起的“八度阳光”团队、由经济管理学院在读硕士生王子发起的“米公益”团队、由机械工程系在读博士生赵龙发起的“淘氪”空气净化器团队、由计算机系博士后王胤发起的“孕橙”团队。他们中有的获得了李克强总理的点赞，有的拿到了全国比赛大奖，有的经历了发展中的波折逐渐走上了稳步向前的道路，优化了商业模式，获得了投资，逐步开拓出市场。

清华 x－lab 还持续组织在培育团队进行企业参访与游学实践活动，目前已先后参访了腾讯、百度、阿里巴巴、中关村股权交易中心、富士康、海航、华为、万科、苏宁等企业。每年暑假，清华 x－lab 都组织创新创业学生游学，先后去了深圳、上海、杭州、南京等地，了解当地的创业情况和企业文化，与大企业的管理团队深入交流，扩展视野，积累人脉资源。

清华经管学院顾问委员会委员、阿里巴巴集团执行主席马云走进清华 x－lab

3. 资源聚集和学科交叉的生态平台

清华 x－lab 通过与驻校企业家、驻校天使投资人、驻校机构和共建院系的合作，建立交叉学科创新中心以构建创新创业生态平台。三年来，清华 x－lab 不断丰富驻校企业家和驻校天使投资人队伍、拓展合

第三届“校长杯”挑战赛十强决赛现场

作投资机构数量、创新引入专业机构驻场，给学生营造一个资源越来越丰富的生态平台。

目前清华 x－lab 聘请了 25 位“驻校企业家”和 30 位“驻校天使投资人”，与 100 多家中外投资机构建立合作关系，引入了 10 家专业驻场机构，为团队提供辅导、咨询、讲座等服务；成立了互联网与信息技术、健康医疗、环保、教育、科技与智能制造、未来生活、社会创新等多个垂直领域的创新中心，从行业领域更加有针对性地对团队进行帮助；成立了联合设计中心和知识产权中心两个功能服务中心，在设计思维和知识产权领域为所有在培团队提供指导。

扫描二维码关注清华 x－lab

# 石谷轻文化创业基地

石谷轻文化创业基地于2011年7月正式启动，由文化创意产业中的新兴企业北京趣酷科技有限公司运营及管理，总建筑面积4800平方米。基地依托趣酷科技在轻文化产业中的产业链资源，以扶青（青年）、扶创（创新）、扶产业（轻文化）为宗旨，探索产业孵育新模式，并建立一个服务于轻文化产业发展的示范平台。

北京趣酷科技有限公司创始人、董事长兼CEO李威，全面负责趣酷科技的策略规划、定位和管理，是2015年中关村高聚工程创业领军人才，中国互联网及移动互联网领域资深技术专家、中国创新孵化和创业孵育先行者及中国网页游戏行业的拓荒者，拥有逾十年的互联网行业经验。

## 一、石谷创业孵化内容聚焦于轻文化新业态

轻文化：以现代科技手段呈现的新时代文化业态

轻文化产业是对现代服务业中以互联网为主要运营载体的体现科技文化融合的一种新兴业态分类，轻文化产业是融合了科技元素的新文化新科技的产业萌芽。目前没有标准定义，但通常认为包括网络科技、体育文化、休闲娱乐产业为代表的各类服务业内容，以线上运营、线下服

务、资源整合为特点。

## 二、石谷创业孵化器特点：产业链孵化+产品商业化孵化

1. 独特的产业链型孵育：针对由上游（研发、开发）、中游（运营、市场推广、支付渠道）、下游（IDC服务、产品周边、衍生价值开发）及配套服务等组成的“轻文化产业链”各个环节进行优化，以行业龙头为旗帜，组建相互协作的产业生态环境。

2. 清晰的成果商业化引导：以市场分析和内容创新为立项标准，辅导团队参与产业链开发，利用代理/采购模式和全网渠道联运平台向全球白领用户提供服务。引导产品向商品转化，促进团队的自我造血能力。

3. 深度的孵育服务体系：研发子平台促进产业平台技术创新、技术转化及技术支撑体系建设；信息子平台建设及完善轻文化团队高速成长模式和服务体系；孵化子平台带动及推广创新产品及技术转化和商业模式创新；联运子平台形成及完善轻文化产品销售体系及渠道；产业联盟引领产业集聚和联合创新。

4. 孵化器技术平台发展

·免费三端超级引擎 Elf 3D Engine

·iPad pro \ iPad air，iPhone6，iPhone6S，iPhone7 及以上产品

·支持 Windows XP 及以上所有系统。支持 DirectX9，DirectX10，DirectX11 硬件

·主流浏览器支持，IE，FireFox，Chrome

·支持所有硬件配置在 OpenGL ES 2.0 以上的设备

·“游戏云”公共资源服务平台

面向全行业提供有偿低价游戏类云资源平台，价格为阿里云的

1/10,目前使用企业超过 200 家。

## 三、孵化成果（截至 2015 年底）

### 明星企业或团队案例

（1）《佛本是道》项目组已在 2015 年 6 月成功在 360 游戏中心上线运营收费。特邀请张馨予为其代言，市场反响热烈。

《佛本是道》的研发推广使 3D 技术在网页游戏上的运用有了质的飞跃，对网页游戏市场细分化、精品化起到了推动的作用。《佛本是道》在游戏内容、画面表现力等方面已经丝毫不逊色于有端游戏，加上网页游戏特有的方便性和快捷性，3D 网页游戏即将迎来一个崭新的纪元。项目于 2015 年 6 月初开始产生收益，截至 2016 年 9 月 30 日，平台用户数量达 1800 万，真实有效用户达 190 万，游戏用户注册数量突破 1000 万。

（2）《大圣归来》项目组于 2015 年获得石谷轻文化创业基地的大力支持，历时 1 年多的呕心之作《主宰西游》于 2016 年 3 月陆续在国内外多平台上运营收费，最高在线 30 万人，累计流水 1.2 亿元。《主宰西游》是一款 3D 暗黑 MMOARPG 网页游戏，游戏以《西游记》小说情节为背景，具有神兵附体、神将变身等极具特点的游戏内容，能让玩家在战斗中体验中国传统文化的魅力。

# 天使汇 Angel Crunch

## 中国最大的天使合投平台| 创业者背后的创业者

天使汇（www. angelcrunch. com）于 2011 年 11 月正式上线运营，是中国起步最早、规模最大、融资最快的天使合投平台。天使汇助力天使投资人迅速发现优质初创项目，助力初创企业迅速找到天使投资。

截至 2015 年底，天使汇平台注册创业项目有 51407 个，通过审核并挂牌的项目有 4844 个，其中，499 个创业项目完成融资，融资总额近 50 亿元人民币。滴滴打车、下厨房、面包旅行、大姨吗等明星项目都是在天使汇完成的初始融资。经统计，平台完成融资的 499 个项目估值，在三年多的时间里从约 50 亿元成长为超过 1600 亿元人民币。

截至 2015 年末，天使汇认证投资人超过 3220 名，全国各地合作孵化器逾 200 家。在天使汇平台注册的创业项目主要集中在互联网及移动互联网领域，涵盖社交网络、企业服务、游戏、电商、O2O、教育、健康等门类。

天使汇为建立最公平、最快速的投融资平台，持续不断地进行颠覆性的投融资模式创新，重点打造了“SpeedDating 闪投”“100X Accelerator 壹佰倍加速器”“天使汇大屏幕”三大创业融资服务品牌，服务于创业者和投资人。

### Speed Dating 闪投

“Speed Dating 闪投”，天使汇打造的高效融资路演品牌，致力于让优秀的项目和智慧的投资人以最快的速度完成融资交易。截至 2015 年末，天使汇“Speed Dating 闪投”已在北京举办 27 期、深圳 4 期、杭州 6 期、香港 1 期、广州 1 期、惠州 1 期、厦门 1 期、上海 1 期、南昌 1 期、武汉 2 期、成都 1 期，约 1800 人次专业投资人参加。平均每期 9 个闪投项目，40 位投资人到场，约 1/4 项目现场达成超募。

### 100X Accelerator 壹佰倍加速器

“100X”是由天使汇 16 位具备持续创业和投资经历的天使投资人联合推出的创业加速器。成功申请者能够获得至少 150 万元人民币的投资。在为期 100 天的加速期中，创业者还会得到这些投资人的帮助。毕业之后，100X 加速器的资源网络仍会源源不断地给予团队支持。截至 2015 年末，这一全新模式的实验性加速器已经帮助 11 个精品创业项目获得融资，实现了近百倍估值的加速增长。

### 天使汇大屏幕

“天使汇大屏幕”是全中国乃至全球第一家专业服务于创业者和创业公司的户外媒体，由天使汇和深交所合作建造，位于北京中关村创业大街创业广场北侧籍海楼楼体天使汇总部大楼对面，高 23 米，宽 7 米，为竖式户外 LED 电子显示屏，画幅面积 115 平方米，启动 11 个月以来，已经帮助 1104 家创业公司实现了品牌和产品的视觉化高效传播。

大屏幕辐射中国投资人、创业者、TMT公司白领群体、媒体人和高校学生等群体集聚程度最高的科技创业黄金地带，实时展示创新创业企业和互联网业界明星企业的最新融资挂牌和上市敲钟资讯，在地直播TMT行业的重大事件和新品全球首发的现场实况，播报政府部门对互联网、创业、金融等领域的最新政策，是北京以及中关村展现当代中国高科技产业发展和互联网领域创新创业浪潮的窗口。

扫描二维码关注天使汇

Microsoft Ventures Accelerator
微软创投加速器

# 微软加速器，引领创新生态体系

## ——创业加速 首选微软！

微软加速器旨在做顶尖、专业的创业服务，致力于为中国早期创新创业团队提供“人、财、策略、市场拓展”的全方位优质服务。

加速器每年在大中华地区进行两期海选，每期选拔十余家公司，入选的创业团队将使用4～6个月位于微软亚太研发集团大厦内部的顶级办公空间，并得到思想领袖、行业专家及技术专家组成的导师团的扶植与指导；同时，每个入选团队还将得到价值300万元人民币的微软Azure云服务等多种资源，所有资源均为免费提供。

从2012年落地中国至今，微软创投加速器用近4年时间，携手141家初创企业和400多位杰出的优秀创始人共同奋斗，93%的企业在加速期间获得新一轮融资，企业总估值超过400亿元人民币，估值增长比率600%。微软加速器陪伴创业团队走过初创的艰难岁月，见证它们每一次飞跃式的加速成长和融资估值飙升的巨大成功，同时连续4年夺得“投中·中国最佳孵化器”“中国最佳众创空间”称号。

微软加速器为创业企业提供的服务包括：

## 免费“终身制校友”创业服务

创业团队一旦入选，即成为微软创投加速器校友企业，享受“终身制校友”服务。所有服务和资源均为免费提供，并且不要求任何形式的股份回报。

## 技术资源和 Azure 云服务

我们对初创企业的开发所使用的技术持开放态度。无论它们是使用微软或非微软技术，还是使用各种开放源代码平台和开发语言。作为校友企业，都将免费享有超过 300 万元人民币的微软云服务，以及一系列技术辅导与产品开发课程。我们尊重并保护创业者的知识产权，每一家团队的研发成果将全部归创业团队所有。

## 战略合作

我们隶属于微软，立足中国本土生态系统，为创业生态圈提供贯穿企业全生命周期的优质创投服务。我们汇聚行业领军企业、投资机构、合作伙伴、创业园区、政府及政策支持等多方力量，整合微软内部业务、市场、研发等强大的全球资源，通过构建全方位的战略合作关系联盟，共同为校友企业进行市场推广、销售和客户对接支持。

## 创业培训和导师团队

距今我们已举办累计超过 1 万小时的专业服务和超过 300 小时的创业培训。强大的创投行业大咖、明星校友企业创始人、技术导师团队阵容，以及微软亚太研发集团和微软亚洲研究院为科研智囊团，为校友企业提供前沿技术顾问服务。

## 投融资服务对接

我们与100余家顶级投资机构建立了合作伙伴关系，并对其有深度了解，力求帮助创业者在最短的时间内以最短路径获得最合适的投资。而且我们的投融资扶植服务完全免费，不要求任何股份回报。

## 标杆客户对接

我们悉心帮助初创企业寻找市场和用户，与世界500强、国内大型企业建立了长期合作关系，为校友企业提供大量的大客户资源对接，而微软自身也可以成为创业企业的第一批用户。

## 人才储备支持

我们与全国乃至全球优秀的高校建立了合作伙伴关系，线上、线下招聘渠道合作伙伴以及与相关领域的资深猎头合作，为企业提供精准的高层管理与研发人员招聘服务。到目前为止，我们已为校友企业成功输送400名技术实习生，提供了超过2000个有经验人员的简历备选。

## 市场拓展及品牌建设

我们已输送了40余家校友企业登陆央视及地方电视台，帮助校友企业发布了共计4000多份报道。此外，我们还会根据企业发展阶段和产品推广需求，为创业者建议最合适的宣传方式和推广渠道。我们还协助初创团队举办线上和线下的市场活动，指导初创团队的品牌建设和包装，对接公关媒体资源。

## 国际化办公场地和福利待遇

每一家入选企业可免费入驻位于北京中关村微软亚太研发集团的微软创投加速器办公场地。入驻期间，团队员工可享用微软园区的内部食堂、餐厅、咖啡厅等便利服务，顶级的办公场地条件和配套硬件设施和其他温馨的员工福利待遇。我们与各大孵化器、众创空间、双创基地亦达成了战略合作关系，为校友企业对接合适的移动办公座位或办公场地服务支持。

**2016 年 2 月 28 日纽约时代广场展示微软创投加速器第七期 Demo Day 现场**

扫描二维码关注微软加速器

# 五道口金融学院互联网金融实验室

清华大学五道口金融学院以“培养金融领袖，引领金融实践，贡献民族复兴，促进世界和谐”为使命，按照国际最先进的金融学科和商学院高等教育模式办学，借助清华百年来丰厚的教育教学资源和金融业界的紧密联系，建设国内领先、国际一流的金融高等教育平台和金融学术、政策研究平台。

清华大学五道口金融学院开设金融学博士、金融专业硕士、金融EMBA以及高级培训项目，培养高层次、创新型、国际化的金融人才，为中国金融业的发展提供坚实的智力和人才支持。

清华大学五道口金融学院互联网金融实验室是学院重点建设的高端实践平台，互联网金融实验室成立于2012年4月，是我国第一家专注于互联网金融领域研究的科研机构。互联网金融实验室以“引领学科前沿、发展交叉创新、鼓励创业实践、促进产学互动，培养创新创业教育平台，推动基于互联网和移动互联网金融服务模式的发展”为使命，秉承清华大学的综合学科优势，从推动金融产业发展与满足国家经济增长需求的视角出发，致力于构建国际领先的创新创业实践教育平台、基于互联网和学科交叉的协同创新研究平台、产学研有机互动的高技术项目孵化平台。

实验室目前有全职研究人员近50人，骨干人员多为有业界工作经验的清华校友；兼职研究人员20余人，实习生近50人；设基础研究部、量化研究部、项目研发部和创业教育部。

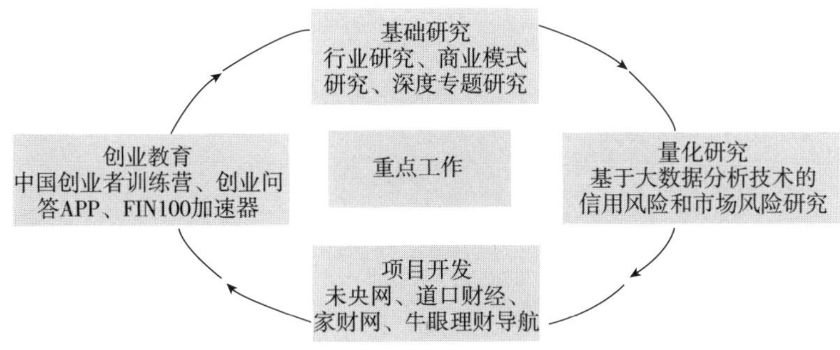


## 基础研究——针对互联网金融领域的行业分析、商业模式研究及深度专题研究

研究覆盖了11个互联网金融子领域，完成了50多个互联网金融商业案例，并对全球100余家互联网金融企业开展了调研。目前，已推出专业类期刊——《互联网金融观察》杂志。

## 量化研究——基于大数据的金融量化研究

采用先进的大数据分析技术，针对信用风险、市场风险评估技术展开深入研究。目前，独立开展的研究课题包括《个人及小微企业的经典信用风险评估模型研究》《基于大数据分析技术的信用评估模型研究》《全球征信业的行业监管、运营模式以及后台技术支持研究》《基于互联网非结构化数据的市场风险预测》《跨境金融风险识别和预警数据挖掘项目》等；同时，与国内多家机构合作开展《中国网络贷款风险控制研究》。

## 项目研发——互联网金融项目的商业原型设计与孵化

目前在孵化项目主要包括：互联网金融门户“未央网”、家庭理财教育门户“家财网”“道口财经”“牛眼理财导航”等。其中，未央网集研究、内容、导航、咨询等功能与服务于一体，致力于打造中国最好的互联网金融门户网站。

“互联网金融”微信公众号（ID：iefinance）入选首届“中国十大最具影响力财经微信公众号”，成为行业内最权威、粉丝最多的自媒体平台。

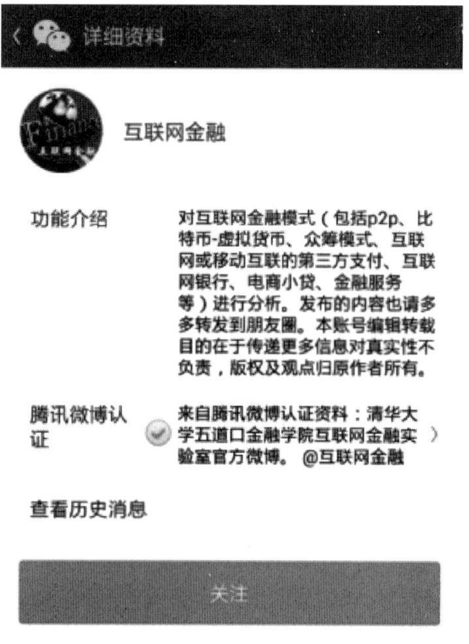


## 创业教育——面向全国创业者、国内最大、影响人数最多的创业教育平台

在成功举办了十届“清华大学中国创业者训练营”的基础上，升

级打造 FIN100（Finance Innovation Network）创业加速器，设立创业教育、项目孵化、导师计划、资讯发布和会员服务等多个板块，同时启动了创业问答 APP 等项目，助力创业梦、点燃清华梦、实现中国梦。

扫描二维码关注清华大学五道口金融学院

# 北京爱思创芯汇（IC咖啡）虚拟孵化器

IC咖啡，成立于2012年，是一种新型的高科技产业“链”，由芯片、系统软硬件、IT互联、媒体、产业分析及科技投资等领域的高层管理且热心的业内资深人士共同组成，通过汇聚产业内资深人士，集聚大家的智慧与资源，共同打造一个高科技产业链的线下社交平台、科技传播平台、创新创业孵化平台及投融资资本平台，以促进中国高科技产业的发展。

IC咖啡主要运营业务涵盖众创空间、科技媒体、投融资咨询等创新创业服务。IC咖啡是国家科技部授予的国家级众创空间中唯一一个聚集集成电路产业的机构，国内第一的集成电路产业链的社群组织，覆盖集成电路产业链上下游的产业服务与创业服务公司，实现了产业资源的共享汇聚。IC咖啡目前已经在南京、上海、北京、深圳、武汉、西安、新加坡、硅谷全球八大科技创新中心设立分站，成为整合多地资源、覆盖全产业链的一站式硬件创业孵化器。

IC咖啡以集成电路产业为基本立足点，以智能硬件为主要孵化方向，是互联网创业和硬件行业的信息资源交汇点。IC咖啡一方面将互联网、移动互联网行业的创新思维方式和运营手段引入集成电路、IT设备、家电等传统硬件领域，促进硬件领域的创新创业发展；另一方面将丰富的硬件供应链知识、技能、资源输入给互联网创新创业公司，打造真正意义上的产业融合与跨界。

## IC咖啡成长历程

IC 咖啡作为新型产业链和创业服务平台，具有以下四大特点：

· 产业链对接：打通产业上下游，提高产品、技术、供应链、软硬件等企业资源对接。

· 投融资咨询：与投资机构合作进行投融资咨询。

· 创业与产业咨询服务：小微企业创业技术及市场评估、创业管理以及政策咨询。

· 讲座和企业服务：集成电路专业技术培训及知识产权咨询。

IC 咖啡成立至今吸引了来自 ICT 领域 300 多位资深专家发起人的深度支持，职能资源融合了来自技术、市场、管理等多方面的顶级力量，其中约 70% 为企业 CEO 或高层管理人员，均具备超过 20 年以上的从业经验。开放、汇聚、共享，IC 咖啡植根于集成电路产业链，立志成为全球第一的信息技术产业资源平台。

扫描二维码关注 IC 咖啡

北京大学创业训练营

# 北京大学创业训练营

## 一、北京大学创业训练营简介

北京大学为更好地服务国家创新创业发展战略，优化产业结构与激发市场活力，2012 年 7 月由北京大学立项，北京大学校友会牵头发起“北京大学创新创业扶持计划”（简称“扶持计划”）。“扶持计划”充分依托北京大学的教育优势、研究实力和校友资源，提出“创业教育、创业研究、创业孵化、创投基金”四位一体综合扶持创业的理念。

“扶持计划”核心组成部分北京大学创业训练营（简称“北创营”）于 2013 年 9 月启动，运营两年来，通过“培养创新思维、弘扬创业精神、帮扶创业实践”，以实际行动服务于中国青年创新创业，着力打造“中国最大的全公益开放创业教育与扶持平台”。

“北创营”获得了“中关村国家级创新型孵化器”称号、“北京市众创空间”称号、“天津市众创空间”称号，首家获得“大连市众创空间”称号；成为科技部首批国家级众创空间试点单位。

“北创营”发展至今，通过网络课堂、直播课堂、开放论坛累计服务了超过 20 万名创业青年，在全国开设了 37 期北创营特训班，累计培养了超过 3500 位创业领军人才，其中超过 30 位“国家千人计划”人才，超过 30 项 863 计划项目；在北京海淀、亦庄、房山、天津、苏州、扬州、大连、珠海、青岛、厦门建立了 10 个公益孵化基地，总计超过

30000 平方米初级孵化场地。

在此基础上，“北创营”加大北京大学优质创业教育资源的开放力度，联合地方政府、园区建立了42个公益开放课程中心，通过在线学习与线下丰富主题创业沙龙等联动模式，稳步推进地方创新创业生态软环境建设；在全国范围内，率先推动与示范“众创空间”服务“大众创业、万众创新”的宗旨与功能定位。

## 二、北京大学创业训练营定位与特色

定位：打造中国最大的全公益开放创业教育与扶持平台

1. 大众创业：无论年龄、学历、有无公司，任何人都可以报名。

2. 无淘汰录取：完整填报项目信息，均可获得北创营网络开放大学学员资格。

3. 全公益授课：无论线上学员，还是线下营员，参加任何课程均不收取学费。

4. 实战课程：采用企业家讲师及创业导师辅导教学机制，通过严谨的课程研发及反馈完善体系，建立独有的四维课程体系。教授、企业家及专家导师以1∶1∶3的比例合理配比，达到实战与理论结合，日常课程与线下活动结合的双轨模式。

5. 创新驱动：建立以市场为导向“政产学研用”相结合的创新创业孵化链条，从原始产品及创意引入，到孵化落地，到产品及服务推广，建立起完整的服务链条体系。

6. 资源平台：依托北京大学雄厚的科研力量、教育资源以及强大的校友网络。

## 三、北创营课程设置

北京大学创业训练营经过两年的运营，通过系统的课程研发和要事邀请，目前，已经设立大师谈、实战经营、管理经验及创业之路四维课程体系，实践了110多门初创企业实战课程，并且全部课程网络化、课件化，已成为中国最大的创业课程体系。

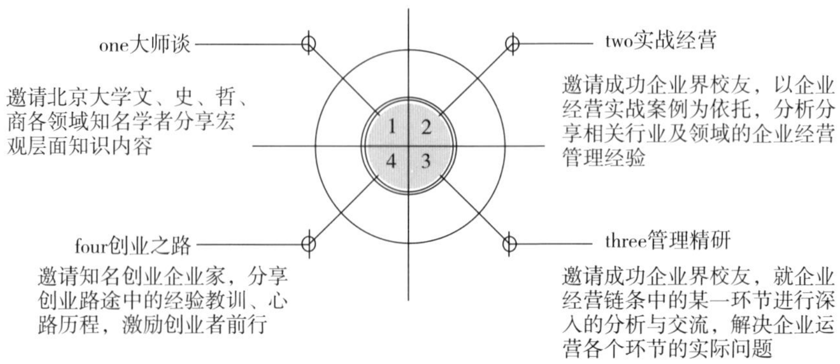


## 四、全体系导师扶持链条

1. 综合化导师体系

北创营针对不同课程维度，形成了四维导师精确邀请体系。

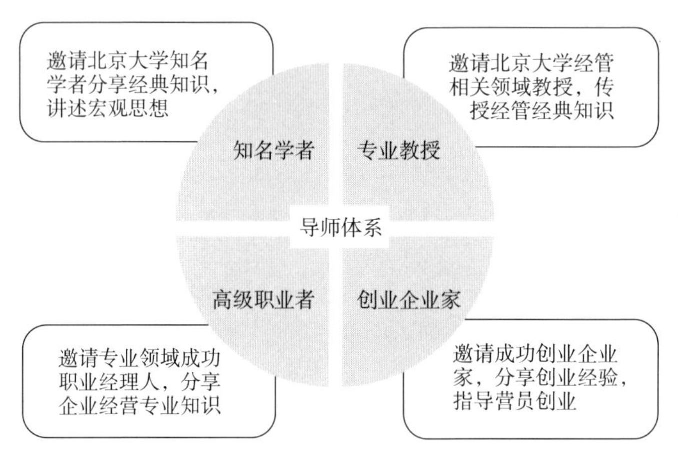


2. 评审与扶持链条

北创营建立了国内最先进的网络评审、学员录取、导师互动及项目数据集成系统；在该平台上有效地实现了创业导师、企业家、投资家与创业者的高效互动及资源共享。

3. 目前已有超过300位北创营导师（课程讲师、案例导师、互动导师）参与到了训练营的课程讲授、案例指导、投融资对接中。

## 五、数说北创营

1. 累计服务超过30万名创业青年；
2. 开设了37期特训班，累计培养超过3500位营员；
3. 特训班累计申请超过1万名创业者；
4. 累计实践110门课程，累计授课超过1000学时；
5. 超过300位创业导师服务于创业学员；
6. 全国10个公益孵化基地，超过3万平方米的孵化面积；
7. 全国42个开放课程中心；
8. 全国超过500个直播课堂；
9. “双创”领域最全认证平台（科技部、中关村、北京市、天津市、大连市）。

## 六、全社会关注下的北创营

北创营自2013年9月启动至今，得到了社会各界的广泛关注与支持。2014年，《人民日报》《光明日报》整版刊登题为“大学能为草根创业做什么”的北京大学创业训练营专题报道，2015年11月CCTV新闻频道专题报道了北大创业与北创营发展。

国务院总理李克强2014年调研中关村创业大街期间，接见了三位北创营营员；国务院副总理刘延东在2014年科技周时，专题调研北大创业训练营展区；2015年达沃斯论坛期间，北大创业训练营承办达沃斯青年社区创业峰会，国务院总理李克强接见了北京大学校长林建华。

## 七、北创营营员服务体系

1. 早期创业投资基金

为了支持早期科技成果转化以及初创期优秀项目的创业、落地，北京大学调动校友资源与中关村管委会一起，以“政府资金引导，社会资本运营”为宗旨，联合成立早期投资基金，针对北大科技成果、优秀校友创业、海外科转项目，以国家战略新兴产业为方向，综合支持创新创业。

2. 北大创业服务联盟

为了更高效地扶持创业，解决创业者创业运营中的综合问题，我们邀请优秀校友企业，在企业财务、税务、融资、咨询等方面与创业者形成战略合作关系，综合扶持创业。

3. 大家的董事会制度

北大创业训练营提倡“群策群力”的理念，我们每一位营员都是创业者，都在面临并解决创业中的各种“疑难杂症”，因此，每次课程我们在这里设置大家的董事会，让所有创业营员都成为你企业发展的参谋，针对创业问题出谋划策，从而实现共同发展。

4. 北创营友会

针对北京大学创业训练营营员，建立北创营友会体系，纳入北京大学校友总会二级分会，开放北大校友总会各项服务，共享北大校友资源体系，组织日常营员互动，提升营员的凝聚力，长期团结、关注、帮扶营员成长。

扫描二维码关注北京大学创业训练营

附录 2

# 国际创新型孵化器概览

## 一、Y－Combinator

批量孵化模式：每期 3 个月集中孵化近百家创业公司（2012 年夏季 82 个项目）。在 3 个月内，YC 项目都要搬到湾区（自己找房子），YC 为每个创业团队提供约 2 万美元的启动资金、强大的产品构建和商业模式指导、融资机会、融资路演（DEMODAY）和其他企业需要的法律、知识产权、人才招聘等服务。此外，通过批量孵化，YC 已形成庞大的企业网络，形成成员之间相互支持和资源共享的创业生态。

**表 1　Y－Combinator 的概况一览表**

| | |
|---|---|
| 孵化理念 | 为创业企业服务而非为地区服务 |
| 成立时间 | 2005 年 |
| 地理位置 | 美国硅谷 |
| 创始人及背景 | 保罗·格拉汉姆（Paul Graham）有“硅谷创业教父”之称。曾担任过计算机程序员，曾创建过一家公司并且成功地将其在 1998 年以 4900 万美元卖给了 Yahoo。现在 YC 有 7 位联合创始人，包括来自 Gmail 的创造者 Paul Buchheit |
| 孵化对象 | 种子期的互联网、移动互联网技术公司 |
| 孵化期 | 3 个月，每年两期，从 1 月至 3 月、6 月至 8 月 |
| 服务内容 | 提供创业指导（产品建议等）、种子资金、YC 创业网络资源、法律服务、人才招聘、融资对接等企业需要的服务 |
| 投资规模 | 1. “＄5000＋＄5000Xn”模式的投资：其中 n 指的是愿意参与此项目投资的 YC 合伙人的人数；<br>2. 作为回报，Y－Combinator 将占有创业团队 2% 到 10% 的股份；<br>3. 著名天使投资人 Ron Convey 和 Yuri Milner 为每个 YC 孵化项目提供 100% 的跟投投资，15 万美元 |
| 孵化绩效 | 迄今为止，YC 已资助超过 460 个创业公司，截至 2012 年 5 月，172 个创业公司获得了融资或被收购，这 172 家公司的总价值已达 77.8 亿美元，平均每个公司价值 4520 万美元，其中包括全球最大社交内容共享平台 Scribd、团体支付服务商 WePay 和社交新闻网站 Reddit |

## 二、TechStars

服务输出模式：孵化少量创业项目（2012 年夏季 12 家公司），但为每家初创公司提供10名导师及巨大的关注，同时创建了“全球企业孵化器网络（Global accelerators network）”，网络成员包括中国大连的“加速中国（Accelerate China）”，通过网络共享服务和资源，帮助全球各地搭建加速器，同时获得优质项目源，并形成创业企业相互支持的创业生态。

**表2 TechStars的概况一览表**

| | |
|---|---|
| 孵化理念 | 帮助各地区形成相互支持的创业生态 |
| 成立时间 | 2007年 |
| 地理位置 | 总部位于科罗拉多州博尔德，目前已经扩张至纽约、西雅图、波士顿、圣安东尼奥5个城市 |
| 创始人及背景 | 有4位创始合伙人。David Cohen是天使投资人，曾经投资过Uber、Groupme等24家初创企业；BradFeld曾是Zynga、EventVue和Lijit的投资人；David Brown和JaredPolis是成功企业家，均曾有过创业、将自己创立的公司卖给大公司以及在风险投资机构担任合伙人的丰富经历 |
| 孵化对象 | 专注于具有国际吸引力的互联网或软件技术公司，每年在每个地方仅投资约10个项目，项目筛选竞争激烈，仅1%的入选概率 |
| 孵化期 | 每期孵化时间为3个月 |
| 服务内容 | 提供办公场地、会议室、10位创业导师/企业、种子基金、价值27万美元的增值服务。创业导师运用其丰富的经验和广阔商业网络为创业者提供一对一的指导 |
| 投资规模 | 1. 为每家公司提供1.8万美元（6000美元/人*最多3人）种子资金；<br>2. 提供小额度的早期投资以及孵化服务，换取被孵化公司6%的股权；<br>3. 10万美元跟投资金 |
| 孵化绩效 | 迄今为止，TechStars共孵化了175家创业企业，其中109家已获得投资支持，16个被收购，据统计TechStars的孵化公司完成项目时，平均募得100多万美元 |

## 三、Youweb

人才孵化模式：聚集高质量的技术人才，在1年内协助他们完成初期的产品原型和雏形，之后再投资并帮助其成立公司。要求获得投资的创业项目至少要进行1次以上的团队融合。每年最多孵化2个创业项目，给 10 万美元的天使投资。

**表 3　Youweb 的概况一览表**

| | |
|---|---|
| 孵化理念 | 终结创意比终结公司更有效 |
| 成立时间 | 2007 年 |
| 创始人及背景 | 彼得·瑞兰（Peter Relan）在硅谷曾任惠普的首席构架师及甲骨文（Oracle）公司技术高管，他自己还创建并经营了两家公司 Webvan（一家网络零售店，瑞兰是该公司的首席技术官）和 Business Signatures（可对网络欺诈技术进行甄别，瑞兰是创始人及首席执行官） |
| 孵化对象 | 企业高管、连续创业者或者天才式的人物创业，还有独特的商业模式和概念 |
| 孵化期 | 企业家获得为期 1 年的项目参与，开发产品 |
| 投资规模 | 2.5 万美元 |
| 孵化绩效 | 当前有 9 个公司已经执行了至少 50 个创意产品。打造出 CrowdStar（Facebook 上仅次于 Zynga 的社交游戏公司）、OpenFeint/Aurora Feint（iPhone、安卓等智能手机平台上的社交游戏开发平台）、Sibblingz（长于将受欢迎度较高的游戏植入各移动和社交平台）和 iSwifter（以将基于网络的 Flash 游戏移至 iPad 等移动设备上为主要业务）这四家大名鼎鼎的公司。这四家公司共创造了 200 个工作机会，产生了 10 亿美元的价值，并且拥有广阔的成长前景 |

## 四、Hacker Dojo

人才孵化模式：Hacker Dojo 是全球最大的极客社区。

**表 4　Hacker Dojo 的概况一览表**

| | |
|---|---|
| 成立时间 | 2009 年 |
| 地理位置 | 美国加利福尼亚州 |
| 创始人及背景 | David E. Weekly，Brian Klug，Jeff Lindsay，Kitt Hodsden 及 Melissalynn Perkins 五人。其中，David E. Weekly，曾任 Ohana 公司 CEO，是 PBworks，Hacker Dojo，Mexican VC 和 DevHouse 的创始人，Hacker. Award - winning 的创业企业导师。Brian Klug，毕业于 Maryland 大学，曾在 PBworks，Appian 公司任职。Jeff Lindsay，Devhouse 联合创始人 |
| 孵化对象 | 黑客（电脑高手）及有创业想法的人才 |
| 服务内容 | 提供办公地点、免费网络、咖啡、图书馆、电子实验室、移动设备实验室等公共场所及相关服务 |

续表

| | |
|---|---|
| 服务方式 | 成为会员后，可享受待遇：<br>1. 在每月的会议上对政策有投票权；<br>2. 24/7 access to the space；<br>3. 每月的成员晚餐；<br>4. 独特的无线连接；<br>5. 免费的法律服务；<br>6. 移动设备实验室的进入权限；<br>7. 免费举办活动；<br>8. 免费参与各项活动和课程 |
| 投资规模 | 非营利性，其运行资金来源：①成员会费；②社会捐款。曾经捐款方包括 you-web，＄27000；ANDREESSEN HOROWITZ，＄20000；at &t，＄15000；Palantir，＄10000；microsoft bizspark，＄10000；google，＄10000；intrepid，＄10000 等 |
| 孵化绩效 | 很多企业从这里起源，如 Kiputers，一家开发儿童电脑操作系统的公司 |

## 五、Mass Challenges

非营利模式：服务全免费（包括办公空间、设备、导师服务等），每年为创业企业提供总计 100 万美元的现金资助和 400 万美元的实物支持，不收取服务费，不要求任何股权回报，由微软、黑石等大公司和地产公司资助。

**表 5　Mass Challenges 的概况一览表**

| | |
|---|---|
| 成立时间 | 2010 年 |
| 地理位置 | 美国波士顿 |
| 创始人及背景 | 两位创始合伙人。John Harthorne 是 Mass Challenge 的创始人及 CEO。2011 年 9 月，波士顿商业杂志将他同 Akamai Technologies，Blue Cross Blue Shield and the Boston Celtics 等公司的 CEO 一起评为波士顿地区最有影响力的 50 位商业领袖。Akhil Nigam 在进入商学院之前，曾为一家开发软件、互联网技术和 IT 服务的公司的五位创始人之一 |
| 孵化对象 | 早期创业者 |
| 孵化期 | 每年 1 次，为期 3 个月的集中孵化和创业比赛 |
| 服务内容 | 1. 提供世界级的创业导师及相关培训，免费办公场所，媒体及其他相关服务；<br>2. 整合并提供关键性创业资源，举办培训和网络搭建的活动 |

续表

| 投资规模 | 100 万美元现金资助以及 400 万美元以上的实物支持 |
|---|---|
| 孵化绩效 | 2011 年共有来自 24 个国家的 733 人参与创业比赛。2010 - 2011 年，第一期 Mass Challenge 商业加速项目的 111 个入选者项目共筹得外界 9000 万美金的资助，并创造了将近 500 个新的工作岗位。2011 年，Mass Challenge 将孵化出新的 125 个创业项目，并继续支持 2010 年的 111 个项目 |

## 六、Idealab

内部孵化模式：测试筛选创业想法，并为入选的优秀创业项目提供资金、人才、产品设计、公司战略、法律服务、会计服务、商业发展、办公场地等全方位服务。

**表 6　Idealab 的概况一览表**

| 成立时间 | 1996 年 |
|---|---|
| 地理位置 | 美国加利福尼亚州 |
| 创始人及背景 | Bill Gross 在创办 idealab 前曾创办了 GNP Loudspeakers 公司，Knowledge Adventure 公司。GNP Loudspeakers（现在的 GNP Audio Vedio），是一家从事音频设备的制造商。GNP Development Inc. 后被 Lotus Software 公司收购。Knowledge Adventure，是一家教育软件公司，后来被 Cendant 公司收购。 |
| 孵化对象 | 早期技术创业公司 |
| 服务内容 | 除了资金外，idealab 还提供多种创业资源，包括办公场地、相关的办公服务、开发技术、产品和架构设计、市场营销、金融咨询、人力资源管理、竞争力研究、法律会计和商业发展支持服务。同时，idealab 也提供战略、品牌和公司组织结构方面的建议 |
| 孵化绩效 | 迄今为止，idealab 已经孵化了超过 75 家企业，其中 30 家上市或被收购，包括创新汽车公司 Aptera、玩具电商 eToys、社会化媒体公司 UberMedia、太阳能公司 eSolar、本地网站 Citysearch、搜索广告先驱 Overture、被 Google 收购的图片社区 Picasa 等 |

## 七、LaunchBox Digital

导师模式：由前联邦高级官员创办及战略咨询师创办的类似 YC 的

企业孵化器，每年孵化8个项目，特色是提供创业导师服务。

表7　LaunchBox Digital 的概况一览表

| 成立时间 | 2008年 |
| --- | --- |
| 地理位置 | 华盛顿特区，已经扩展到北卡三角研究园 |
| 创始人及背景 | 有三位创始人。Julius Genachowski 曾任联邦通信委员会主席，曾在 IAC（Inter Active Corp）公司担任首席商务官长达8年之久；Sean Greene 曾将自己创立的 Away. com 卖给了 Orbitz；JohnMckinley 曾任 AOL 的 CTO。John Mckinley 曾任美国在线数字服务公司的首席技术官和总裁，并任多家科技企业的咨询顾问 |
| 孵化对象 | 互联网、移动互联网和数字化平台的创业企业 |
| 孵化期 | 3个月 |
| 服务内容 | 1. 50位兼职创业导师；<br>2. 行政办公；<br>3. 法律服务 |
| 投资规模 | 1. 为每个团队提供1.5万~3万美元种子资金；<br>2. 在每个创业团队中占有4%~8%的股权 |
| 孵化绩效 | 已孵化近30家公司，4家公司被收购 |

## 八、Plug and Play Tech Center

综合孵化模式：服务于高成长的创业企业，提供相对豪华的办公场所，以及关系网络、资金支持、融资和并购机会。房租收入占总收入的一半，在新加坡建立了分公司。

表8　Plug and Play Tech Center 的概况一览表

| 成立时间 | 2006年 |
| --- | --- |
| 地理位置 | 美国加利福尼亚州 |
| 创始人及背景 | 两位联合创始人。Saeed Amidi 是 Plug and Play 的创始人和 CEO，同时是 Amidzad 的普通合伙人。Saeed 拥有连续创业经验，是地产商，在初创、成长等不同类型的成功企业中拥有超过28年的工作经验，在国内外，包括西班牙、法国等地，都有成功创办企业的经历。Jojo Flores，是 Plug and Play 联合创始人兼副董事长，曾经创办过包括 Plug and Play 在内的15家企业，并遍布世界各地，目前他致力于创办位于菲律宾的第16家企业，同时是美国 ALPS 协会的理事会成员及副会长 |
| 孵化对象 | 高成长的创业企业 |

续表

| | |
|---|---|
| 服务内容 | 1. 办公空间、会议室、种子基金及导师指导、工业网络活动、教育培训项目、M&A 等；<br>2. 公司付费的国际加速器计划 International Acceleration Program，提供完全的服务办公场所、交流活动、专业的服务合作伙伴和其他 IT 支持等服务；<br>3. 新加坡分公司除为所投资公司提供资金支持外，还提供一个商业加速项目（3 个月免费在硅谷 Plug and Play 办公，可以建立广泛的关系网络，享受免费的内部顾问的服务） |
| 投资规模 | 新加坡分公司可为有发展潜力的年轻企业投资 50 万美元的种子资金 |
| 孵化绩效 | 迄今为止，Plug and Play 网络已经包含了超过 300 家创业企业，并帮助初创企业筹集了超过 7500 万美金的风险投资基金 |

## 九、Startup Sauna

非营利模式：非营利性加速器，提供免费服务，不提供种子资金，也不占股份。

**表 9 Startup Sauna 的概况一览表**

| | |
|---|---|
| 成立时间 | 2010 年 |
| 地理位置 | 芬兰，在上海也有活动举办 |
| 创始人及背景 | 由芬兰 Aalto 大学和芬兰技术创新基金创建 |
| 孵化对象 | 处于早期阶段的初创型公司，主要服务于位于北欧、波罗的海国家，以及俄罗斯的公司 |
| 孵化期 | 每年 2 期，6 周 + 硅谷路演 1 周 |
| 服务内容 | 1. startup sauna warmups：一天的教练辅导时间，获胜者可以选入 startup sauna；<br>2. startup sauna：15 个入选队伍进行 6 周培训，最后有与投资者的早餐以及 Demo Day；<br>3. Startup Sauna Silicon Valley：一些最突出的队伍可以到硅谷与投资者、顾客、竞争者、媒体见面 |
| 孵化绩效 | 两年内成功辅导了 48 家初创型公司，共获得大约 1000 万美元的种子基金。共 38 个校友团队中的 36 个目前融资总额高达 820 万欧元。29 个团队（校友总数的 76%）已经发布了自己的产品/服务 |

## 十、IDC Elevator

国际合作模式：采用前三个月在以色列，后一个月在纽约的美国—以色列联合孵化模式。每年两批不超过20家企业。

表10　IDC Elevator的概况一览表

| 成立时间 | 2011年 |
|---|---|
| 地理位置 | 以色列 |
| 孵化对象 | 以色列早期创业企业 |
| 孵化期 | 每年两批，4个月 |
| 服务内容 | 1. 80位高端创业导师；<br>2. 前三个月在总部，提供办公场所及导师服务，注重提升公司产品架构、定位以及团队能力水平；<br>3. 最后一个月在纽约并且提供办公场所、住处、相关会议及活动等，注重资源人脉网络（networking）搭建以及资金筹措工作 |
| 投资规模 | 每家企业获得2万美元的现金支持、10万美元价值的服务，包括商业咨询、会计、法律、人力资源、设计等，占10%股份 |
| 孵化绩效 | Licensario，Doweet，Wisepricer等企业 |